全国经济专业技术资格考试 **应试教材**

金融
专业知识与实务

中级

环球网校经济师考试研究院 编

SPM 南方出版传媒 广东人民出版社
·广州·

图书在版编目（CIP）数据

金融专业知识与实务：中级/环球网校经济师考试研究院编. —广州：广东人民出版社，
2021.1（2022.2 重印）

全国经济专业技术资格考试应试教材

ISBN 978-7-218-14639-3

Ⅰ．①金⋯ Ⅱ．①环⋯ Ⅲ．①金融—资格考试—自学参考资料 Ⅳ．①F83

中国版本图书馆 CIP 数据核字（2020）第 236382 号

JINRONG ZHUANYE ZHISHI YU SHIWU（ZHONGJI）

金融专业知识与实务（中级）

环球网校经济师考试研究院 编

版权所有 翻印必究

出 版 人：肖风华

责任编辑：陈泽洪

责任技编：吴彦斌

出版发行：广东人民出版社

地 址：广州市海珠区新港西路 204 号 2 号楼（邮政编码：510300）

电 话：（020）85716809（总编室）

传 真：（020）85716872

网 址：http://www.gdpph.com

印 刷：三河市中晟雅豪印务有限公司

开 本：787 mm×1092 mm 1/16

印 张：16 字 数：384 千

版 次：2021 年 1 月第 1 版

印 次：2022 年 2 月第 3 次印刷

定 价：59.00 元

如发现印装质量问题，影响阅读，请与出版社（020－87712513）**联系调换。**

售书热线：020－87717307

全国经济专业技术资格考试应试教材
金融专业知识与实务（中级）

编 委 会

总 主 编　　伊贵业

主　　编　　韩俊杰

副 主 编　　王　蒙　　刘雨希

编写人员　　王小伟　　高　超

　　　　　　姜亚芹　　张　欣

前言 Preface

近年来，随着经济师职称评选制度的不断完善与深入，全国经济专业技术资格考试热度的持续升温，考试难度逐年加大，每年的通过率较低。据统计，全国经济专业技术资格考试平均通过率仅在20%左右。

据环球网校调查统计，大约有30%的考生可以完整地看完教材，只有不足10%的考生能够真正完成第二遍复习。90%以上的考生则因自身工作原因，学习时间极其有限。因此，在短时间内快速抓住复习要点成为所有考生的一种奢望。为满足广大考生的应试备考需求，使其只需用别人30%的备考时间即可掌握考试大纲80%以上的考点，并顺利通过经济专业技术资格考试，环球网校经济师考试研究院结合全新经济专业技术资格考试大纲要求，在深入研究历年考试真题的基础上，总结分析考点，剖析命题规律，倾力打造了《全国经济专业技术资格考试应试教材》（以下简称应试教材）。本书主要有以下几个特点：

◆真正的"懒人"备考秘籍——本教材着眼于考试的实际情况，根据考试的特点和内容，通过对关键词句进行重点标注、配合真题演练形成完整的学习体系，让您坐享名师和成功学员的宝贵经验。

◆全方位应试——知识脉络、大纲解读、考点详解和小试牛刀四位一体。在编写过程中，编者分析整理研究了近4年考试真题的出题思路，考点讲解内容紧扣考试趋势，并配套真题练习，使考生对各知识点的考查频率、命题呈现形式及常考的关键词句一目了然，帮助考生快速掌握考试重点、抓住命题规律和趋势、准确把握复习方向。

◆创新知识架构——打破一般经济师考试教材的知识框架，重新优化整合知识结构，精心组织写作内容，去芜存精，在保留考试大纲知识点的基础上，将教材内容进行适当精简、整合，从而帮助考生缩小复习范围，减少备考时间，提高学习效率，并结合最新的学科知识、法律、法规、标准以及近几年专业知识与实务考试的实际情形，进行了内容拓展和补充。本册《金融专业知识与实务（中级）》应试教材出于优化教学逻辑，对考试大纲的章节顺序作了调整，具体为：①将考试大纲第三章"金融机构与金融制度"拆分，插入至考试大纲第一章"金融市场与金融工具部分"、第四章"商业银行部分"和第九章"中央银行部分"中，分别更名为"金融市场与金融机构""商业银行"和"中央银行运行机制"；②将考试大纲第二章"利率与金融资产定价"与第七章"金融工程部分"合并；③将考试大纲第五章"投资银行与证券投资基金"拆分，插入至考试大纲第一章"金融市场与金融工具"，第五章更名为"投资银行"；④将考试大纲第七章"金融风险及其监管部分"与第九章"金融监管部分"合并。综上，本册教材共八章。

◆**名副其实的名师讲堂**——本教材汇集业内顶级辅导名师的教学研究成果。应试教材的编者均为环球网校特聘的具有较高理论水平和丰富实践经验的业界资深专家讲师，集环球网校多年考试教学研究成果与经济师教学考试辅导经验于一体，融合了各名师多年潜心研究的智慧结晶。通过学习应试教材，可以帮助各位考生在备考之路上少走弯路，在较短时间内顺利通过考试。

虽然编者一再精益求精，但书中难免存在疏漏和不足之处，敬请广大考生斧正。最后，衷心地祝愿广大考生能够考出好的成绩，顺利通关。

环球网校经济师考试研究院

目录
Contents

第一章　金融市场与金融机构

大纲再现

（1）理解金融市场与金融工具的性质与类型；理解货币市场及其工具；理解资本市场及其工具；理解金融衍生品市场及其工具；分析我国各类金融市场及其工具；理解互联网金融的特点和模式。

（2）理解金融机构的性质、职能、类型、体系构成。

（3）理解证券投资基金的性质、特点、参与主体、法律形式、运作方式、类别；理解基金管理人和基金托管人；分析基金管理公司的主要业务。

（4）理解离岸金融市场及其业务。

大纲解读

本章历年考试分值在 16 分左右，常以单选题、多选题出现，案例分析题较少涉及。

本章整体介绍我国的金融市场和金融机构体系，是整本教材的基础部分。高频考点包括金融市场的种类、我国的金融市场、证券投资基金。近年来，命题倾向于细微知识点的考查，细节部分需加强记忆，只掌握知识框架难以得分，应先结合思维导图掌握本章框架，再记忆框架内的知识点。本章与后续章节之间是总分关系，本章是对金融学的整理概述。对于本章出现的金融术语，在后续章节会有详细介绍，在全面学习之后，对本章的内容会有更深入的理解。

知识脉络

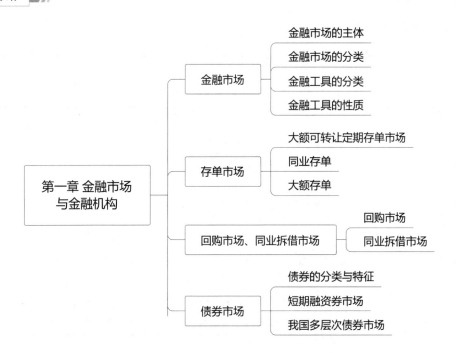

全国经济专业技术资格考试应试教材：金融专业知识与实务（中级）

考点 1 金融市场

一、金融市场的主体★★

金融市场是资金供求双方进行金融资产交易的场所，交易的参与者即为金融市场的主体，具体内容见表1-1。

表1-1 金融市场的主体

主体	具体内容
家庭	在金融市场上主要充当资金供给者
政府	在金融市场上主要充当资金需求者
企业	（1）金融衍生品市场上的套期保值主体 （2）金融市场重要的资金供给者和需求者 （3）金融市场运行的基础
金融机构	（1）最活跃的交易者 （2）四重身份：①金融市场的中介人：化储蓄为投资；②资金供给者：在市场上购买各类金融工具；③资金需求者：发行、创造金融工具；④货币政策的传递者和承受者
服务中介	非金融机构，如律师事务所、会计师事务所、证券评级机构等
金融调控及监管机构	中央银行既是金融市场上的交易主体，同时也是金融调控及监管机构

二、金融市场的分类★★★

（一）按交易中介划分

（1）**直接金融市场**。直接金融市场是指资金供求双方直接建立债权债务关系，而不与中介建立债权债务关系的市场。直接金融工具包括政府债券、企业债券、股票等筹资方式。

（2）**间接金融市场**。间接金融市场是指资金供求双方分别同中介建立债权债务关系的市场。

┌───┐
•知识拓展•

直接融资与间接融资的区别见图1-1。

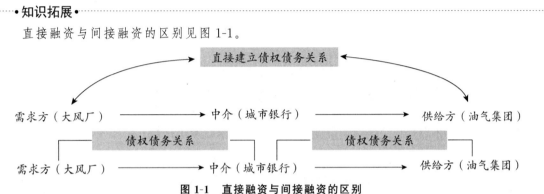

图1-1　直接融资与间接融资的区别

直接融资中，大风厂与油气集团直接建立债权债务关系，融资风险由油气集团承担，与城市银行无关。所以，尽管有城市银行作为中介，该融资仍然是直接融资。

间接融资中，油气集团将资金存入城市银行，二者由此建立债权债务关系；城市银行将资金贷给大风厂，二者又建立债权债务关系。城市银行作为融资的信用中介，承担贷款风险。

由此可知：①区分直接融资和间接融资的标准是看中介的地位、性质，而不是看有无中介机构。②直接融资中，中介充当信息中介、服务中介；间接融资中，中介充当信用中介。
└───┘

（二）按交易标的物划分

按照交易标的物的不同，可以将金融市场划分为货币市场、外汇市场、黄金市场、股票市场、债券市场、衍生品市场、保险市场等。

（三）按交割时间划分

（1）**即期市场**。即期市场是指成交后立即进行交割。

（2）**远期市场**。远期市场是指成交后一定时期再进行交割。

（四）按金融交易的性质划分

按照金融交易的性质不同，可以将金融市场划分为发行市场、流通市场。

┌───┐
•知识拓展•

此处的"交易性质不同"是指交易对手的不同，因此，发行市场和流通市场的差别可以理解为交易对手的差别。
└───┘

1. 发行市场（也称一级市场或者初级市场）

（1）交易对手：发行者→投资者；金融资产首次公开出售给投资者。

（2）发行市场包括筹资规划、创设证券、推销证券、承购、分销业务等。

2. 流通市场（也称二级市场或者次级市场）

（1）交易对手：投资者→投资者；已经发行的金融工具进行转让交易。

（2）流通市场的两种形态：①场内交易。集中竞价，是流通市场的核心。②场外交易。运用电子计算机网络及通信技术进行交易。

3. 发行市场与流通市场的关系

（1）发行市场是流通市场的前提和基础。

（2）流通市场与发行市场相互依存。

（3）流通市场的交易情况影响金融工具的发行价格，反映宏观经济。

（五）按有无固定场所划分

按照有无固定场所，可以将金融市场划分为场内市场、场外市场。

（1）场内市场。场内市场是指在交易所内进行交易，体现为有组织的集中交易和统一清算，是证券市场的核心。

【提示】交易所本身并不进行证券的买卖，也不决定证券的价格。

（2）场外市场也称柜台市场（OTC）、店头市场。场外市场是指在交易所以外分散交易，是最原始的市场形态。

【提示】场内市场不能取代场外市场；二者界限逐渐趋向于模糊。

> **·知识拓展·**
>
> 场内市场并非一定在交易所内进行，随着电子信息技术的发展，电子期货交易逐渐盛行，交易地点虚拟化成为一种趋势。即便没有固定的实际交易地点，但由于体现为有组织的集中交易和统一清算，电子期货交易仍然界定为场内交易。由此可见，"固定场所"真正代表的是集中统一交易和清算，并非单纯指交易场所固定。

（六）按交易期限划分

按照交易期限的不同，可以将金融市场划分为货币市场（一年以内）、资本市场（一年以上）。

（七）按成交与定价方式划分

（1）公开市场。公开市场是指在交易所内进行公开竞价，金融资产在到期偿付之前可以自由交易。

（2）议价市场。议价市场是指买卖双方私下协商定价，无固定场所，相对分散。

（八）按地域范围划分

按地域范围不同，可以将金融市场划分为国内金融市场、国际金融市场。国内金融市场包括全国性的金融市场、地区性的金融市场；国际金融市场包括在岸金融市场、离岸金融市场，一般属于无形市场。

> **·知识拓展·**
>
> 离岸金融市场从 20 世纪 50 年代美苏冷战开始演变至今，其内涵也在不断丰富，具体演变过程可以概括成：欧洲美元交易→欧洲货币市场→离岸金融市场。
>
> 离岸金融交易起于欧洲美元交易，之后由于美元霸权地位瓦解，开始出现欧洲马克、欧洲瑞士法郎、欧洲英镑等离岸货币，逐渐形成欧洲货币市场；后期在加勒比海地区、亚洲地区、美洲地区也出现了离岸业务，突破了"欧洲"的地理限制，形成现在意义上的离岸金融市场。
>
> 【特别提示】"欧洲美元""欧洲货币市场"中的"欧洲"一词，虽然交易地确实源于欧洲，但在这里，"欧洲"并非单纯的地理概念，应作"境外"理解。

1. 在岸金融市场、离岸金融市场的区别

在岸金融市场与离岸金融市场的区别，见表 1-2。

表 1-2　在岸金融市场与离岸金融市场的区别

项目	交易主体	币种	是否受所在国监管
在岸金融市场	居民、非居民	所在国本币	是
离岸金融市场	非居民之间	境外货币	否

【提示】离岸金融市场起源于英国伦敦，最初的离岸货币是欧洲美元。

2. 离岸金融中心

离岸金融中心有三种类型，见表 1-3。

表 1-3　离岸金融中心的类型

类型	特点	举例
伦敦型中心 （一体型中心）	（1）交易币种是排除市场所在国的其他货币 （2）离岸业务无严格申请程序 （3）在岸金融业务、离岸金融业务可同时经营，无严格界限	伦敦、中国香港特别行政区
纽约型中心 （分离型中心）	（1）境内货币、境外货币严格分账 （2）国内金融业务、离岸金融业务严格区分 （3）非居民之间交易、利用市场所在国货币属于欧洲货币业务	美国纽约的国际银行便利、日本东京的海外特别账户、新加坡的亚洲货币单位
避税港型中心 （走账型/簿记型中心）	（1）通过建立无实际交易的空壳公司走账，以规避课税和管制 （2）资金的来源与运用对象均是非居民 （3）免税，不限制资金流动	巴哈马、开曼等岛国；百慕大、巴拿马；西欧的马恩岛

3. 欧洲货币市场

欧洲货币可以理解成"境外货币"，欧洲货币市场则是从事境外货币交易的市场。例如，欧洲美元即境外美元，是指在美国境外流通的美元。

·知识拓展·

欧洲货币市场是离岸金融市场在演变过程中所形成的，属于离岸金融市场的一部分。

（1）欧洲货币市场的特点。

欧洲货币市场的交易客体是欧洲货币（境外货币）。判断欧洲货币的标准：①不缴纳存款准备金，包括非居民之间借贷的境外货币、境内货币（狭义）；②欧洲货币市场的交易主体主要是市场所在地的非居民；③欧洲货币市场的交易中介是欧洲银行（境外银行）。

（2）欧洲货币市场的构成。

欧洲货币市场包括欧洲银行同业拆借市场、欧洲中长期信贷市场、欧洲债券市场。

①欧洲银行同业拆借市场。

欧洲银行同业拆借市场存在的原因包括：a. 满足各国商业银行弥补准备金的需求；b. 通过银行中介，资金从欧洲银行流向最终客户；c. 银行通过在各货币间进行短期的套利，获取无风险收益。

拆借品种包括定期存款（交割日在交易后的第 2 个营业日）、隔夜存款（交易日当天交割）、隔日存款（交易日次日交割）。

银行同业拆借不需签订书面协议，通过电话或电传进行联系，凭信用进行交易。

银行同业拆借采用双向报价制，交易单位通常以 100 万美元来计算。

并非所有银行都能充当报价银行。

②欧洲中长期信贷市场（≥1 年）。

欧洲中长期信贷市场的构成见图1-2。

图1-2　欧洲中长期信贷市场

> **·知识拓展·**
>
> 　　双边贷款与银团贷款的区别：①双边贷款是传统的贷款，是银行向借款人以"一对一"形式提供的贷款；双边贷款中，1家银行的风险承受能力弱，因此贷款金额少，期限短。②银团贷款是由2家以上银行向同一个借款人提供贷款，是欧洲中长期贷款的主要形式。

③欧洲债券市场。

欧洲债券市场的构成见图1-3。

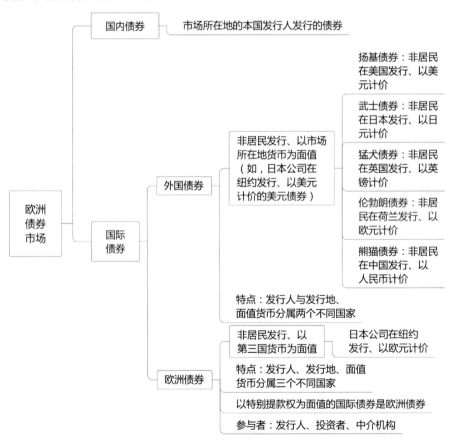

图1-3　欧洲债券市场

三、金融工具的分类

按照不同划分标准，可以将金融工具划分为以下几类，具体内容见表1-4。

表1-4　金融工具的种类

划分依据	类别	具体内容
性质	债权凭证	(1) 需还本付息的有价证券 (2) 反映债权债务关系
	所有权凭证	(1) 主要指股票 (2) 反映所有权关系
期限	货币市场工具 (≤1年)	包括国库券、商业票据、银行承兑汇票、同业拆借、大额可转让定期存单、回购协议等
	资本市场工具 (>1年)	代表债权或者股权关系的金融工具，包括股票、中长期国债、企业债券等
与实际金融 活动的关系	原生金融工具	包括股票、债券、商业票据、基金等基础金融工具
	衍生金融工具	(1) 价值派生于原生金融工具 (2) 包括远期合约、期货合约、互换合约、期权合约等 (3) 用于投机和风险管理

【考点小贴士】牢记划分标准和对应的划分结果。

·知识拓展·

(1) 划分依据中的"性质"是指金融工具所反映的融资双方的关系，即债权债务关系或所有权关系。

(2) 划分依据中的"期限"是指融资期限或金融工具的到期期限，并非交割期限。

(3) 划分依据中的"与实际金融活动的关系"可作如下理解：原生金融工具直接体现融资行为，而衍生金融工具直接体现合约交易，在合约交易中间接体现融资行为。

四、金融工具的性质

（一）流动性

(1) 流动性是指金融工具能够迅速变现而不致遭受损失的能力。

(2) 流动性的实现方式包括：买卖、承兑、贴现、再贴现。

(3) 流动性的决定因素包括：收益率（反比）、发行人的资信程度（正比）。

（二）期限性

期限性是指金融工具的偿还期。

（三）风险性

(1) 风险性是指预期收益和本金遭受损失的可能性（风险≠损失）。

(2) 风险主要源于信用风险和市场风险。

（四）收益性

(1) 股息、利息收益。

(2) 买卖的价差。

·知识拓展·

上述四个性质之间的关系为：期限性与收益性成正比；期限性与风险性成正比；期限性与流动性成反比；收益性与风险性成正比；收益性与流动性成反比；流动性与风险性成反比。

·· 小试牛刀 ··

[单选题] 金融市场上充当资金供给者、需求者和中介者等多重角色的是（　　）。

A. 政府　　　　　　　B. 金融机构　　　　　　C. 企业　　　　　　D. 金融监管机构

[解析] 金融机构是金融市场上最活跃的交易者，在金融市场上充当资金供给者、需求者和中介者等多重角色。金融机构作为机构投资者在金融市场上具有支配性的作用。

[答案] B

[单选题] 按照金融交易是否有固定场所，金融市场可划分为（　　）。

A. 场内市场和场外市场　　　　　　　　　B. 货币市场和资本市场

C. 发行市场和流通市场　　　　　　　　　D. 公募市场和私募市场

[解析] 按照金融交易是否有固定场所，金融市场可以分为场内市场和场外市场。

[答案] A

[单选题] 下列金融工具中，不属于原生金融工具的是（　　）。

A. 商业票据　　　　　B. 股票　　　　　　　C. 企业债券　　　　D. 股指期货

[解析] 股指期货是以合约的形式进行交易，并非直接交易股票，因此属于衍生金融工具。

[答案] D

考点 ② 存单市场

一、大额可转让定期存单市场

（1）大额可转让定期存单是由银行发行、有固定面额、可转让流通的定期存款凭证。

（2）大额可转让定期存单的产生背景：大额可转让定期存单产生于美国，由花旗银行首推。

· 知识拓展 ·

　　在美国"Q条例"的监管高压下，花旗银行为了吸收存款而创造出大额可转让定期存单。其核心机制为提高利率和增加流动性。因为大额可转让定期存单是创新工具，不受监管约束，提高利率并不会触碰监管线。此外，为存单设计流动性即是为存单增加变现功能。高利率、强流动性是大额可转让定期存单优于传统存款的特质，大额可转让定期存单的设计初衷就是增强流动性，因此要围绕这两方面理解大额可转让定期存单的特点。

（3）传统定期存单与大额可转让定期存单的区别见表1-5。

表 1-5　传统定期存单与大额可转让定期存单的区别

区别	传统定期存单	大额可转让定期存单
记名与流通	记名，不可流通转让	不记名，可流通转让
金额	金额不固定	面额固定且较大
支取	可提前支取，仅损失利息收入	不可提前支取，只能在二级市场流通转让
利率	固定利率（存单开户日挂牌利率）	既有固定利率，也有浮动利率，一般高于同期定期存款利率

二、同业存单

（一）同业存单的理解

（1）同业存单的发行主体是银行业存款类金融机构法人。

（2）同业存单的发行场所是全国银行间市场。

（3）同业存单是记账式定期存款凭证。

（4）同业存单是一种货币市场工具。

（二）同业存单的期限

同业存单的期限不超过 1 年。

（三）同业存单的特点

（1）同业存单流动性强（二级市场）。

（2）同业存单的利率参考 Shibor（上海银行间同业拆放利率）或以 Shibor 为浮动利率计息基准确定；同业存单的发行价格采取市场化定价原则。

（3）同业存单的主体是银行间市场成员。交易方为银行间拆借市场成员、基金类产品、基金管理公司；发行主体为银行业存款类金融机构。

（4）同业存单采取电子化方式发行，标准、透明。

三、大额存单

（1）大额存单是由银行发行的存款凭证，投资主体是非金融机构的企业和个人，采取记账式，面额较大。

（2）大额存单的发行时间。2015 年 6 月 15 日，由市场利率定价自律机制核心成员发行。

（3）大额存单的现行法律约束。2015 年 6 月，中国人民银行正式发布《大额存单管理暂行办法》。

（4）个人投资人认购大额存单的起点金额是人民币 20 万元（由 30 万元调整至 20 万元）。

（5）中国人民银行正在积极推进大额存单二级市场转让交易（我国目前的大额存单不可转让流通）。

（6）大额存单的作用。大额存单本质属于存款，采取市场定价，意味着利率市场化改革中的存款利率限制开始放开。有序推进大额存单的发行交易一方面是利率市场化的重要一步，另一方面有利于金融机构自主定价，健全利率传导机制。

大额可转让定期存单、同业存单、大额存单同属于存单市场，三者的区分见图 1-4。

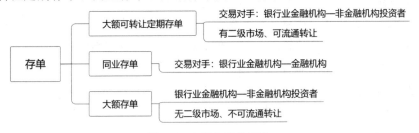

图 1-4　三类存单的区分

小试牛刀

[单选题] 2017 年 9 月 1 日起，同业存单的期限明确不超过（　　）。

A. 1 年　　　　　B. 2 年　　　　　C. 3 年　　　　　D. 6 个月

[解析] 2017 年 9 月 1 日起，同业存单的期限明确不超过 1 年。

[答案] A

[单选题] 2016 年 6 月 6 日起，中国人民银行将个人投资人认购大额存单的起点金额调整到（　　）万元。

A. 50　　　　　B. 20　　　　　C. 30　　　　　D. 10

[解析] 2016 年 6 月 6 日起，中国人民银行进一步将个人投资人认购大额存单的起点金额由 30 万元调整到 20 万元。

[答案] B

[单选题] 下列金融工具中，由银行发行的是（　　）。

A. 大额存单　　　　　B. 支票　　　　　C. 短期融资券　　　　D. 余额宝

[解析] A 项，大额存单是由银行发行给非金融企业、个人；B 项，支票是由个人、企业发行，银行充当付款人；C 项，短期融资券是由具有法人资格的非金融企业发行；D 项，余额宝作为货币市场基金的一种，是由天弘基金公司发行。

[答案] A

考点 3 回购市场、同业拆借市场

一、回购市场

（一）回购的理解

（1）回购的含义：现在卖出证券、未来再买回（购回）。

（2）回购标的物：国库券、其他有担保债券、商业票据、大额可转让定期存单等货币市场工具。

（3）回购的期限：1 年以内。

（二）正回购与逆回购

（1）正回购：先卖后买。

（2）逆回购：先买后卖。

> • 知识拓展 •
>
> 商业银行回购与央行回购的区别：
>
> （1）商业银行回购的目的是融通资金。正回购是融入资金（资金需求方），逆回购是融出资金（资金供给方）。
>
> （2）央行回购的目的是进行公开市场操作，实行货币政策。正回购是收回流动性，属于紧缩性的货币政策；逆回购是投放流动性，属于扩张性的货币政策。

（三）质押式回购、买断式回购（我国）

1. 质押式回购

（1）质押式回购所有权不发生转移。

（2）质押式回购的期限：1 天到 365 天。

2. 买断式回购

（1）买断式回购所有权发生转移。

（2）买断式回购的期限：1 天到 365 天。

二、同业拆借市场★★

（一）同业拆借市场的特点

（1）同业拆借市场的期限在 1 年内。

（2）同业拆借市场准入严格且交易对手是信誉良好的金融机构，因此主要是信用拆借，无需担保。

（3）同业拆借市场参与者广泛，包括商业银行、非银行业金融机构。

> **·知识点拨·**
>
> 同业拆借市场的特点可以总结为"期限短""信用拆""参与多"，上述三条特点可分别与之对应记忆。

（二）我国同业拆借市场概述

1. 重要时间线

（1）1984年10月，国家允许各专业银行互相拆借资金。

（2）1996年1月3日，全国统一的银行间同业拆借市场正式建立。

（3）1998年10月，保险公司进入同业拆借市场。

（4）1999年8月，证券公司进入同业拆借市场。

（5）2002年6月，统一的国内外币同业拆借市场正式启动。

（6）2007年8月，中国人民银行制定的《同业拆借管理办法》正式施行。根据规定，16类金融机构可以申请进入同业拆借市场。

2. 参与机构

中资银行（大型和中小型）、非银行业金融机构、外资金融机构、社保基金、企业年金等。非金融企业、个人禁止参与。

3. 期限与利率

（1）我国同业拆借最短为1天，最长为1年。

（2）按同业拆借品种计算加权平均利率。

> **·知识拓展·**
>
> 我国同业拆借和回购都以隔夜品种为主。

小试牛刀

[案例分析题] 2018年6月19日，中国人民银行发布公告称，为对冲期高峰、政府债券发行缴款。当日有500亿元央行逆回购到期等因素的影响，为满足市场对资金的需求，中国人民银行开展了700亿7天期、200亿14天期、100亿元28天期逆回购操作，中标利率分别为2.55％、2.70％、2.85％。同时，为弥补银行体系的中长期流动性缺口，当日，中国人民银行还开展了2 000亿元中期借贷便利（MLF）操作。

根据以上资料，回答下列问题：

1. 中国人民银行通过当日的逆回购操作，向市场（　　）。

A. 投放资金1 000亿元　　　　　　B. 投放资金500亿元

C. 回笼资金1 000亿元　　　　　　D. 回笼资金500亿元

[解析] 当天到期逆回购500亿元，因此回笼资金500亿元；当天开始逆回购1 000亿元（700＋200＋100），因此投放资金1 000亿元；最终净投放资金＝1 000－500＝500（亿元）。

[答案] B

2. 关于中国人民银行此次逆回购操作的说法，正确的是（　　）。

A. 向一级交易商买入有价证券，并约定在未来特定日期卖出有价证券

B. 进行逆回购操作的有价证券，既可以是国债也可以是上市公司发行的股票

C. 逆回购交易不能连续进行，存在政策效果具有不确定性的风险

D. 中国人民银行的逆回购操作，会引起市场货币供应的增加

[解析] 逆回购是先买后卖，A 项正确；逆回购的标的物不包括股票，B 项错误；逆回购可以连续进行，且央行可以通过回购交易精准控制货币量，C 项错误；逆回购开始时，央行在市场中买入证券，向市场投放货币，D 项正确。

[答案] AD

[单选题] 目前，我国同业拆借市场的主要交易品种是（　　）。

A. 7 天拆借　　　　　B. 14 天拆借　　　　　C. 1 个月拆借　　　　　D. 隔夜拆借

[解析] 目前，我国同业拆借市场主要以隔夜拆借为主。

[答案] D

考点 4 债券市场

一、债券的分类与特征

（一）债券的分类

按照不同的划分标准，债券可分为几大类，详见表 1-6。

表 1-6　债券的分类

划分依据	类别
币种	人民币债券、外币债券
发行主体	政府债券、金融债券、公司债券
利率是否固定	固定利率债券、浮动利率债券
利息支付方式	附息债券、息票累积债券、贴现债券
募集方式	私募债券、公募债券
是否可以转换	可转换债券、不可转换债券
偿还期限	短期债券、中期债券、长期债券
性质（有无担保）	信用债券、抵押债券、担保债券
债券券面形态	实物债券、记账式债券、凭证式债券
属性	政府债券（国债、地方债）、中央银行票据、金融债、企业债（中央企业债、地方企业债）、短期融资券、中期票据（非金融企业、1 年以上）、国际机构债、可转换债、政府支持机构债（包括中央汇金发行的债券）

·知识拓展·

（1）附息债券在票面附加息票，按期支付利息；息票累积债券到期一次还本付息；贴现债券不付利息，折价发行，到期按面额偿还。

（2）实物债券是指发行真实的债券；凭证式债券只发行收款凭证，以收款凭证取代债券；记账式债券是无纸化债券，以电子形式记录债权。

（3）担保债券在此处作"质押"理解，即以动产、权利等作为质押品发行债券。

（4）人民币债券占当前中国债券市场绝大部分份额，达到托管量和交易结算量的 99% 以上。

（5）可转换债券是指投资者在购买债券的同时，拥有一种在未来将债券转换为股票的权利。因此，可转换债券可以看成债券和股票期权的结合，债券持有者拥有的转股权是权利，而非义务。

（6）新中国成立后第一笔外币债券是 2003 年国家开发银行发行的金融债券。

（二）债券的特征

（1）**优先受偿性**。在企业破产时，债权人的剩余资产索取权优先于股东。（先债后股）

（2）**偿还性**。债券的偿还性是指债务人必须按规定的偿还期向债权人还本付息。

（3）**收益性**。债券的收益性包括定期利息收入、买卖价差。

（4）**流动性**。债券市场越发达，债券发行人的信用程度越高，债券期限越短，流动性越强。

二、短期融资券市场★★

（一）短期融资券

（1）短期融资券的发行主体：非金融企业法人。

（2）短期融资券的发行、交易场所：银行间债券市场。

（3）短期融资券具有债券性质，是企业的负债，需还本付息。

（4）短期融资券期限较短，最长不超过 365 天，本质上是融资性商业票据。

（5）短期融资券现行法律约束：2008 年中国人民银行制定的《银行间债券市场非金融企业债务融资工具管理办法》。

（二）超短期融资券

（1）发行背景：2010 年 12 月，由中国银行间市场交易商协会推出。

（2）含义：超短期融资券是指具有法人资格、信用评级较高的非金融企业在银行间债券市场发行的，期限在 270 天以内的短期融资券。

（3）特点：超短期融资券信息披露简洁、注册效率高、发行方式高效、资金使用灵活。

> **·知识拓展·**
>
> 注意区别短期融资券和超短期融资券：
>
> （1）短期融资券的期限在 365 天内；超短期融资券的期限在 270 天内。
>
> （2）信用评级较高的企业才有资格发行超短期融资券，短期融资券并未作此规定。
>
> （3）二者同属于货币市场。

三、我国多层次债券市场

（一）银行间市场

（1）银行间市场是债券市场的主体，交易量占整个市场的 90% 左右。

（2）交易品种：银行间市场主要进行现券交易、质押式回购、买断式回购、远期交易等。

（3）发债机构：财政部、商业银行、非银行业金融机构、国际开发机构、非金融企业、政策性银行、中国铁路总公司。

（二）交易所市场

（1）交易所市场由各类社会投资者参与集中撮合交易的零售市场。

（2）交易所市场实行净额结算。

（3）交易品种：现券交易、质押式回购、融资融券。

（4）两级托管体制：中央国债登记结算有限公司（简称中债登）为一级托管人，为交易所开立代理总账户；中国证券登记结算有限责任公司（简称中证登）为二级托管人，记录投资者账户。

【注】中债登与投资者无直接的权责关系，交易所交易结算由中证登负责。

（三）商业银行柜台市场

（1）商业银行柜台市场属于零售市场，是债券市场的补充。

（2）商业银行柜台市场交易品种：现券交易。

（3）银行需要在承办银行日终将余额变动数据传给中债登，中债登为柜台投资人提供余额查询服务。

（4）债券品种：记账式国债、国家开发银行债券、政策性银行债券、中国铁路总公司债券等。

━━━━━━━━━━━ 📝小试牛刀 ━━━━━━━━━━━

[单选题] 中国银行间市场交易商协会推出的超短期融资券的最长融资期限是（　　）天。

A. 180　　　　　　　B. 360　　　　　　　C. 270　　　　　　　D. 90

[解析] 超短期融资券的期限在270天以内。

[答案] C

[多选题] 按照利息支付方式的不同，债券可分为（　　）。

A. 贴现债券　　　　B. 附息债券　　　　C. 担保债券　　　　D. 息票累积债券

E. 抵押债券

[解析] 按照利息支付方式的不同，债券可分为贴现债券、附息债券、息票累积债券。

[答案] ABD

[单选题] 新中国成立以来，在国内发行第一笔外币债券的金融机构是（　　）。

A. 国家开发银行　　　　　　　　　　B. 中国人民银行

C. 中国进出口银行　　　　　　　　　D. 中国农业发展银行

[解析] 2003年国家开发银行在国内发行了5亿美元的金融债券，这是中华人民共和国成立以来在国内发行的第一笔外币债券。

[答案] A

[单选题] 债券是资本市场重要的工具之一，其特征不包括（　　）。

A. 流动性　　　　　　　　　　　　　B. 优先受偿性

C. 收益性　　　　　　　　　　　　　D. 永久性

[解析] 债券的特征包括优先受偿性、偿还性、收益性和流动性。

[答案] D

考点⑤ 证券投资基金市场

一、证券投资基金概述

（一）证券投资基金的理解

（1）证券投资基金是一种集合投资方式，具有利益共享、风险共担的特点。

（2）证券投资基金通过发行基金单位（份额）向投资者募集资金。

（3）证券投资基金由基金管理人管理和运用。

（4）证券投资基金由基金托管人托管。

（5）证券投资基金的本质是以机构化的方式进行股票、债券投资。

（6）证券投资基金是间接投资。

（二）证券投资基金的特点

（1）集合理财，专业管理。

（2）利益共享，风险共担。

（3）组合投资，分散风险。

（4）独立托管，保障安全。

（5）严格监管，信息透明。

二、证券投资基金参与主体

基金市场的参与主体包括基金当事人、基金市场服务机构、基金监管机构和自律组织三大类，具体内容见图 1-5。

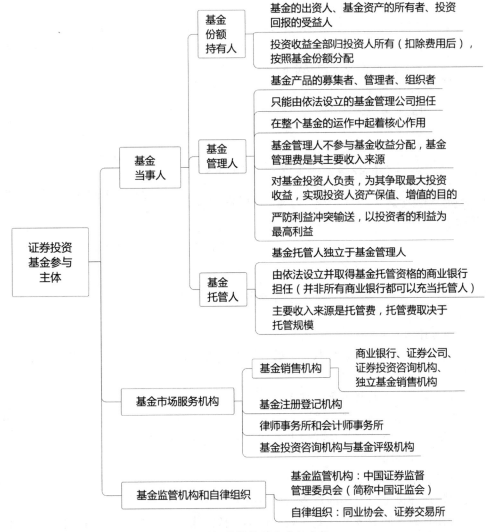

图 1-5　证券投资基金参与主体

三、基金管理人与基金托管人

（一）基金管理人与管理公司

1. 基金管理人的职责

（1）基金产品设计、营销，募集资金，办理基金份额的发售和登记事宜。

（2）办理基金备案手续。

（3）对所管理的不同基金财产分别管理、分别记账，进行证券投资。

（4）按照基金合同的约定确定基金收益分配方案，及时向基金份额持有人分配收益。

（5）进行基金会计核算并编制基金财务会计报告。

（6）编制中期和年度基金报告。

（7）计算并公告基金资产净值，确定基金份额申购、赎回价格。

（8）办理与基金财产管理业务活动有关的信息披露事项。

（9）按照规定召集基金份额持有人大会。

（10）保存基金财产管理业务活动的记录、账册、报表和其他相关资料。

（11）以基金管理人名义，代表基金份额持有人利益行使诉讼权利或者实施其他法律行为。

（12）国务院证券监督管理机构规定的其他职责。

2. 基金管理公司的业务

基金管理公司的业务见图1-6。

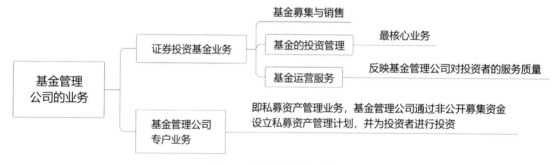

图1-6 基金管理公司的业务

（二）基金托管人

1. 基金资产托管业务

（1）资产保管。资产保管是指基金托管人为基金资产设立独立的账户，保证基金全部财产的安全完整。

（2）投资运作监督。监督基金管理人投资运作行为是否合法合规。

（3）资产核算。建立基金账册、进行会计核算、复查基金管理人计算的基金资产净值和份额净值。

（4）资金清算。资金清算是指托管人办理基金名下的资金往来。

2. 基金托管人的职责

（1）安全保管基金财产。

（2）按照规定开设基金财产的资金账户和证券账户。

（3）对所托管的不同基金财产分别设置账户，确保基金财产的完整与独立。

（4）保存基金托管业务活动的记录、账册、报表和其他相关资料。

（5）按照基金合同的约定，根据基金管理人的投资指令，及时办理清算、交割事宜。

（6）办理与基金托管业务活动有关的信息披露事项。

（7）对基金财务会计报告、中期和年度基金报告出具意见。

（8）复核、审查基金管理人计算的基金资产净值和基金份额申购、赎回价格。

（9）按照规定召集基金份额持有人大会。

（10）按照规定监督基金管理人的投资运作。

（11）国务院证券监督管理机构规定的其他职责。

• **知识点拨** •

基金管理人与基金托管人的职责记忆难度大、条款多，学习过程中应注重理解，并着重区分基金管理人与托管人的职责。基金管理人的身份类似于股份公司中的董事会，基金份额持有人的身份类似于股份公司中的股东，投资人负责出资，但不负责基金的具体事项，因此基金产品的主体工作均由基金管理人负责。基金托管人的身份类似于股份公司中的监事会，本质是独立第三方，对管理人起到制衡作用。因此涉及监督、制约、披露、保管作用的条款即是托管人的职责。

着重从下面几个角度理解、区分管理人和托管人的职责：

（1）基金财产。

①管理人：对所管理的不同基金财产分别管理、分别记账，进行证券投资。

②托管人：对所托管的不同基金财产分别设置账户，确保基金财产的完整与独立。

（2）中期和年度基金报告。

①管理人：编制中期和年度基金报告。

②托管人：对基金财务会计报告、中期和年度基金报告出具意见。

（3）基金资产净值、基金份额申购和赎回价格。

①管理人：计算并公告基金资产净值，确定基金份额申购赎回价格。

②托管人：复查、审核基金管理人计算的基金资产净值和基金份额申购、赎回价格。

（4）信息披露。

①管理人：办理与基金财产管理业务活动有关的信息披露事项。

②托管人：办理与基金托管业务活动有关的信息披露事项。

（5）保存资料。

①管理人：保存基金财产管理活动的记录、账册、报表。

②托管人：保存基金托管业务活动的记录、账册、报表。

（6）共同职责。

①管理人：召集基金份额持有人大会。

②托管人：按照规定召集基金份额持有人大会。

四、基金的分类★★

根据不同的划分依据，基金可分为几个类别，详见表1-7。

表1-7　基金的分类

划分依据	类别
运作方式	封闭式基金、开放式基金
法律形式（组织形态）	契约型基金、公司型基金

续表

划分依据	类别
投资对象	债券基金、股票基金、混合基金、货币市场基金、基金中基金
投资理念	主动型基金、被动型基金
投资目标	增长型基金、收入型基金和平衡型基金
资金来源和用途	在岸基金、离岸基金
募集方式	公募基金、私募基金

·知识点拨·

混合型基金根据资产配置比例的不同，可分为：

（1）偏股型基金。一般股票配置比例为 50%—70%。

（2）偏债型基金。

（3）股债平衡型基金。股票与债券配置比例比较平衡，通常为 40%—60%。

（4）灵活配置型基金。

五、契约型基金与公司型基金

契约型基金与公司型基金的区别见表1-8。

表 1-8　契约型基金与公司型基金的区别

区别	契约型基金	公司型基金
法律主体资格不同	不具有法人资格	具有法人资格
基金营运依据不同	依据基金合同	依据基金公司章程
投资者的地位不同	依据基金合同设立，通过持有人大会表达意见，权力相对较小	通过股东大会行使权力，权力较大

【补充】

（1）公司型基金的优点是法律关系明确清晰，监督约束机制较为完善；契约型基金的优点是在设立上更为简单易行。

（2）二者主要区别是法律形式的不同，无优劣之分。

六、封闭式基金与开放式基金

（1）封闭式基金。封闭式基金是指基金在运作期内不得申购、赎回，因此份额总额固定不变的基金运作方式。

（2）开放式基金。传统的开放式基金是指基金在运作期内可以申购、赎回，因此基金份额不固定的基金运作方式。

封闭式基金与开放式基金的区别见表1-9。

表 1-9　封闭式基金与开放式基金的区别

区别	封闭式基金	开放式基金
份额限制不同	份额固定，封闭期内不能增减，不可申购、赎回	份额不固定，随申购、赎回而增减
交易场所不同	在证券交易所上市交易，交易在投资者之间完成	①投资者向基金管理人或销售代理人进行申购、赎回；②交易在投资者与基金管理人之间完成

续表

区别	封闭式基金	开放式基金
价格形成方式不同	受二级市场供求关系的影响，可溢价或折价	以基金份额净值为基础，不受市场供求影响
期限不同	有固定存续期，在5年以上，我国多为15年，可延期	无期限
激励约束机制与投资策略不同	基金表现好坏对规模没有影响，基金经理一般不会在经营与流动性管理上面临直接压力	业绩表现影响基金管理人的收入和赎回压力，有更好的激励约束机制

七、货币市场基金

（一）货币市场基金的理解

（1）货币市场基金的投资对象：货币市场工具。

（2）货币市场基金的特点：风险低、流动性好，适用于短期投资。

（3）货币市场基金面临的风险：信用风险、流动性风险、利率风险、购买力风险。

（4）货币市场基金与银行存款的差别：货币市场基金不保证收益水平。

（二）货币市场基金的投资工具★★★

（1）现金。

（2）期限在1年以内（含1年）的银行存款、债券回购、中央银行票据、同业存单。

（3）剩余期限在397天以内（含397天）的债券、非金融企业债务融资工具、资产支持证券。

（4）中国证监会、中国人民银行认可的其他具有良好流动性的货币市场工具。

（三）货币市场基金禁止投资的金融工具★★★

（1）股票。

（2）可转换债券、可交换债券。

（3）以定期存款利率为基准利率的浮动利率债券，已进入最后一个利率调整期的除外。

（4）信用等级在AA+以下的债券与非金融企业债务融资工具。

（5）中国证监会、中国人民银行禁止投资的其他金融工具。

（四）货币市场基金的投资比例规定

（1）同一机构发行的债券、非金融企业债务融资工具及其作为原始权益人的资产支持证券占基金资产净值的比例合计不得超过10%，国债、中央银行票据、政策性金融债券除外。

（2）货币市场基金投资于有固定期限银行存款的比例，不得超过基金资产净值的30%，但投资于有存款期限、根据协议可提前支取的银行存款不受上述比例限制。

（3）货币市场基金投资于具有基金托管人资格的同一商业银行的银行存款、同业存单占基金资产净值的比例合计不得超过20%，投资于不具有基金托管人资格的同一商业银行的银行存款、同业存单占基金资产净值的比例合计不得超过5%。

八、股票基金

（一）股票基金的特点

（1）以追求长期资本增值为目标，适合长期投资。

（2）高风险、高收益。

（二）股票基金与股票的差异

（1）价格影响因素不同：股票价格与投资者买卖股票数量的多少和强弱的对比相关；股票基金份额净值不会因为买卖数量或申购、赎回数量的多少而受到影响。

（2）价格变动频率不同：股票价格在每一交易日内始终处于变动之中；股票基金净值每天只计算一次，股票基金在每个交易日只有一个价格。

（3）风险因素不同：①单一股票主要面临投资风险；股票基金相比于单一股票，增加了委托代理风险。②由于股票基金进行组合投资，投资风险低于单一股票；股票基金所面临的投资风险包括系统风险（不可分散风险）、非系统性风险（可分散风险）以及管理运作风险（因基金而异）。

（4）价格判断依据不同：投资者主要依据上市公司的基本情况判断股票价格；但由于股票基金份额净值是由其持有的证券价格复合而成，因此对股票基金份额净值的高低进行合理与否的判断是没有意义的。

九、债券基金

（一）债券基金的特点★★★

（1）债券基金以债券为主要投资对象。

（2）债券基金的波动性通常小于股票基金。

（3）债券基金的收益、风险适中，适合追求稳定收入的投资者。

（二）债券基金与债券的区别

（1）债券基金没有确定到期日，只能计算出平均到期日。

（2）投资风险不同：①利率风险：单一债券所承担的利率风险随着到期日的临近而下降；债券基金的利率风险取决于平均到期日，由于平均到期日相对固定，其利率风险常保持在一定水平。②单一债券的信用风险比较集中；债券基金通过组合投资，可以分散信用风险。

（3）债券基金的收益不如债券的利息固定。

（4）债券基金的收益率相较于单一债券更难以预测。

（三）债券基金的投资风险

1. 利率风险

（1）债券的价格与市场利率成反比。

（2）债券到期日越长，债券价格受市场利率影响越大，其利率风险越大。

（3）债券基金的平均到期日与利率风险成正比。

2. 信用风险

（1）信用风险即违约风险。

（2）信用风险越大，收益越高。

（3）债券信用等级下降→债券价格下跌→债券基金资产净值下降。

3. 提前赎回风险

（1）当市场利率下降，债券发行人提前赎回已发行的债券，并以当前新的、较低的市场利率再次融资，减少融资成本。

（2）附有提前赎回权的债券基金不能获得高息收益，并且会面临再投资风险。

4. 通货膨胀风险

通货膨胀减少债券基金的实际收益率。

◢ 小试牛刀

[单选题] 关于契约型基金与公司型基金比较的说法，正确的是（　　）。

A. 契约型基金与公司型基金都具有法人资格

B. 契约型基金与公司型基金都依据公司章程运营

C. 契约型基金与公司型基金的区别主要表现在法律形式不同

D. 契约型基金与公司型基金投资者地位相同

[解析] 契约型基金不具有法人资格，A 项错误。契约型基金依据基金合同运营，B 项错误。契约型基金持有人大会赋予基金持有人的权利较小，D 项错误。

[答案] C

[单选题] 根据基金的运作方式的不同，证券投资基金可划分为（　　）。

A. 公募基金和私募基金　　　　　　　　B. 封闭式基金和开放式基金

C. 偏股型基金和偏债型基金　　　　　　D. 公司型基金和契约式基金

[解析] 根据运作方式的不同，基金可分为封闭式基金、开放式基金。

[答案] B

[单选题] 下列关于债券基金的说法，正确的是（　　）。

A. 债券基金不存在通货膨胀风险　　　　B. 债券基金没有确定的到期日

C. 债券基金的收益比债券的利息固定　　D. 债券基金主要以 H 股作为投资对象

[解析] 债券基金同样面临通货膨胀风险，通货膨胀会降低债券基金的实际收益率，A 项错误；债券基金是由一组到期日不同的债券组成，因此没有确定的到期日，只能计算出平均到期日，B 项正确；固定利率的债券有固定的利息收入，而债券基金的收益有升有降，不如债券的利息固定，C 项错误；债券基金主要以债券为投资对象，而不是股票，D 项错误。

[答案] B

[单选题] 按照我国《货币市场基金监督管理办法》，货币市场基金可以投资的债券是（　　）。

A. 剩余期限在 1 年内的债券回购　　　　B. 可交换债券

C. 可转换债券　　　　　　　　　　　　D. 信用等级在 AA＋以下的债券

[解析] 按照《货币市场基金管理暂行规定》，我国货币市场基金能够进行投资的金融工具包括：①现金；②期限在 1 年以内（含 1 年）的银行存款、债券回购、中央银行票据、同业存单；③剩余期限在 397 天以内（含 397 天）的债券、非金融企业债务融资工具、资产支持证券；④中国证监会、中国人民银行认可的其他具有良好流动性的货币市场工具。B、C、D 三项为货币市场基金禁止投资的金融工具。

[答案] A

考点 ⑥ 股票市场

一、普通股与优先股★★★

根据股东权利的不同，可以将股票分为普通股与优先股，二者的具体区别见表 1-10。

表 1-10 普通股与优先股的区别

项目	普通股	优先股
权利比较	（1）有投票权 （2）有决策权	（1）优先权利：优先分配盈利、优先分配剩余财产 （2）无投票权
收益比较	股利不固定，随公司盈余变化	不参与超过原定年红利之外的利润分配，优先股红利外的利润归属普通股股东
剩余财产分配权顺序	债权人＞优先股股东＞普通股股东	
风险比较	普通股股东＞优先股股东	

二、A 股与 B 股

A 股与 B 股的区别见表 1-11。

表 1-11 A 股与 B 股的区别

项目	A 股（人民币普通股票）	B 股（人民币特种股票）
股票发行或上市地	中国境内交易所发行	中国境内交易所上市
股票面值货币	人民币	人民币
认购股票货币	人民币	外币
投资主体	境内居民或法人	境外投资主体、境内居民（重要投资主体）

三、我国多层次资本市场★★★

我国多层次资本市场的构成见图 1-7。

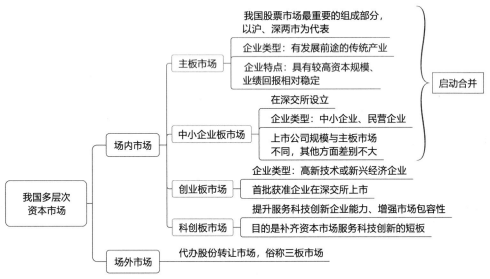

图 1-7 我国多层次资本市场的构成

我国在资本市场的其他探索与发展如下：

（1）股权分置改革（2005 年—2007 年）。

股权分置改革的背景：A 股上市公司内部的两种不同性质股票，即流通股、非流通股，二者"不同股、不同价、不同权"。

（2）2010年，我国股票市场启动融资融券交易。

（3）2014年3月21日，中国证监会发布《优先股试点管理办法》，规定三类公司可以公开发行优先股：①其普通股为上证50指数成分股；②以公开发行优先股作为支付手段收购或吸收合并其他上市公司；③以减少注册资本为目的回购普通股的，可以公开发行优先股作为支付手段等。

（4）2014年11月17日，沪港通正式启动。

（5）科创板。

①2019年6月13日，上海证券交易所科创板正式开板。

②设立科创板并试点注册制的目的：增强市场的包容性、提升服务科技创新企业能力、强化市场功能。

③科创板能够补齐资本市场服务科技创新的短板。

④2019年7月22日，科创板首批25家公司在上交所挂牌上市交易。

---------- 小试牛刀 ----------

[单选题] 人民币普通股账户又称（　　）。

A. 基金账户　　　　　　　　　　　　B. A股账户

C. B股账户　　　　　　　　　　　　D. 人民币特种股账户

[解析] A股是人民币普通股，B股是人民币特种股。

[答案] B

[单选题] 2009年，服务于我国高新技术和新兴经济企业的（　　）正式揭牌运营。

A. 中小板　　　　　B. 新三板　　　　　C. 战略新兴板　　　　　D. 创业板

[解析] 2009年10月30日，我国正式推出创业板，旨在服务于高新技术或新兴经济企业。

[答案] D

[多选题] 我国已建成的多层次股票市场包括（　　）。

A. 主板市场　　　　B. 中小企业板市场　　　C. 创业板市场　　　D. 科创板市场

E. 股指期货市场

[解析] 股指期货市场不属于股票市场，E项错误。

[答案] ABCD

考点⑦ 互联网金融

一、互联网金融概述

（1）互联网金融是互联网企业与传统金融机构的结合，是借助互联网和移动通信技术实现资金融通、支付和信息中介功能的新型金融模式。

（2）互联网金融对原有的金融模式产生根本影响，但互联网金融的本质仍然是金融。

二、互联网金融的特点

（1）互联网金融是普惠化、大众化的金融模式。

（2）互联网金融是传统金融的数字化、网络化和信息化。大数据、云计算、移动支付是互联网金融模式发展的技术基础。

（3）互联网金融的边际成本极低，能够降低金融服务成本、提高金融服务效率。

三、互联网金融的运作模式

（一）互联网支付

（1）定义：互联网支付是指通过计算机、手机等设备，依托互联网发起支付指令、转移货币资金的服务。

（2）监管机构：中国人民银行。

（二）网络借贷

网络借贷包括个体网络借贷（即 P2P 网络借贷）和网络小额贷款，由中国银行保险监督管理委员会负责监管。

1. 个体网络借贷

（1）定义：个体网络借贷是指个体和个体之间通过互联网平台实现的直接借贷。

（2）特点：个体网络借贷属于民间借贷范畴。

（3）法律约束：《中华人民共和国合同法》《民法总则》以及最高人民法院相关司法解释规范。

（4）法律规定：明确信息中介性质、坚持平台功能，不得提供增信服务，不得非法集资。

2. 网络小额贷款

网络小额贷款是指互联网企业通过其控制的小额贷款公司，利用互联网向客户提供的小额贷款。

（三）股权众筹融资

（1）定义：股权众筹融资主要是指通过互联网形式进行公开小额股权融资的活动。

（2）规定：①股权众筹融资必须通过股权众筹融资中介机构平台（互联网网站或其他类似的电子媒介）进行；②股权众筹融资方应为小微企业，应通过股权众筹融资中介机构向投资人如实披露企业的商业模式、经营管理、财务、资金使用等关键信息，不得误导或欺诈投资者。

（3）监管机构：中国证监会。

（四）互联网基金销售

（1）基金销售机构与其他机构通过互联网合作销售基金等理财产品的，要切实履行风险披露义务，不得通过违规承诺收益方式吸引客户。

（2）基金管理人应当采取有效措施防范资产配置中的期限错配和流动性风险。

（3）基金销售机构及其合作机构通过其他活动为投资人提供收益的，应当对收益构成、先决条件、适用情况等进行全面、真实、准确的表述和列式，不得与基金产品收益混同。

（4）第三方支付机构在开展基金互联网销售支付服务过程中，应当遵守人民银行、证监会关于客户备付金及基金销售结算资金的相关监管要求。

（5）第三方支付机构的客户备付金只能用于办理客户委托的支付业务，不得用于垫付基金和其他理财产品的资金赎回。

（6）互联网基金销售的监管机构是中国证监会。

（五）互联网保险

（1）保险公司开展互联网保险业务，应遵循安全性、保密性和稳定性原则，加强风险管理，完善内控系统，确保交易安全、信息安全和资金安全。

（2）专业互联网保险公司应当坚持服务互联网经济活动的基本定位，提供有针对性的保险服务。

（3）保险公司应建立对所属电子商务公司等非保险类子公司的管理制度，建立必要的防火墙。

（4）保险公司通过互联网销售保险产品，不得进行不实陈述、片面或夸大宣传过往业绩、违规承诺收益或承担损失等误导性描述。

（5）互联网保险的监管机构是中国银行保险监督管理委员会（简称中国银保监会）。

✏小试牛刀

[单选题] 在我国，负责监管互联网信托业务的机构是（　　）。

A. 中国人民银行　　　　　　　　　B. 中国银保监会

C. 中国证监会　　　　　　　　　　D. 商务部

[解析] 互联网信托和互联网消费金融均由中国银保监会监管。

[答案] B

考点⑧　金融机构概述

一、金融机构的五大职能

（1）促进资金融通。

（2）反映、调节经济活动。

（3）降低信息成本、减少信息不对称。

（4）降低交易成本和交易风险。

（5）发挥支付中介职能，便利支付结算。

二、金融机构的种类★★

按照不同的划分标准，可以将金融机构划分成不同的类别，见图1-8。

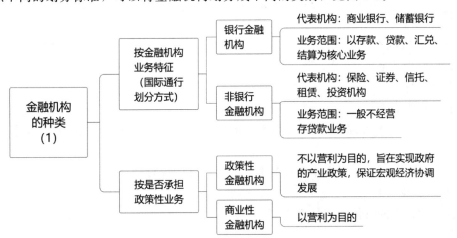

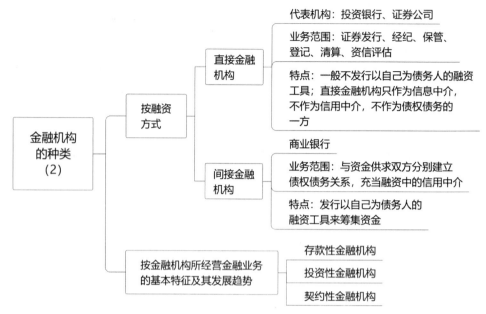

图1-8　金融机构的种类

三、金融体系的组织架构

金融机构体系包括国际通行的体系和我国的金融机构体系。

（一）国际通行体系

1. 存款性金融机构

（1）商业银行。特征包括：①信用货币的创造、活期存款的吸收（最显著特征）；②业务范围最广、体系最庞大、历史最悠久、资本最雄厚、掌握金融资源最多。

（2）储蓄银行。资金主要用于长期投资。

（3）信用合作社。资金主要来源是社员股金和存款；放款对象主要为本社社员。

2. 契约性金融机构

（1）养老基金（二战后在西方国家发展起来）。

（2）保险公司。

3. 投资性金融机构

（1）证券投资基金。

（2）投资银行。

①一般不吸收活期存款。

②投资银行是欧洲大陆和美国的称谓，英国称之为商人银行，中国和日本称之为证券公司。

③业务经营几乎包括全部资本市场业务，具有较强的综合性。

4. 政策性金融机构

政策性金融机构的具体内容见表1-12。

表1-12　政策性金融机构

项目	具体内容
特征	(1) 政策性：①政府出资、政府或政府机构发起；②非营利性；③由特定业务领域到产业政策需"倾斜"的领域；④经营风险的硬担保 (2) 金融性：有偿性、效益性、安全性（此处的有偿性和效益性并非是以营利为目的，而是经营中要保本微利，与前述的非营利性并不冲突）
职能	(1) 倡导性职能（诱导性职能）：是指政策性金融机构通过自身的资金运用引导其他机构的资金投放，起到引导功能 (2) 补充性职能（弥补性职能）：是指政策性金融机构以政策性融资补充商业性融资的缺口 (3) 选择性职能：是指政策性金融机构会主动选择某些领域或部门进行资金投放 (4) 服务型职能：是指政策性金融机构可以为企业提供金融与非金融服务，充当政府的经济顾问
经营原则	(1) 保本微利原则 (2) 政策性原则 (3) 安全性原则
类型	包括进出口政策性金融机构、农业政策性金融机构、住房政策性金融机构、经济开发政策性金融机构四种类型。其中，经济开发政策性金融机构的目的是为经济开发提供长期投资或贷款，贷款和投资方向为"两基（基础设施、基础产业）、一支（支柱产业的大中型基本建设项目）、一重（重点企业）"。开发银行的三种类型为国际性开发银行（世界银行集团）、区域性开发银行（亚洲开发银行、非洲开发银行、泛美开发银行）、本国性开发银行

（二）我国金融机构体系

1. 政策性银行

(1) 中国农业发展银行（1994年成立）。

(2) 中国进出口银行（1994年成立）。

(3) 国家开发银行（1994年成立，2008年改制为国家开发银行股份有限公司，成为我国首家由政策性银行转型来的开发性金融机构）。

2. 商业银行

(1) 国有大型商业银行（六大银行）：中国工商银行、中国农业银行、中国银行、中国建设银行、交通银行、中国邮政储蓄银行。

(2) 城市商业银行。

(3) 股份制商业银行。

(4) 农村银行机构（农村商业银行、农村合作银行、村镇银行）的具体内容见图1-9。

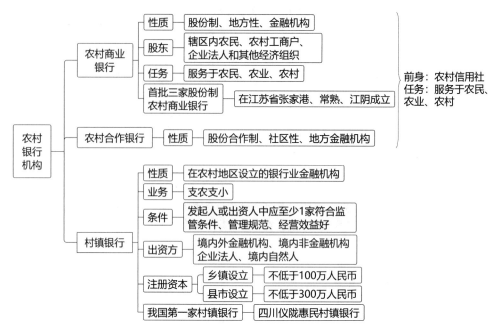

图 1-9　农村银行机构

（5）外资商业银行。

①外资银行营业性机构：外商独资银行、外国银行分行、中外合资银行。

②银行类代表处：外国银行代表处。

（6）民营银行：首批五家试点银行分别为深圳前海微众银行、天津金城银行、上海华瑞银行、温州民商银行、浙江网商银行。

3. 证券机构

（1）证券登记结算公司。

（2）证券交易所。

（3）证券公司。

4. 保险公司

（1）以经营保险业务为主。

（2）是非银行金融机构。

5. 其他金融机构

其他金融机构的具体内容见表 1-13。

表 1-13　其他金融机构

金融机构	内容
农村信用合作社	改组前的农村商业银行
金融资产管理公司	（1）经营目标：最大限度地保全资产、减少损失 （2）五家金融资产管理公司：中国长城资产管理公司、中国东方资产管理公司、中国信达资产管理公司、中国华融资产管理公司、中国银河资产管理公司

续表

金融机构	内容
财务公司 （企业集团财务公司）	(1) 我国第一家企业集团财务公司是东风汽车工业财务公司（1987年设立） (2) 由企业集团组建，为集团内部成员服务，目的是集中资金管理、提高集团内资金使用效率
金融租赁公司	承办融资租赁业务。融资租赁交易适用于租赁物为固定资产的交易
信托公司	委托人将其财产权委托给受托人，受托人按委托人的意愿，以自己的名义，为受益人的利益或者特定目的，对信托财产进行管理或者处分
汽车金融公司	为中国境内汽车购买者、销售者提供金融服务
消费金融公司	不吸收公众存款，以小额、分散为原则，为中国境内居民个人提供以消费为目的的贷款的非银行金融机构
小额贷款公司	(1) 不吸收公众存款、只经营小额贷款业务 (2) 资金来源：股东缴纳资本金、捐赠资金、不超过2家银行的融入资金 (3) 从银行业金融机构融入资金的余额不得超过资本净额的50% (4) 主要支持农业、农村、农民发展 (5) 坚持小额、分散原则，鼓励面向农户、微型企业贷款

【考点小贴士】重点掌握框架和组织架构。

················ 小试牛刀 ················

[单选题] 下列金融机构中，贷款主要投向基础设施等大中型基本建设项目和重点企业的是（　　）。

A. 经济开发政策性金融机构

B. 农业政策性金融机构

C. 住房政策性金融机构

D. 进出口政策性金融机构

[解析] 经济开发政策性金融机构是专门为经济开发提供长期投资或贷款的金融机构，这类机构多以配合国家经济发展振兴计划或产业振兴战略为目的的设立，贷款和投资方向主要是基础设施、基础产业、支柱产业的大中型基本建设项目和重点企业。

[答案] A

[单选题] 下列机构中，不属于存款类金融机构的是（　　）。

A. 投资银行

B. 商业银行

C. 储蓄银行

D. 信用合作社

[解析] 存款类金融机构是吸收个人或机构存款，并发放贷款的金融机构，主要包括商业银行、储蓄银行和信用合作社。选项A属于投资性金融机构。

[答案] A

[单选题] 依据有关法律规定，在县（市）设立村镇银行的，注册资本应不低于（　　）万元人民币。

A. 500　　　　　　　　B. 200　　　　　　　　C. 300　　　　　　　　D. 100

[解析] 村镇银行的主要业务为支农支小，发起人或出资人中应至少有一家符合监管条件、管理规范、经营效益好的商业银行作为主要发起银行。在乡（镇）设立的，其注册资本不低于100万元人民币，在县（市）设立的，注册资本不低于300万元人民币。

[答案] C

第二章　商业银行

大纲再现

（1）理解商业银行经营与管理的内容、原则、关系。

（2）理解商业银行负债、资产、中间业务、理财业务的经营。

（3）理解商业银行资产负债、资本、财务、人力资源开发的管理。

（4）分析我国商业银行的经营与管理。

大纲解读

本章历年考试分值在 9～25 分，常以单选题、多选题、案例分析题的形式出现。

本章完整地介绍了金融体系的主体——商业银行，详细阐述了商业银行制度、商业银行经营管理理论、商业银行三大业务以及商业银行资本金。高频考点包括资产负债管理理论、理财业务、商业银行资本金。近年来的命题趋势呈现以下特点：①案例分析题比重增加，侧重考查资产负债管理理论及巴塞尔协议，考查方式侧重于计算、知识点理解，尤其注重知识点的活学活用；②倾向于考查微小知识点，结合命题趋势，考生复习时需加强对知识点的理解而非死记硬背，做到灵活运用。

知识脉络

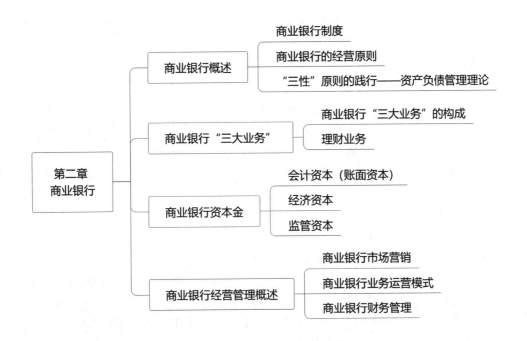

考点 ① 商业银行概述

商业银行以追逐利润为目标、以货币和信用为其经营对象，是金融体系的主体。

一、商业银行制度

（一）经营制度

1. 分业经营银行制度（分离银行制度、专业化银行制度）

（1）概念：分业经营银行制度下对应的是职能分工型银行，即"银、证、信、保"等业务分离，金融机构各司其职，商业银行不得经营证券、信托、保险等业务。

（2）优点：①银行角度。银行主要利润来源于存贷款利差，因此银行会以安全性为首要原则，保护存款人的利益，稳健经营。②监管角度。分业经营对应着分业监管，监管当局可提出有针对性的监管措施去应对商业银行的风险，有利于金融监管达到预期的效果。

（3）缺陷：①相较于混业经营形成的"超级银行"，分业经营下单个银行的资本实力薄弱，不利于金融业的竞争；②不利于银行通过互相持股而结成利益共同体；③分业经营导致银行业务模式单一，无法通过其他业务的互补性分散风险。

> **·知识点拨·**
>
> 我国商业银行不得从事信托和证券经营业务，不得向非自用不动产投资，不得向非银行金融机构和企业投资。

2. 综合性银行制度（全能银行制度、混业经营银行制度）

（1）概念：商业银行可以同时经营"银、证、信、保"等业务。

（2）优势：①提高规模效益；②实现金融机构间的有序竞争，提升社会总效用；③经营多种业务，可以分散经营风险；④有利于整合资源，形成信息共享、损益互补机制；⑤使客户得到综合性服务。

（3）缺陷：①混业经营容易促生出"超级银行"，导致行业垄断；②商业银行短期信贷资金进入资本市场，引发金融危机；③混业经营导致监管难度加大，容易引发金融业系统性风险。

（二）组织制度

1. 分支银行制度（总分行制）

（1）特点：总行下设分支机构，是最普遍的银行组织形式。

（2）分类。根据总行的形式与职能不同，可分为两种形式：①总行制：总行开展经营活动；②总管理处制：总行不开展经营活动。

（3）优缺点。①优点：易于监管、竞争力强、规模效益高；②缺点：管理难度大、加速银行的垄断和集中。

（4）代表国家：中国。

2. 单一银行制度（单元银行制、独家银行制）

（1）特点：不设分支机构，银行业务由一家独立银行经营。

（2）优缺点：①无分支机构，杜绝"超级银行"的诞生，有效防止银行的集中和垄断，但限制了银行之间的有效竞争；②管理层级少导致其独立性、自主性强，但资金实力薄弱、分支机构少导致其抗风险能力差；③独家银行倾向于地方服务，经营具有较强的地域性特征，但限制了规模效益；④没有分支机构带来的高额经营成本，但分摊后的单位成本较高，限制了业务创新。

（3）代表国家：美国（20 世纪 90 年代以前）。

3. 持股公司制度（集团银行制度、银行控股公司制）

（1）含义：单一银行通过成立持股公司，由持股公司间接控制若干银行，通过此举规避法律限制，突破单一银行的缺点。

（2）特点：持股公司在业务和经营策略上控制旗下银行，但其与集团下的银行为外部隶属关系，每家银行在法律上仍然独立，有独立的法人资格。

（3）优缺点。①优点：增加分支机构、扩充资本金、增强经营实力和竞争能力、提高抵御风险的能力。②缺点：形成银行集团会导致垄断，不利于银行间的有序竞争；持股公司控制旗下银行的经营策略，会限制银行创新力和活力。

4. 连锁银行制度（联合银行制度）

（1）含义：连锁银行制度是指某一集团通过持股控制若干银行，形成联合经营模式。

（2）特点：集团旗下银行在业务与经营政策上受控制，但其有独立法人资格，法律上有独立性。

•知识拓展•

持股公司制（左）与连锁银行制（右）的区别见图 2-1。

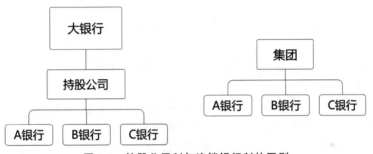

图 2-1　持股公司制与连锁银行制的区别

从图 2-1 中可以看出，持股公司制与连锁银行制的区别在于是否有持股公司的存在。持股公司制是大银行通过持股公司间接控股其他银行，而连锁银行制是集团直接控股若干银行。

二、商业银行的经营原则★★★

（一）"三性"原则

1. "三性"原则的含义

（1）安全性：商业银行需保持清偿能力去应对风险和损失，满足客户随时提取的要求，使客户保持对银行的信心。

（2）效益性/盈利性：商业银行经营的目的是追求利润最大化。

（3）流动性：商业银行需保持充足的现金或变现能力强的资产，以保证兑付储户的取款要求。

①资产的流动性：银行资产能够随时变现而不致遭受损失。

②负债的流动性：随时以较低成本获得资金。

2. "三性"原则之间的关系

（1）"三性"原则既对立又统一，商业银行要寻求三者之间的平衡，在保证安全性和流动性的前提下，追求效益性。

（2）安全性是经营的前提，流动性是经营的条件，效益性是经营的目的。

（3）安全性与效益性成反比，与流动性成正比，流动性与效益性成反比。

（二）审慎经营规则

1. 含义

审慎经营规则是指以审慎会计原则为基础，真实、客观、全面地反映金融机构的资产价值和资产风险、负债价值和负债成本、财务盈亏和资产净值，以及资本充足率等情况；真实、客观、全面地判断和评估金融机构的实际风险，及时监测、预警和控制金融机构的风险，从而有效地防范和化解金融风险，维护金融系统安全、稳定的经营模式。

2. 内容

审慎经营规则包括风险管理、内部控制、资本充足率、资产质量、损失准备金、风险集中、关联交易、资产流动性等内容。

（三）金融创新原则

金融创新体现在银行不断提高风险管理能力、更新服务产品和服务方式。金融创新应遵循以下原则：

（1）公平竞争原则。商业银行不得排挤竞争对手、低价倾销、恶性竞争。

（2）合法合规原则。商业银行不得以金融创新为名，违反法律规定或变相逃避监管，如通过金融创新实现监管套利。

（3）成本可算、风险可控、信息充分披露原则。

（4）充分尊重他人的知识产权。商业银行不得侵犯他人的商业机密和知识产权。

（四）"四自"原则

我国商业银行实行自负盈亏、自担风险、自主经营、自我约束的"四自"原则。

（五）分业经营原则

我国商业银行实行分业经营原则。我国商业银行不得从事信托投资和证券经营业务，不得向非自用不动产投资或者向非银行金融机构和企业投资。

三、"三性"原则的践行——资产负债管理理论

（一）资产负债管理理论概述

资产负债管理的目的是践行"三性"原则，通过资产负债管理实现安全性、流动性、效益性的统一。资产负债管理理论是现代商业银行管理的基础和核心，是现代商业银行的基本管理制度，其理论的演变依次经历了"资产管理理论→负债管理理论→资产负债管理理论"三个主要发展阶段，具体内容见图2-2。

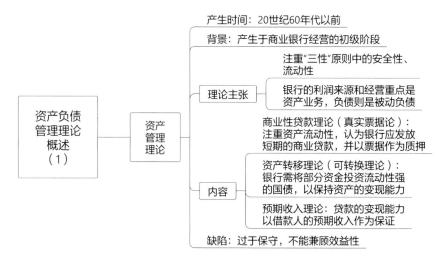

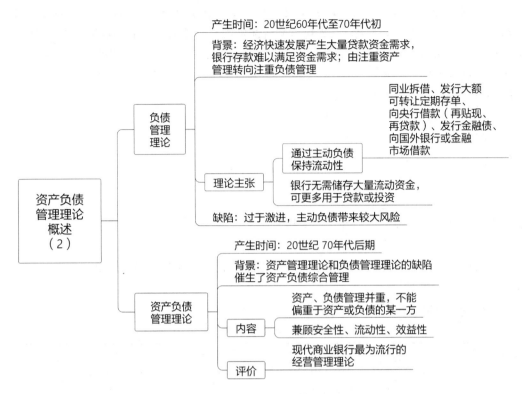

图 2-2 资产负债管理理论概述

（二）资产负债管理的基本原理★★★

资产负债管理的目的是实现"三性"原则的统一，缓解三者之间的矛盾性。为实现这个目的，需要遵循六个基本原理：

（1）规模对称原理。规模对称原理是指资产规模与负债规模在总量上要对称，这种对称并非简单的数量上对等，而是动态平衡。

（2）结构对称原理。结构对称原理是指负债结构与资产结构要相互对称，此处的"结构"即资产与负债的用途、性质、利率等。例如，利率对称要求利率高的负债与利率高的资产对称；用途对称要求同业拆入资金要用于头寸的平衡，不能用于投资或长期贷款。

（3）速度对称原理（偿还期对称原理）。

①含义：速度对称原理是指资产与负债的偿还期要相互对称（资产分配要根据资金来源的流转速度决定）。

②衡量方法：平均流动率法，平均流动率＝资产的平均到期日÷负债的平均到期日。

【结论】平均流动率＞1→资产平均到期日大于负债平均到期日→资产运用过度；平均流动率＜1→负债平均到期日大于资产平均到期日→资产运用不足。

（4）目标互补原理。

①在经营实践中，要达到安全性、流动性、效益性的综合平衡，而非绝对平衡。

②"三性"原则可以互相补充、互相替代：经济繁荣期，银行可以更多关注效益性，以此替代安全性和流动性；经济萧条期，银行需更多关注安全性和流动性，降低效益性要求。

（5）利率管理原理。利率管理原理包含两个方面：①差额管理。差额管理是指固定利率负债大于固定利率资产的差额，与变动利率负债小于变动利率资产的差额相适应（固定利率的负缺口与浮动利率的正缺口相对称）。②利率灵敏性资产与负债管理（利率敏感性缺口管理）。商业银行根据对市场利率的预测，调整利率敏感性资产和利率敏感性负债的差额，实现减少损失、增加盈利的目的。

【注】此内容详见后述"缺口分析"。

（6）比例管理原理。比例管理原理是指通过规定一系列的指标来约束银行的经营活动。比例指标包括安全性指标、流动性指标和效益性指标。

【考点小贴士】掌握速度对称原理的含义、公式、结论。

（三）资产负债管理的工具

资产负债管理的工具包括基础工具（缺口分析、久期分析、外汇敞口与敏感性分析）以及动态管理工具（情景模拟、流动性压力测试）。

1. 缺口分析

（1）缺口分析是衡量商业银行负债与资产之间重新定价期限和现金流量到期期限是否匹配的方法。

（2）缺口分析的方法见表2-1。

表 2-1　缺口分析的方法

方法		具体内容
利率敏感性缺口	含义	衡量商业银行在一定时期内需要重新定价的负债与资产之间的差额
	缺口	①到期或需重新定价的资产＞负债，为正缺口。利率上涨→银行净利息收入增加→有利；利率下降→银行净利息收入减少→不利
		②到期或需重新定价的资产＜负债，为负缺口。利率上涨→银行净利息收入减少→不利；利率下降→银行净利息收入增加→有利
		【记忆口诀】"正正负负"。正缺口，利率和银行净利息收入正相关；负缺口，利率和银行净利息收入负相关
	缺口管理	当银行预测市场利率上涨时，保持正缺口；当银行预测市场利率下降时，保持负缺口
		【记忆口诀】"上正下负"
流动性期限缺口		流动性期限缺口用于监测相同期限内到期的负债与资产差额

2. 久期分析

久期分析是指衡量商业银行利率变动对银行经济价值影响的方法。

3. 外汇敞口分析和敏感性分析

（1）含义：外汇敞口分析和敏感性分析是衡量汇率变动对银行外汇资产的影响程度。外汇敞口（外汇缺口）＝汇率敏感性外汇资产－汇率敏感性外汇负债。敏感性分析是指研究某种因素变动对银行的影响，此处特指汇率变动对银行外汇资产的影响。

（2）管理汇率风险的方法：①敞口限额管理；②资产负债币种结构管理。

4. 情景模拟

情景模拟是研究多种因素（利率变动、汇率变动等）并存时对商业银行的影响。

5. 流动性压力测试

流动性压力测试是测试银行在极端小概率事件（如挤兑）发生的情况下可能遭受的损失，该方法为定量分析。

·知识点拨·

情景模拟与敏感性分析的区别：

（1）情景模拟类似于"情景剧"，一场情景剧的构成包括多个要素（演员、灯光、服装等），以此类推，情景模拟属于多因素分析。

（2）敏感性分析强调对某一因素的敏感程度，属于单因素分析。

【注】此处命题倾向于考查概念，要注意通过关键词区分。

（四）资产负债管理的指标体系

根据《商业银行风险监管核心指标（试行）》的规定，我国监管指标体系包括风险水平类指标、风险迁徙类指标和风险抵补类指标。资产负债管理指标主要指风险水平类指标，具体内容见表2-2。

表2-2　风险水平类指标

分类	内容
信用风险指标	不良资产率、单一集团客户授信集中度、全部关联度指标
市场风险指标	累计外汇敞口头寸比例、利率风险敏感度
流动性风险指标	流动性比例、核心负债比例、流动性缺口率指标
操作风险指标	操作风险损失率（操作造成的损失与前三期净利息收入加非利息收入平均值之比）

·知识点拨·

1. 风险水平类指标、风险迁徙类指标和风险抵补类指标的区别

（1）风险水平类指标是静态指标，只能反映某个时点上风险的大小，而无法反映风险的变化程度。

（2）风险迁徙类指标是动态指标，"迁徙"可形象地描述鸟类的运动，因此迁徙类指标能反映风险变化的状况，如次级贷款迁徙率可反映总的次级贷款中有多少向下迁徙，能够清晰反映一笔贷款的风险变化程度。

（3）风险抵补类指标是衡量商业银行抵补风险的能力，如盈利能力指标等。因此与"资本""准备金""盈利能力"等相关的指标即为风险抵补类指标。

2. 四类风险水平类指标的区别

此处倾向于考查具体指标的分类，因此需要掌握四类风险指标的具体内容。复习时可以通过理解的方式掌握：

（1）信用风险指标：信用风险即违约风险，不良资产中的不良贷款越多，违约风险越高；授信集中度高代表银行贷款高度集中于某个借款人，无法分散风险，违约风险高；关联度高也会催生违约风险。因此，这三个指标同属于信用风险指标。

（2）市场风险指标：市场风险是指各种价格的变动给银行带来损失的可能性，此处的"价格"主要指利率（货币的价格）和汇率（两种货币的比价），因此累计外汇敞口头寸比例、利率风险敏感度属于市场风险指标。

（3）流动性风险指标：流动性比例即流动资产与流动负债之比，该指标越大，代表流动资产越多，则流动风险越小；核心负债比即核心负债与总负债之比，该指标越大，代表核心负债（银行可稳定使用的融资）越多，则流动性风险小；流动性缺口率即流动性缺口与总资产之比，该指标越大，代表缺口越大，则流动性风险越大。因此，这三类指标同属流动性风险指标。

（4）操作风险指标从字面即可辨别。

◆ 小试牛刀

[单选题] 按照速度对称原理，下列情况中，属于商业银行资产运用不足的是（　　）。

A. 银行资产和负债的平均到期日分别为 350 天和 300 天

B. 银行资产和负债的平均到期日分别为 300 天和 350 天

C. 银行需要重新定价的资产和负债分别是 350 亿元和 300 亿元

D. 银行需要重新定价的资产和负债分别是 300 亿元和 350 亿元

[解析] 速度对称原理是指银行资产和负债的偿还期要对称，通过计算平均流动率来衡量，即平均流动率＝资产的平均到期日÷负债的平均到期日。根据公式：A 项的平均流动率＝350÷300＞1，代表资产运用过度；B 项的平均流动率＝300÷350＜1，代表资产运用不足；C、D 两项中"重新定价的资产和负债"是用来计算利率敏感性缺口的，故排除。

[答案] B

[单选题] 根据《中华人民共和国商业银行法》，商业银行实行（　　）。

A. 自主管理、分摊风险、自负盈亏、自我发展

B. 自主管理、自担风险、自负盈亏、自我开发

C. 自主经营、分摊风险、自负盈亏、自行负责

D. 自主经营、自担风险、自负盈亏、自我约束

[解析] 根据《中华人民共和国商业银行法》，我国商业银行实行自主经营、自担风险、自负盈亏、自我约束的"四自"原则。

[答案] D

[单选题] 关于商业银行金融创新的说法，错误的是（　　）。

A. 商业银行金融创新不得侵犯他人知识产权　　B. 商业银行金融创新应遵循合法合规原则

C. 商业银行金融创新应当遵循公平竞争原则　　D. 商业银行可通过金融创新实现监管套利

[解析] 商业银行开展金融创新活动，应当遵循合法合规原则，遵守法律、行政法规和规章的规定，不得以金融创新为名，违反法律规定或变相逃避监管，如通过金融创新实现监管套利。D 项错误。

[答案] D

考点② 商业银行"三大业务"

一、商业银行"三大业务"的构成

金融商业银行"三大业务"包括负债业务、资产业务、中间业务。

（一）负债业务资金的来源

负债是银行开展各项经营活动的重要基础，形成银行的资金来源。商业银行的负债包括存款（主要）和借款。

1. 被动负债存款

（1）银行最主要的资金来源。

（2）存款经营——吸引存款。①最重要：创新金融产品、拓展服务领域；②存款影响因素：存款创造的调控、政府的监管措施、支付机制的创新；③衍生服务：现金管理。

（3）存款管理——管控存款风险。①存款利率的管理：吸引储户的同时降低成本；②管理

吸收存款的方式：扩大存款来源、优化存款结构；③建立存款保险制度：保护存款人利益。

2. 主动负债借款

(1) 借款构成。①短期借款（≤1年）：同业拆借、证券回购、向中央银行借款；②长期借款（>1年）：发行金融债券。

(2) 借款管理。①控制规模和比例，以短期债券为主，增强流动性；②控制特定目的的借入款；③扩大借入款的渠道；④分散借入款的偿还期和偿还金额，减轻流动性风险。

(二) 资产业务资金的运用

1. 贷款

(1) 是银行最主要的资产业务、资金运用。

(2) 贷款经营的内容见表2-3。

表 2-3　贷款经营

项目	内容
选择贷款客户	实质：选择市场、开拓市场
	考虑因素： ①客户所在的行业 ②客户自身情况及贷款用途：a. 资信状况（最重要）；b. 财务状况；c. 投资项目、项目优劣、市场前景
	了解客户的步骤：①贷款面谈；②信用调查：5C标准（品格、偿还能力、资本、经营环境、担保品）；③财务分析
培养贷款客户的战略——多层管理体制	客户管理分工，层级较高的机构管理大客户，层级较低的机构管理小客户，要善于发展和培养那些潜在优质客户
合理安排贷款结构	合理安排贷款结构，对于贷款客户能按时还款是十分必要的
在贷款经营中推销银行的其他产品	①通过贷款谈判了解到新的要求和另外的客户；②由贷款发放本身所引起的
创造新的贷款品种	根据客户的需要灵活安排贷款，为客户量身定做适合的贷款

(3) 贷款管理——管控贷款风险。①统一授信管理（对外）：控制融资总量及不同行业、不同企业的融资额度；②集中授权管理（对内）：总行统一制定信贷政策；③贷款管理责任制相结合；④审贷分离、分级审批。

2. 债券投资

(1) 兼顾流动性和效益性。

(2) 商业银行债券投资工具：中央银行票据、公司债、国债、企业债、地方政府债券、金融债券、资产支持证券等。

3. 现金资产

(1) 库存现金。

(2) 存放同业及其他金融机构款项。

(3) 存放中央银行的准备金（法定、超额）。

【考点小贴士】重点掌握债券投资的构成。

(三) 中间业务

中间业务的内容见表2-4。

表 2-4　中间业务

项目	内容
含义	不构成银行表内资产、表内负债，形成银行非利息收入的业务
获利方式	收取服务费或代客买卖差价
构成	理财业务、基金和债券的代理买卖、代客买卖资金产品、代理收费、托管、支付结算、咨询顾问
特点	（1）不运用或不直接运用银行的自有资金 （2）不承担或不直接承担市场风险 （3）以接受客户委托为前提，为客户办理业务 （4）以收取服务费（手续费、管理费等）、赚取差价的方式获得收益 （5）种类多、范围广，在商业银行营业收入中所占的比重日益上升
经营内容	（1）开展关系营销 （2）提升金融创新能力 （3）注重人才培养，提高专业人员素质 （4）提升金融信息化、科技化水平

> **·知识点拨·**
>
> 中间业务和表外业务的关系：
>
> ①相同点：中间业务和表外业务均不构成表内资产和负债。
>
> ②不同点：表外业务包括担保承诺、代理投融资服务。表外业务可能引起损益变动，改变银行资产报酬率。

二、理财业务★★

（一）含义

（1）理财业务是指商业银行接受投资者委托，按照与投资者事先约定的投资策略、风险承担和收益分配方式，对受托的投资者财产进行投资和管理的金融服务。

（2）理财产品是指商业银行按照约定条件和实际投资收益情况向投资者支付收益、不保证本金支付和收益水平的非保本理财产品。

> **·知识拓展·**
>
> 理财业务体现投资者与银行之间的委托—代理关系。从法律角度讲，代理人以被代理人的名义实施的民事法律行为，其效力由被代理人承担。因此，严格意义上的理财业务属于商业银行的中间业务，严格意义上的理财产品应是非保本理财产品，银行作为代理人不承担理财业务的风险，风险由投资者承担，收益也归属投资者。

（二）基本原则

（1）诚实守信、勤勉尽职地履行"受人之托、代人理财"的职责。

（2）投资者自担投资风险并获得收益。

（3）成本可算、风险可控、信息充分披露。

（4）严格遵守投资者适当性管理要求，保护投资者合法权益。

（三）理财产品的分类

根据《商业银行理财业务监督管理办法》的规定，将理财业务分为三个类别，具体内容见

图 2-3。

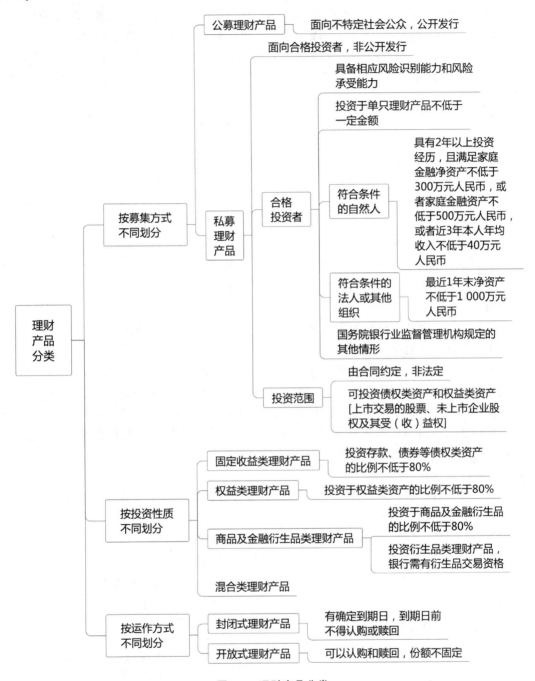

图 2-3 理财产品分类

（四）理财产品法律法规

1. 管理体系与管理制度

（1）集中登记：商业银行总行应对理财产品进行集中登记，并确保登记信息的真实性、准确性、完整性和及时性。信息登记不齐全或者不符合要求的，应当进行补充或者重新登记。

（2）集中统一经营管理：商业银行应通过具有独立法人地位的子公司开展理财业务，暂不具备条件的，商业银行总行应设立理财业务专营部门，对理财业务实行集中统一经营管理。

（3）分离制度：①理财业务与其他业务相分离；②（银行自己发行的）理财产品与其代销的金融产品相分离；③（不同）理财产品之间相分离；④理财业务操作与其他业务操作相分离。

（4）单独管理：商业银行应确保每只理财产品与所投资资产相对应，每只理财产品单独管理、单独建账和单独核算，不得开展或者参与具有滚动发行、集合运作、分离定价特征的资金池理财业务。

（5）杜绝利益输送：银行应遵守市场交易和公平交易原则，不得在理财产品之间、理财产品投资者之间或者理财产品投资者与其他市场主体之间进行利益输送。

2. 销售管理相关法规

（1）风险匹配：商业银行需加强投资者适当性管理，向投资者充分披露信息和揭示风险，不得宣传或承诺保本保收益，不得误导投资者购买与其风险承受能力不相匹配的理财产品。

（2）销售文本：销售文本应全面、如实、客观地反映理财产品的重要特性，充分披露理财产品的重要信息，所使用的语言表述必须真实、准确和清晰。

（3）收益率：不得宣传理财产品预期收益率，可以登载过往平均业绩和最好、最差业绩，并以醒目文字提醒投资者"理财产品过往业绩不代表其未来表现，不等于理财产品实际收益，投资须谨慎"。

（4）风险评级：商业银行应对拟销售的理财产品进行风险评级，风险评级结果应以风险等级体现，由低到高至少包括一级至五级。

（5）风险承受能力评估：①商业银行应对非机构投资者的风险承受能力进行评估，确定其风险承受能力等级，由低到高至少包括一级至五级；②商业银行不得在评估过程中误导投资者或者代为操作，确保评估结果的真实性和有效性；③商业银行只能向投资者销售风险等级等于或低于其风险承受能力等级的理财产品，并在销售文件中明确提示产品适合销售的投资者范围，在销售系统中设置销售限制措施。

（6）销售起点金额。

根据《商业银行理财业务监督管理办法》，商业银行针对不同类型的理财产品应设置适当的期限和销售起点金额，见图2-4。

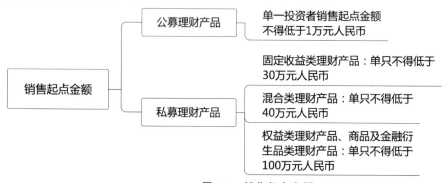

图 2-4 销售起点金额

（7）销售渠道：①本行渠道（营业网点、电子渠道）销售；②其他银行业金融机构代理销售。

3. 投资运作相关法规

（1）禁止投资：①商业银行理财产品不得直接投资于信贷资产；②商业银行理财产品不得

直接或间接投资于本行信贷资产；③商业银行理财产品不得直接或间接投资于本行或其他银行业金融机构发行的理财产品；④商业银行理财产品不得直接或间接投资于本行发行的次级档信贷资产支持证券；⑤商业银行面向非机构投资者发行的理财产品不得直接或间接投资于不良资产、不良资产支持证券。

(2) 禁止发行：商业银行不得发行分级理财产品；不得擅自改变理财产品类型。

4. 信息披露相关法规

(1) 商业银行应向投资者披露理财产品信息。

(2) 在本行营业网点或官方网站建立理财产品信息查询平台。

5. 过渡期安排

《商业银行理财业务监督管理办法》的过渡期截至2020年年底。

(五) 我国商业银行理财业务发展趋势★★★

1. 负债端

(1) 管理方式：静态流动性管理→动态流动性管理。

(2) 理财本质：存款替代型理财→代客理财。

(3) 投资策略：被动投资组合→主动投资组合；持有资产→交易资产。

(4) 产品形态：预期收益型→净值收益型。

(5) 风险控制：信贷模式→综合模式。

(6) 服务范围：单一理财服务→全面财富管理。

(7) 投资范围：在岸→离岸与在岸并驱。

(8) 投资类型：债务型→权益型。

> **•知识点拨•**
>
> 此知识点的常考点是负债端的发展趋势，复习时要注重掌握变化方向。例如，管理方式是由静态流动性管理向动态流动性管理转变，而非动态流动性管理向静态流动性管理转变。

2. 资产端

(1) 标准化债务工具品种增加。

(2) 2013年推出了理财直接融资工具，即银行通过理财资金直接投资于企业的债权工具，向企业提供资金，由原来通过信贷资金的间接融资方式转为通过理财资金的直接融资方式。

3. 渠道端

互联网理财出现，电子渠道理财业务更注重客户体验。

4. 客户端

高净值个人客户与机构投资者成为理财业务主要客户和资产管理业务的主要动力。

小试牛刀

[单选题] 下列经营活动中，属于商业银行负债管理范畴的是（　　）。

A. 债券投资管理　　　　　　　　B. 现金管理

C. 贷款管理　　　　　　　　　　D. 借入款管理

[解析] 商业银行负债管理主要包括存款管理和借入款管理，故D项正确。A、B、C三项均属于商业银行资产管理范畴。

[答案] D

[多选题] 商业银行中间业务的特点主要有（　　　）。

A. 以接受客户委托为前提　　　　　　B. 赚取利差收入

C. 承担市场风险　　　　　　　　　　D. 赚取差价收入

E. 运用银行自有资金

[解析] 相对传统业务而言，中间业务具有以下特点：①不运用或不直接运用银行的自有资金；②不承担或不直接承担市场风险；③以接受客户委托为前提，为客户办理业务；④以收取服务费（手续费、管理费等）、赚取差价的方式获得收益；⑤种类多、范围广，在商业银行营业收入中所占的比重日益上升。

[答案] AD

[多选题] 从目前的趋势看，商业银行理财业务转型的方向包括（　　　）。

A. 服务范围从单一理财服务向全面财富管理转变

B. 投资类型从权益型向债务型转变

C. 投资策略从被动投资组合向主动投资组合转变

D. 管理方式从动态流动性管理向静态流动性管理转变

E. 产品形态从预期收益型向净值收益型转变

[解析] 从目前的趋势看，商业银行理财业务转型的方向体现出以下八个特征：①从存款替代型理财向真正的代客理财回归；②理财服务范围从单一理财服务向全面财富管理转变；③理财产品形态从预期收益型向净值收益型转变；④理财投资类型由债务型向权益型转变；⑤理财投资范围由在岸向离岸与在岸并驱转变；⑥理财投资策略从被动投资组合向主动投资组合、由持有资产向交易资产转变；⑦由静态流动性管理向动态流动性管理转化；⑧理财业务风险控制由信贷模式向综合模式转变。

[答案] ACE

考点 ③ 商业银行资本金

商业银行资本的核心功能是吸收损失，从不同角度来理解，银行资本有不同的含义，具体可分为会计资本、经济资本和监管资本。

一、会计资本（账面资本）

（1）会计资本是银行资产负债表上资产减去负债后的所有者权益，代表银行真实拥有的资本金。

（2）会计资本包括实收资本、资本公积、盈余公积、未分配利润、一般准备、直接计入所有者权益的利得和损失、少数股东权益七个部分。

二、经济资本

（一）经济资本的理解

（1）经济资本是指在一定的置信水平下，商业银行为了应对非预期损失（超出预期损失的那部分）而应该持有的资本。

（2）经济资本是虚拟资本，并不是银行真实拥有的资本。

（3）经济资本能够衡量风险大小，也称风险资本。

（4）经济资本最主要的功能是创造价值、防范风险。

（二）经济资本的优点

（1）保证最有效地运用资本以获得最佳收益，同时可以用于评价银行战略并支持决策。

（2）保证一定的资本水平以避免灾难并满足监管要求。

（3）保证风险已被适当地加以管理，保证风险管理政策和风险监控手段的有效性。

（三）经济资本管理

（1）**经济资本计量**：经济资本计量的核心是对信用风险、操作风险、市场风险的量化。

（2）**经济资本分配**：将经济资本分解到各分支机构、业务部门和产品中。

（3）**经济资本评价**：经济资本评价的核心指标是风险调整后的资本回报率。

三、监管资本

（一）监管资本的理解

监管资本是商业银行按照监管当局的要求应该持有的最低资本量。

> **·知识拓展·**
>
> 会计资本、经济资本、监管资本的区别：
>
> （1）银行真实拥有的会计资本必须符合监管要求，因此会计资本应高于监管资本。
>
> （2）经济资本和监管资本都是从覆盖风险和吸收损失的角度提出的概念，但经济资本具有更高的风险敏感性。
>
> （3）从审慎经营的角度看，银行持有的会计资本要高于经济资本。

（二）监管资本的要求——三版《巴塞尔协议》★★★

三版《巴塞尔协议》的内容见图 2-5。

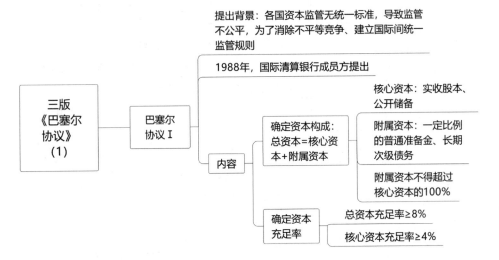

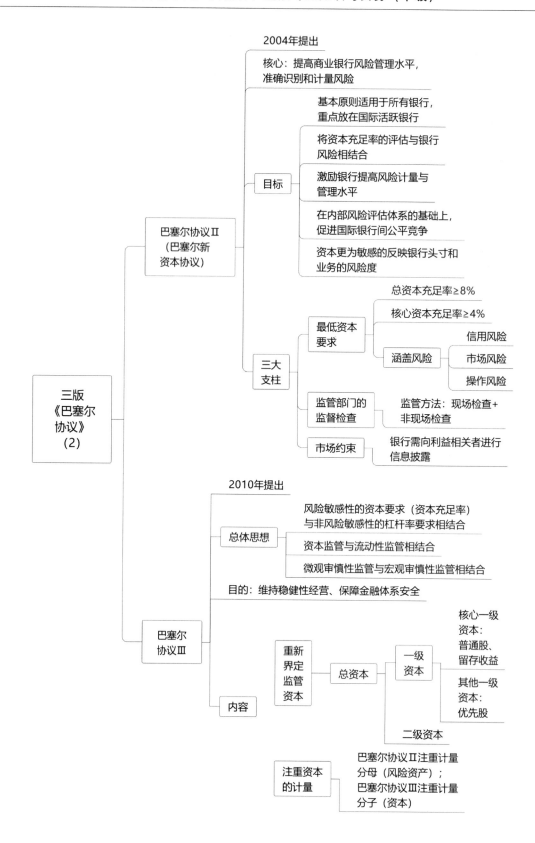

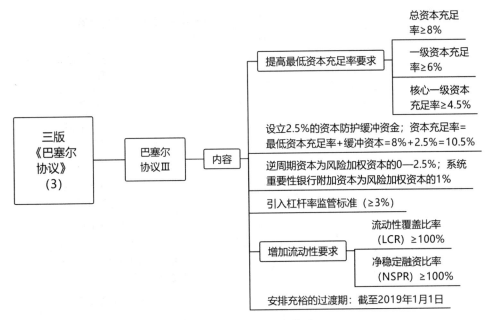

图 2-5 三版《巴塞尔协议》

•知识拓展•

修订后的《巴塞尔协议Ⅲ》：

（1）修订后的《巴塞尔协议Ⅲ》针对内部模型计算的风险加权资产设定了最低要求。

（2）《巴塞尔协议Ⅲ》的调整内容：银行业资本充足率指标、银行业风险计量方法。

（3）银行不能随意减少资本缓冲，许多银行还需增加资本。

（三）我国监管资本的要求★★★

2012年6月，我国发布了《商业银行资本管理办法（试行）》，承接了《巴塞尔协议Ⅲ》关于监管资本的要求，具体内容见图 2-6。

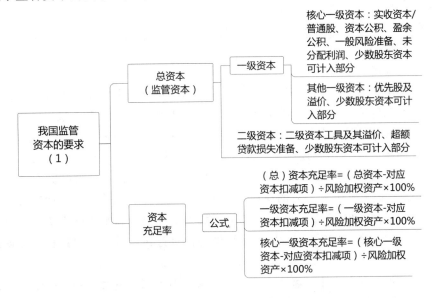

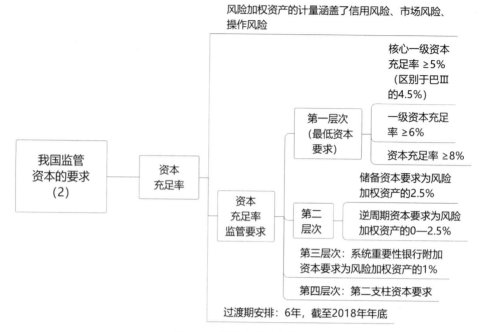

图 2-6　我国监管资本的要求

（四）《中国银监会关于中国银行业实施新监管标准的指导意见》（以下简称《指导意见》）关于监管标准的相关规定

1.《指导意见》的指导原则

（1）立足国内银行业实际，借鉴国际金融监管改革成果，完善银行业审慎监管标准。

（2）宏观审慎监管与微观审慎监管有机结合。统筹考虑我国经济周期及金融市场发展变化趋势，科学设计资本充足率、杠杆率、流动性、贷款损失准备等监管标准并合理确定监管要求，体现逆周期宏观审慎监管要求，充分反映银行业金融机构面临的单体风险和系统性风险。

（3）监管标准统一性和监管实践灵活性相结合。

（4）支持经济持续增长和维护银行体系稳健统筹兼顾。

2. 提高银行业审慎监管标准

（1）强化资本充足率监管。

①改进资本充足率计算方法。严格资本定义，提高监管资本的损失吸收能力。将监管资本从现行的两级分类（一级资本和二级资本）修改为三级分类，即核心一级资本、其他一级资本和二级资本；严格执行对核心一级资本的扣除规定，提升资本工具吸收损失能力。

②提高资本充足率监管要求。一是明确三个最低资本充足率要求，即核心一级资本充足率、一级资本充足率和资本充足率分别不低于 5％、6％ 和 8％。二是引入逆周期资本监管框架，包括 2.5％ 的留存超额资本和 0～2.5％ 的逆周期超额资本。三是增加系统重要性银行的附加资本要求，暂定为 1％。新标准实施后，正常条件下系统重要性银行和非系统重要性银行的资本充足率分别不低于 11.5％ 和 10.5％；若出现系统性的信贷过快增长，商业银行需计提逆周期超额资本。

③建立杠杆率监管标准。引入杠杆率监管标准，即一级资本占调整后表内外资产余额的比例不低于 4％，弥补资本充足率的不足，控制银行业金融机构以及银行体系的杠杆率积累。

（2）改进流动性风险监管。

建立多维度的流动性风险监管标准和监测指标体系。建立流动性覆盖率、净稳定融资比例、流动性比例、存贷比以及核心负债依存度、流动性缺口率、客户存款集中度以及同业负债集中度等多个流动性风险监管和监测指标，其中流动性覆盖率、净稳定融资比例均不得低于100%。

（3）强化贷款损失准备监管。

建立贷款拨备率和拨备覆盖率监管标准。贷款拨备率（贷款损失准备占贷款的比例）不低于2.5%，拨备覆盖率（贷款损失准备占不良贷款的比例）不低于150%，原则上按两者孰高的方法确定银行业金融机构贷款损失准备监管要求。

3. 新四大监管工具

资本充足水平、拨备、杠杆率、流动性指标为新四大监管工具。

【考点小贴士】重点记忆数字类考点。

📝 小试牛刀

[单选题] 商业银行风险加权资产包括信用风险加权资产、市场风险加权资产和（　　）。

A. 集中度风险加权资产　　　　　　　　　B. 国别风险加权资产

C. 流动性风险加权资产　　　　　　　　　D. 操作风险加权资产

[解析] 商业银行风险加权资产包括信用风险加权资产、市场风险加权资产和操作风险加权资产。

[答案] D

[单选题] 《巴塞尔协议Ⅲ》要求商业银行建立"资本防护缓冲资金"，其总额不得低于银行风险资产的（　　）。

A. 1.5%　　　　　　　　　　　　　　　B. 2.0%

C. 2.5%　　　　　　　　　　　　　　　D. 3.0%

[解析] 《巴塞尔协议Ⅲ》要求商业银行建立"资本防护缓冲资金"，其总额不得低于银行风险资产的2.5%。

[答案] C

考点 ④ 商业银行经营管理概述

一、商业银行市场营销

（一）市场营销的理解

（1）商业银行经营的核心是市场营销。

（2）商业银行市场营销的中心是客户。

（3）市场营销的目标是满足客户需求、实现银行盈利最大化。

（4）商业银行市场营销表现为服务营销。

（二）市场营销策略

1. 20世纪70年代之前

（1）以金融产品为导向，从供给方出发研究市场需求。

（2）"4P"营销组合策略：即产品（Product）、价格（Price）、渠道（Place）和促销（Promotion）。

2. 20世纪70年代之后

（1）以客户需求为导向，兼顾银行与客户的利益。

（2）"4C"营销组合策略：即消费者（Consumer）、成本（Cost）、便利（Convenience）和沟通（Communication）。

3. 进入21世纪之后

（1）以竞争为导向，主动创造需求，积极地适应顾客的需求，形成竞争优势。

（2）关系营销的目的是发现、满足客户的需求，帮助客户实现、扩大价值。关系营销的对象是与客户建立关系。

（3）"4R"营销组合策略：即关联（Relativity）、反应（Reaction）、关系（Relation）和回报（Retribution）。

二、商业银行业务运营模式

（一）传统的业务运营模式

（1）商业银行传统业务运营模式的核心是前中后台一体，网点类型是会计核算型。

（2）前台、中台和后台的具体内容见表2-5。

表2-5　前台、中台和后台

项目	具体内容
前台	前台包括客户部门和产品部门，负责设计和营销产品，直接面对客户、服务客户，属于利润中心
中台	中台包括风险管理部门、法律合规部门等
后台	后台包括信息技术部门、运营部门、人力资源部门等

（3）传统业务运营模式的优缺点。

①优点。前中后台结合紧密，在空间上一体，业务处理迅速，管理半径短，适应业务种类不多、业务处理不复杂的商业银行。

②缺点。单人业务量不饱满，人工成本高。

（二）新型的业务运营模式

（1）商业银行新型业务运营模式的核心是前台与中后台分离。

①前台由会计核算型转为服务营销型，负责产品营销、柜台服务。

②中后台负责合规管理、风险管理、维护核心业务系统运行、财务核算、业务稽核监督、集中处理非实时业务批量交易。

（2）商业银行新型业务运营模式的优点。

①实现风险防范能力提高。

②实现前台营业网点业务操作规范化、工序化。

③实现运营效率提升。

④实现成本降低。

⑤实现业务处理集约化。

（三）商业银行业务运营模式的最新发展

商业银行业务运营模式的最新发展：电子银行阶段→互联网金融阶段→金融科技阶段。

三、商业银行财务管理

（一）财务管理的概述

（1）财务管理的核心是基于价值的管理。价值指股东的投资价值，其计算方法包括经济增加值（主要）、现金增加值、投资的现金流收益。

（2）财务管理的原则：科学、统一、审慎、规范。

（3）财务管理的目标是银行价值最大化。

（4）财务管理的层次。

①传统的会计：监督控制、反映信息、规范反映信息。

②财务：为计划制订、决策选择和资源分配提供支持。

③公司财务：公司财务的目的是实现银行价值最大化，聚焦企业价值、股权价值。

（二）财务管理的内容★★★

财务管理的具体内容见图2-7。

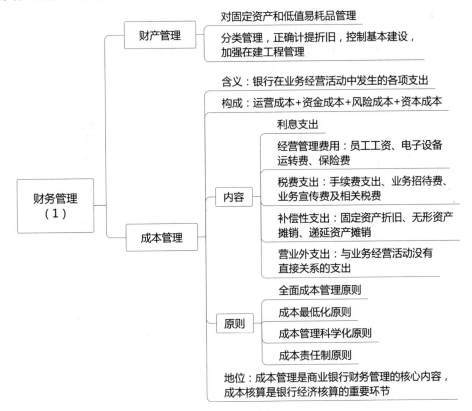

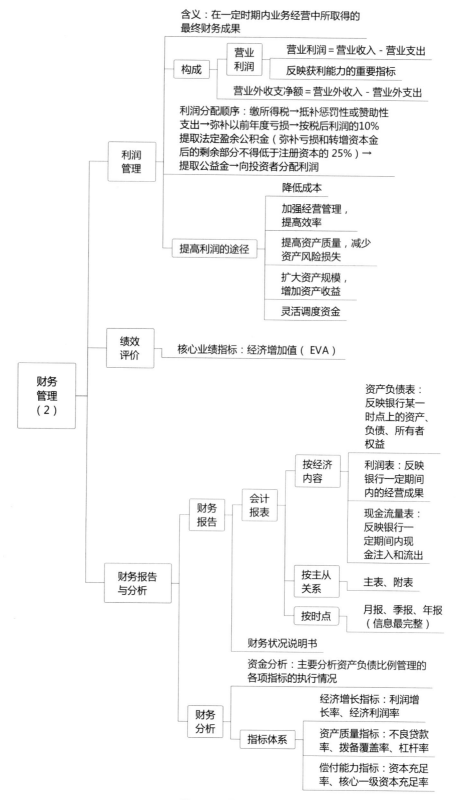

图 2-7 财务管理

【考点小贴士】重点掌握成本管理的内容。

小试牛刀

[单选题] 随着经济全球化和金融自由化的深入，商业银行会越来越注意（　　）。

A. 产品营销

B. 关系营销

C. "4P"组合营销

D. "4C"组合营销

[解析] 随着经济全球化和金融自由化的深入，银行竞争更加激烈，关系营销成为一种新的营销观念和做法。

[答案] B

[单选题] 在现代信息技术的有效支持下，商业银行新型业务运营模式与传统业务运营模式相比的突出特点是（　　）。

A. 管理半径短

B. 前台与中后台分离

C. 人工成本高

D. 空间上一体

[解析] 商业银行新型业务运营模式的核心是前台与中后台分离。

[答案] B

[单选题] 下列商业银行费用支出中，属于补偿性支出的是（　　）。

A. 保险费

B. 电子设备运转费

C. 研究开发费

D. 递延资产摊销

[解析] 成本构成中，补偿性支出包括固定资产折旧、无形资产摊销、递延资产摊销等。

[答案] D

第三章 投资银行

（1）理解投资银行的性质、经营机制、功能。

（2）分析投资银行的主要业务。

本章历年考试分值在5~15分，常以单选题、多选题出现，案例分析题也多有涉及。

本章属于实务部分，介绍了金融市场中的金融机构——投资银行，分别从投资银行的概述和投资银行的业务两方面进行阐述；高频考点包括证券发行与承销、证券经纪业务。近年来的命题趋势呈现以下特点：注重概念性知识的考查、注重细微知识的考查、注重"数字类"知识点的考查。因此对于复杂的知识点，首先要结合思维导图梳理知识点逻辑，再去掌握导图中的核心考点；对于数字类的考点，要在考前集中性再记忆一遍，降低遗忘率。

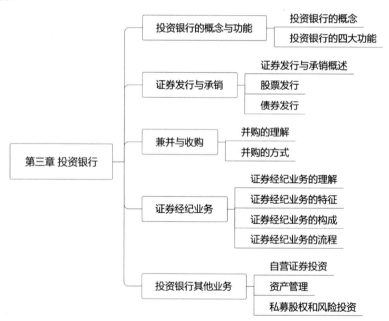

考点 1 投资银行的概念与功能

一、投资银行的概念

（一）投资银行的理解

（1）投资银行是直接金融机构。

（2）投资银行的业务领域是资本市场，为长期资金供给者和需求者提供金融服务。

（3）投资银行从事与债券、股票等证券经济相关联的金融服务活动。

（二）投资银行与商业银行概念辨析

投资银行与商业银行的区别，见表3-1。

表 3-1　投资银行与商业银行的区别

项目	投资银行	商业银行
根本区别	直接金融机构	间接金融机构
中介类型	信息中介	信用中介
是否与供求双方发生债权债务关系	否	是
融资过程	融资方以投资银行为中介发行证券进行融资，投资银行通过提供交易机制和价格信号机制来解决资金供求矛盾；融资过程中有一次金融合约；融资双方直接建立债权债务关系	商业银行以债务人的身份从投资者处融入资金，再以债权人的身份将资金融出给融资者；融资过程中有两次金融合约；融资双方无直接的金融合同约束
利润来源	服务费和佣金	利息差

二、投资银行的四大功能

（一）证券市场的构造者

投资银行在证券发行市场和交易市场中充当不同的角色：

（1）投资银行在证券发行市场中充当承销商，通过提供咨询、定价、信息披露、证券销售等业务，帮助融资方构建发行市场。

（2）投资银行在交易市场中充当证券经纪商（代客买卖）、证券做市商（提高二级市场流动性）、证券自营商三重角色。

（二）资源配置的优化者

（1）投资银行通过在一级市场设计证券发行价格、在二级市场形成合理的交易价格，促进价格信号的形成，提高社会资源配置效率。

（2）投资银行通过兼并收购业务，提高存量资本的资源配置效率。

（3）投资银行通过企业融资，促使企业分离所有权和经营权，提高企业资源配置效率。

（三）资金供求的媒介

投资银行充当中长期资金的媒介，具体体现在以下四个方面：

（1）信息中介。为资金供需双方提供信息服务。

（2）期限中介。投资银行通过对不同期限资金进行期限转换，充当了短期和长期资金的期限中介。

（3）流动性中介。投资银行充当做市商，为客户提供金融工具与现金之间的互换。例如：购买投资人的股票，为股票持有者提供现金；接受客户的证券质押，为其提供贷款。

（4）风险中介。投资银行为资金供求双方提供交易机制和价格机制，降低投融资的风险。

（四）产业集中的促进者

投资银行通过对企业价值的评价机制，引导社会资本流入高效率企业，加快了产业集中的进程。

━━━━━━━━━━━━━━ ✐ 小试牛刀 ━━━━━━━━━━━━━━

[单选题] 投资银行通过对其接触的各种不同期限资金进行期限转换，实现了短期和长期资金之间的（ ）功能。

A. 风险中介   B. 期限中介

C. 流动性中介   D. 信息中介

[解析] 根据题干可知，本题考查投资银行作为期限中介的作用，B项正确。

[答案] B

[多选题] 投资银行发挥其资金供求媒介的职能作用，主要体现为（ ）。

A. 风险中介   B. 期限中介

C. 流动性中介   D. 流通中介

E. 信息中介

[解析] 投资银行充当中长期资金的媒介，具体体现在四个方面，即信息中介、期限中介、流动性中介和风险中介。

[答案] ABCE

考点 ② 证券发行与承销

一、证券发行与承销概述

（一）公开发行与私募发行

1. 公开发行

公开发行是指发行者面向社会公众公开发行；股票公开发行包括首次公开发行（IPO）、股权再融资（SEO）两种。

2. 私募发行

私募发行是指内部发行，是面向少数特定投资者的非公开发行方式。

（1）私募发行的优点包括：①简化发行手续；②节省发行费用；③发行条款灵活，较少受到法律规范的约束，可以制定更符合发行人要求的条款；④避免泄露公司机密；⑤缩短发行时间；⑥比公开发行更有成功的把握。

（2）私募发行的缺点包括：①不利于企业提高知名度；②证券流动性差；③可能被投资者操纵；④发行价格和交易价格低，不利于筹资者；⑤发行面窄。

（二）证券承销方式

《中华人民共和国证券法》中规定，我国证券承销采取包销或代销方式。

（1）包销。投资银行先购进全部证券再出售给投资者，承销商承担全部风险。

（2）尽力推销（代销）。投资银行代理发行人销售证券，投资银行与发行人之间是委托一代理关系，承销商不承担发行风险，其利润来源为手续费。

（3）余额包销。上市公司增发新股前，股东优先认股，若优先认股后还有余额，则承销商买进剩余股票，再销售给公众。

二、股票发行★★★

（一）首次公开发行股票的定价

首次公开发行股票（IPO）的定价是在股票估值的基础上进行的，按照供求双方主动权的大小，定价方式可分为四种，具体内容见图 3-1。

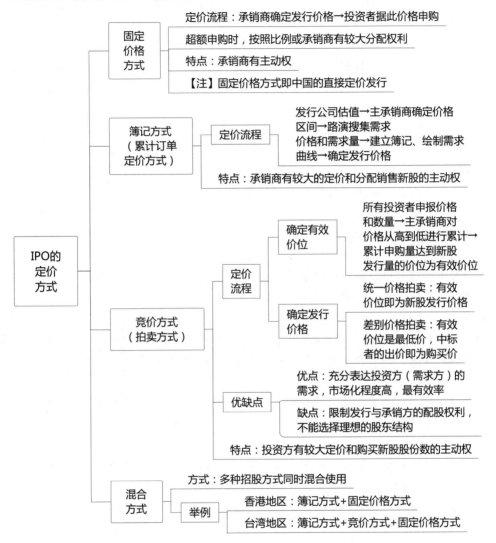

图 3-1 首次公开发行股票的定价方式

（二）我国首次公开发行股票的定价方式——询价制

我国首次公开发行股票，根据投资对象的不同采取以下不同的定价方式：网上发行→面向社会公众投资者→直接定价发行；网下发行→面向合格的机构投资者（含战略配售对象）→询价发行。

在直接定价发行和询价发行中，又以询价制为主，因为直接定价发行也是在询价制的基础上进行定价的。询价制的具体内容如下：

1. 询价制的含义

询价制是我国首次公开发行股票的定价方式之一，是指发行人和承销人征求机构投资者的定价信息，再据此确定发行价格。

2. 出台背景

直接定价方式（固定价格方式）由发行人和承销人直接确定发行价格，这种定价方式导致供给方（发行人、承销人）有较大权利，但并未反应投资方的需求意愿，因此市场效率较低。为了充分体现"市场定价的原则"，我国增加了询价制的定价方式，通过征求投资者定价信息来确定发行价格。

3. 定价流程

（1）初步询价——确定价格区间。询价对象向主承销商报价，主承销商确定价格区间。

（2）累计投标询价——确定具体价格。承销商通过网下发布公告，公布发行区间，再以累计投标的形式确定具体发行价格。

4. 询价对象（合格的机构投资者）

询价对象包括证券投资基金、证券公司、信托投资公司、合格的境外投资者等。

5. 特点

询价制可以理解为簿记方式和竞价方式的综合版。

（三）《证券发行与承销管理办法》的相关规定

1. 总体规定

（1）定价方式。

首次公开发行股票可以通过向网下投资者询价的方式确定股票发行价格，也可以通过发行人与主承销商自主协商直接定价等方式确定发行价格。

（2）网上网下同步。

首次公开发行股票的网下发行应和网上发行同时进行，投资者应自行选择参与网下或网上发行，不得同时参与；网下和网上投资者在申购时无须交付申购资金。

（3）老股转让。

发行人股东拟进行老股转让的，发行人和主承销商应当于网下（网上）申购前协商确定发行价格、发行数量和老股转让数量。

（4）回拨机制。

①首次公开发行股票网下申购不足（投资者申购数量低于网下初始发行量）的，发行人和主承销商应当中止发行，不得将网下发行部分向网上回拨。

②网上投资者有效申购倍数在50～100倍之间的，应当从网下向网上回拨，回拨比例为本次公开发行股票数量的20%。

③网上投资者有效申购倍数超过100倍的（100～150倍之间），回拨比例为本次公开发行股票数量的40%。

④网上投资者有效申购倍数超过150倍的，回拨后无锁定期网下发行比例不超过本次公开发行股票数量的10%。

（5）超额配售选择权。

首次公开发行股票在4亿股以上的，发行人及其承销商可以在发行方案中采用超额配售选择权。

（6）足额缴款。

网下和网上投资者获得配售后，应当按时足额缴付认购资金。网上投资者连续12个月内累计出现 3 次中签后未足额缴款的情形时，6 个月内不得参与新股、可转换公司债券、可交换公司债券申购。

【考点小贴士】 可简单记忆为"连 12 累 3 禁 6"。

（7）中止发行。

网下和网上投资者缴款认购的新股或可转换公司债券数量合计不足本次公开发行数量的 70% 时，可以中止发行。

（8）信息披露。

①在发行结果公告中披露获配机构投资者名称、个人投资者个人信息以及每个获配投资者的报价、申购数量和获配数量等，并明确说明自主配售的结果是否符合事先公布的配售原则。

②对于提供有效报价但未参与申购，或实际申购数量明显少于报价时拟申购量的投资者应列表公示并着重说明。

③缴款后的发行结果公告中披露网上、网下投资者获配未缴款金额以及主承销商的包销比例，列表公示获得配售但未足额缴款的网下投资者。

④发行后还应披露保荐费用、承销费用、其他中介费用等发行费用信息。

2. 直接定价制相关规定

（1）采用直接定价的条件：公开发行股票数量在 2 000 万股（含）以下且无老股转让计划的，可以通过直接定价的方式确定发行价格。

（2）首次公开发行股票采用直接定价方式的，全部向网上投资者发行，不进行网下询价和配售。

（3）网上申购条件：首次公开发行股票，持有一定数量非限售股份或存托凭证的投资者才能参与网上申购；网上投资者应当自主表达申购意向，不得全权委托证券公司进行新股申购。

3. 询价制相关规定

（1）网下投资者资格要求。

①首次公开发行股票网下投资者须具备丰富的投资经验和良好的定价能力，遵守中国证券业协会的自律规则。

②网下投资参与报价时，应当持有一定金额的非限售股份或存托凭证。

③发行人和主承销商可以根据自律规则，设置网下投资者的具体条件，并在发行公告中预先披露。主承销商应当对网下投资者是否符合预先披露的条件进行核查，对不符合的，应当拒绝或剔除其报价。

（2）剔除最高价。

首次公开发行股票采用询价方式的，网下投资者报价后，发行人和主承销商应当剔除拟申购总量中报价最高的部分，剔除部分不得低于所有网下投资者拟申购总量的 10%；然后根据剩余报价及拟申购数量协商确定发行价格。

（3）有效报价投资者的数量。

发行人和主承销商应当合理确定剔除最高报价部分后的有效报价投资者数量。

①公开发行股票数量在 4 亿股（含）以下的，有效报价投资者的数量不少于 10 家。

②公开发行股票数量在 4 亿股以上的，有效报价投资者的数量不少于 20 家。

③剔除最高报价部分后有效报价投资者数量不足的，应当中止发行。

（4）网下初始发行比例要求。

首次公开发行股票采用询价方式的，公开发行股票后总股本 4 亿股（含）以下的，网下初始发行比例不低于本次公开发行股票数量的 60%；发行后总股本超过 4 亿股的，网下初始发行比例不低于本次公开发行股票数量的 70%。

（5）战略投资者配股。

①首次公开发行股票数量在 4 亿股以上的，可以向战略投资者配售股票。

②战略投资者不参与网下询价，且应当承诺获得本次配售的股票持有期限不少于 12 个月，持有期自本次公开发行的股票上市之日起计算。

【考点小贴士】该部分内容为法律条款，复习时注意"数字类"的考点。

（四）《科创板首次公开发行股票注册管理办法》的相关规定

（1）科创板的定位：面向世界科技前沿、面向经济主战场、面向国家重大需求。

（2）目标企业：符合国家战略、拥有关键核心技术、科技创新能力突出、依靠核心技术开展生产经营、具有稳定的商业模式、市场认可度高、社会形象良好、具有较强成长性的企业。

（3）科创板上市企业应依法经上海证券交易所发行上市审核并报经中国证监会履行发行注册程序。

（4）具体规定：

①发行人董事会应当依法就本次股票发行的具体方案、本次募集资金使用的可行性及其他必须明确的事项作出决议，并提请股东大会批准。

②发行人申请首次公开发行股票并在科创板上市，应当按照中国证监会有关规定制作注册申请文件，由保荐人保荐并向上交所申报。

③上交所设立独立的审核部门，负责审核发行人公开发行并上市申请；设立科技创新咨询委员会，负责为科创板建设和发行上市审核提供专业咨询和政策建议；设立科创板股票上市委员会，负责对审核部门出具的审核报告和发行人的申请文件提出审议意见。

④上交所按照规定的条件和程序，作出同意或者不同意发行人股票公开发行并上市的审核意见。同意发行人股票公开发行并上市的，将审核意见、发行人注册申请文件及相关审核资料报送中国证监会履行发行注册程序；不同意发行人股票公开发行并上市的，做出终止发行上市审核决定。

⑤中国证监会同意注册的决定自作出之日起 1 年内有效，发行人应当在注册决定有效期内发行股票，发行时点由发行人自主选择。

⑥首次公开发行股票，应当向经中国证券业协会注册的证券公司、基金管理公司、信托公司、财务公司、保险公司、合格境外机构投资者和私募基金管理人等专业机构投资者询价确定股票发行价格。

⑦上交所负责对发行人及其控股股东、实际控制人、保荐人、承销商、证券服务机构等进行自律监管。

⑧中国证券业协会负责制定保荐业务、发行承销自律监管规则，对保荐人、承销商、保荐代表人、网下投资者进行自律监管。

（五）股票发行监管制度

一般意义上的股票发行监管核准制度有三种，即审批制、注册制和核准制。我国目前实行核准制，下一阶段将逐渐向注册制过渡。三者的区别和联系见表 3-2。

表 3-2 三种发行监管制度对比

项目	制度特点	监管机构审查重点	监管机构审查内容	发行股票限制
审批制	有强烈计划经济和行政干预色彩	实质性审查	股票发行方式、时间、价格和规模	有指标限制，须监管机构批准
注册制	市场化	形式上审查	只审查披露信息的真实性、完整性、准确性	无指标限制，披露信息无异议即可发行股票，无须监管机构批准
核准制	介于行政干预和市场化之间	实质性审查与形式上审查相结合	强制信息披露与合规性管理相结合： (1) 对所披露信息进行审查 (2) 审查发行公司营业性质、治理结构、管理人员素质、资本机构、竞争力、发展前景等	既须监管机构批准，又须强制性信息披露

·知识点拨·

我国上交所科创板、深交所创业板实施注册制；上交所主板、深交所主板实施核准制。

（六）股票私募发行

1. 股东分摊/股东配股

（1）发行对象：原有股东（股份公司向原有股东分配新股认购权，鼓励原有股东认购）。

（2）本质：股东分摊本质上是对原有股东的优待，该种方式的新股发行价低于市场价格。

（3）股东可放弃认购权或转移给他人。

2. 第三者分摊/私人配股

第三者分摊的发行对象是除股东以外人员，包括本公司职员、往来客户等与公司有特殊关系的第三者。

三、债券发行

（一）国债

记账式国债完全采用公开招标方式。

凭证式国债完全采用承购包销的方式。

（二）地方政府债券

地方政府债券可以采用承销、招标等方式发行。

（三）金融债券

（1）发债机构：商业银行、政策性银行、企业集团财务公司、其他金融机构。

（2）发行地点：全国银行间债券市场。

（3）发行方式：协议承销、招标承销等。

（4）金融债券的发行应有信用评级机构进行信用评级。

（四）债转股专项债券相关规定

（1）债转股专项债券主要用于银行债权转股权项目。

（2）债转股专项债券发行规模不超过债转股项目合同约定的股权金额的 70%。

（3）发行人可利用不超过发债规模 40% 的债券资金补充营运资金。

（4）债券资金既可以用于单个债转股项目，也可以用于多个债转股项目。

（5）允许以公开或非公开方式发行债转股专项债券。非公开发行时认购的机构投资者不超过 200 人，单笔认购不少于 500 万元人民币，且不得采用广告、公开劝诱和变相公开方式。

（五）绿色债券发行相关规定 ★★

（1）根据《绿色债券发行指引》的规定，债券募集资金占项目总投资比例放宽至 80%。

（2）发行绿色债券的企业不受发债指标限制。

（3）鼓励上市公司及其子公司发行绿色债券。

（4）支持符合条件的股权投资企业、绿色投资基金发行绿色债券，专项用于投资绿色项目建设。

（5）允许绿色债券面向机构投资者非公开发行。

✐ 小试牛刀

[单选题] 投资银行按议定价格直接从发行人手中购进将要发行的全部证券，然后再出售给投资者，同时在指定期限内将所筹集资金交付给发行人，这种证券承销方式是（　　）。

A. 代销　　　　　　　　　　　　B. 余额包销

C. 股权再融资　　　　　　　　　D. 包销

[解析] 包销即投资银行按议定价格直接从发行者手中购进将要发行的全部证券，再出售给投资者。投资银行必须在指定的期限内，将包销证券所筹集的资金交付给发行人。

[答案] D

[单选题] 在我国当前股票发行中，首次公开发行采用询价方式的，公开发行股票数量在 4 亿股（含）以下的，有效报价投资者数量应不少于（　　）家。

A. 10　　　　　　B. 20　　　　　　C. 50　　　　　　D. 100

[解析] 公开发行股票数量，在 4 亿股（含）以下的，有效报价投资者的数量不少于 10 家；公开发行股票数量在 4 亿股以上的，有效报价投资者的数量不少于 20 家。

[答案] A

[单选题] 股份公司将新售股票分售给除股东以外的本公司职员，这种股票私募发行方式属于（　　）。

A. 股东分摊　　　　　　　　　　B. 关联分摊

C. 第三者分摊　　　　　　　　　D. 公司分摊

[解析] 第三者分摊又称为私人配股，即股份公司将新售股票分售给除股东以外的本公司职员、往来客户等与公司有特殊关系的第三者。

[答案] C

[多选题] 关于绿色债券的说法，正确的有（　　）。

A. 资金专项用于绿色项目建设

B. 发行绿色债券的企业不受发债指标限制

C. 允许绿色债券面向机构投资者非公开发行

D. 仅允许绿色投资基金发行

E. 不允许上市公司的子公司发行绿色债券

[**解析**] 支持符合条件的股权投资企业、绿色投资基金发行绿色债券，D 项错误。鼓励上市公司及其子公司发行绿色债券，E 项错误。

[**答案**] ABC

考点 3 兼并与收购

一、并购的理解

（一）狭义的并购

狭义的并购是指企业并购，即兼并与收购。

1. 兼并

兼并是指一家企业对另一家企业的合并或吸收行为，至少一家企业法人资格消失。

2. 收购

收购是指一家企业对另一家企业的外部控制，是企业控制权的转移，两家企业只形成控制与被控制关系，两者仍然是独立的企业法人。

3. 兼并与收购的区别

（1）在兼并中，被兼并企业的法人实体消失；在收购中，被收购企业法人实体仍存在，其产权可以是部分转让。

（2）兼并转移的是资产、债权、债务，兼并企业成为被兼并企业新的所有者和债权债务的承担者；在收购中，收购企业是被收购企业的新股东，以收购出资的股本为限承担被收购企业的风险。

（3）被兼并的企业生产停滞、财务状况不良；被收购的企业产权流动平稳、生产状况正常。

（4）在实际运作中，常将兼并与收购放在一起，统称为"并购"，是指企业为了获得其他企业的控制权而进行的产权交易活动。

（二）广义的并购

广义的并购是指通过资本市场对企业进行一切有关的资本经营和资产重组，主要形式包括扩张、售出、公司控制和所有权结构变更。

二、并购的方式★★

按照不同的角度可以划分出不同的并购方式，具体内容见图 3-2。

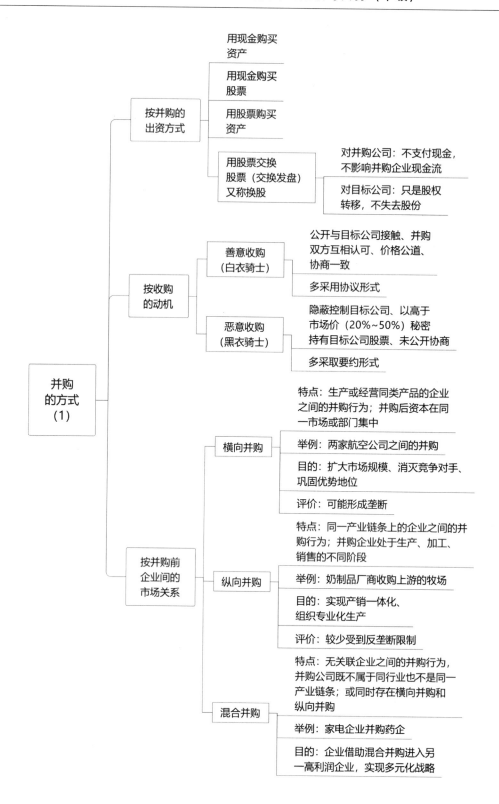

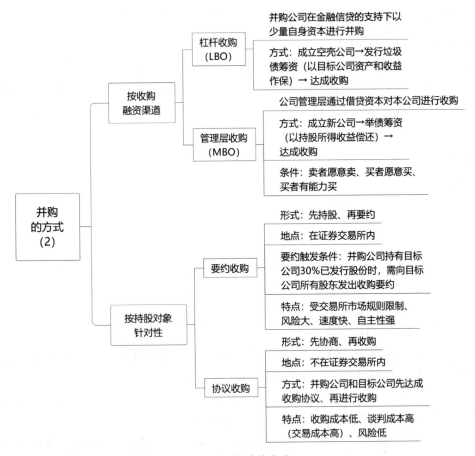

图3-2　并购的方式

小试牛刀

[单选题] 下列关于并购的表述中，正确的是（　　）。

A. 恶意收购又称"白衣骑士"

B. 恶意收购多采用协议收购形式

C. 管理层收购是杠杆收购的一种

D. 用现金购买股票又称为"交换发盘"

[解析] 恶意收购又称"黑衣骑士"，A项错误。恶意收购多采用要约收购形式，B项错误。"交换发盘"是指用股票交换股票，D项错误。

[答案] C

考点④　证券经纪业务

一、证券经纪业务的理解

（1）证券经纪业务是指投资银行接受客户委托进行的代客买卖证券的业务。

（2）投资银行经营证券经纪业务需有证券经纪商资格。

（3）投资银行与客户之间是委托—代理关系。

（4）投资银行证券经纪业务的利润来源为佣金。

（5）证券经纪业务包括证券交易所代理买卖（场内交易）、柜台代理买卖（场外交易）；我国投资银行的证券经纪业务以交易所代理买卖业务为主。

二、证券经纪业务的特征

（1）证券经纪商的中介性。投资银行不通过自有资金、不承担价格风险。

（2）客户指令的权威性。投资银行以代理人的身份、按照委托人的指令进行证券交易。

（3）业务对象的广泛性和价格波动性。

（4）客户资料的保密性。

三、证券经纪业务的构成

（一）委托人

委托人可以是自然人或法人。

（二）受托人/代理人

受托人即代理人，是指证券经纪商。

（三）证券交易场所

1. 证券交易所（场内交易市场）

证券交易所包括公司制和会员制，我国的交易所的组织形式是会员制。

2. 其他交易场所（场外交易市场）

（1）柜台交易市场（无形的市场/OTC）。柜台交易市场是在证券交易机构柜台上进行的股票交易市场，证券商同时充当经纪人和自营商。

（2）第三市场（店外市场）。第三市场是指交易所会员直接进行大宗上市股票交易的市场。第三市场的客户主要是机构投资者，成交迅速、交易成本低。

（3）第四市场。第四市场是指交易完全绕过证券商，投资者之间直接进行证券交易而形成的市场。第四市场的投资者主要是大企业和大公司，成交快、保密性好、交易成本低、具有很大潜力。

（四）证券交易标的物

证券交易标的物包括所有上市交易的股票和债券。我国证券交易的标的物是 A 股、B 股、H 股、基金、债券（包括可转换债券）等。

四、证券经纪业务的流程

证券经纪业务的流程为：开立证券账户→开立资金账户→进行交易委托→委托成交→股权登记、证券存管、清算、交割交收。

（一）开立证券账户

（1）证券账户分为个人账户（A 字账户）和法人账户（B 字账户）。

（2）一个投资者只能申请开立一个一码通账户。

（3）一个投资者在同一市场最多可以申请开立 3 个 A 股账户、封闭式基金账户。

（4）一个投资者在同一市场只能申请开立 1 个信用账户、B 股账户。

（5）对于长期不使用的 3 户以上多开账户，纳入休眠账户管理。

（6）外国人申请开立证券账户的具体办法，由证券登记结算机构制定，报中国证监会批准。

（二）开立资金账户

（1）资金账户的开立代表客户与投资银行建立了经纪关系（委托—代理关系）。

（2）现金账户（最常见）不能透支，投资者须全额支付购买金额。

（3）保证金账户。

保证金账户用于进行保证金交易（虚盘交易、按金交易）；客户在保证金账户中，通过杠杆形式，使用经纪人或银行的贷款购买证券，以少量资金进行大量证券交易；该种信用经纪业务包括融资（买空）、融券（卖空）两种形式。

（三）进行交易委托

1.按委托数量的不同特征，交易委托可分为整数委托和零数委托

（1）整数委托，是指委托买卖证券的数量是一个交易单位或者交易单位的整数倍；一个交易单位为"一手"；股票交易中100股为一手（注册制下的创业板、科创板一标准手为200股），债券交易中1 000元为一手。

（2）零数委托，是指投资者委托买进或卖出的证券不足一个交易单位。我国只在卖出证券时有零数委托。

2.按委托价格不同，交易委托可分为市价委托和限价委托

（1）市价委托不指明交易具体价格，只指明交易数量，投资人随行就市进行买卖。

①优点：保证及时成交，将执行风险最小化。

②缺点：成交价格可能是市场上最不利的价格。

（2）限价委托限定证券买卖价格，经纪商须在委托人规定的价格内交易。

①优点：指令的价格风险可测、可控。

②缺点：执行风险较大，可能无法成交。

（四）委托成交

1.竞价原则

竞价包括集合竞价、连续竞价。

（1）集合竞价。

①含义：集合竞价常用于定开盘价，是指交易中心将不同时点收到的订单进行积累，所有的交易订单在一定时刻按照一定原则进行高低排队。

②成交价格决定原则：最大的成交量时的价格是竞价结果。

③集合竞价时间：9：15—9：25。

（2）连续竞价。

①含义：连续竞价是指交易系统对各个时点上的订单进行分散撮合，发现与之匹配的订单，即刻成交。

②成交价格决定原则：最高买进申报与最低卖出申报相同。

买入申报价格高于市场即时的最低卖出申报价格时，取即时最低卖出申报价格时。卖出申报价格低于市场即时最高买入申报价格时，取即时最高买入申报价格。

（3）注册制下的创业板、科创板也适用盘后定价交易。

2.成交原则

成交原则为价格优先、时间优先。

（1）价格优先：较高价格买入申报优先于较低价格买入申报，较低价格卖出申报优先于较高价格卖出申报。

（2）时间优先：买卖方向、价格相同的，先申报者优先于后申报者。先后顺序按交易主机

接受申报的时间确定。

（五）股权登记、证券存管、清算、交割交收

证券结算包括清算、交割交收。证券结算的两种主要方式为净额结算、逐笔结算。

> 小试牛刀

[单选题] 根据2016年修订的《证券账户业务指南》，一个投资者在同一市场最多可以申请开立的A股账户数量为（　　）个。

A. 1　　　　　　　　　　　　　　B. 2

C. 3　　　　　　　　　　　　　　D. 5

[解析] 一个投资者在同一市场最多可以申请开立3个A股账户、封闭式基金账户。

[答案] C

[单选题] 股票交易和债券交易中的"一手"分别指（　　）。

A. 100股和1 000张　　　　　　　　B. 100股和1 000元

C. 100元和1 000元　　　　　　　　D. 100元和1 000张

[解析] 一个交易单位为"一手"；股票交易中100股为一手，债券交易中1 000元为一手。B项正确。

[答案] B

[多选题] 证券经纪业务成交原则有（　　）。

A. 价格优先　　　　　　　　　　　B. 时间优先

C. 数量优先　　　　　　　　　　　D. 客户优先

E. 效率优先

[解析] 证券经纪业务的成交原则为价格优先、时间优先，A、B两项正确。

[答案] AB

考点 5 投资银行其他业务

一、自营证券投资

（一）证券自营业务的理解

（1）资金来源：自有资金、合法筹集的资金。

（2）利润来源：证券买卖差价。

（3）投资银行用自己名义开设证券账户。

（二）从事证券自营业务的条件

（1）注册资本金不低于1亿元人民币。

（2）净资本不低于5 000万元人民币。

（3）经中国证监会批准。

（三）证券自营业务投资品种

（1）已经和依法可以在境内证券交易所上市交易及转让的证券。

（2）已经在全国中小企业股份转让系统挂牌转让的证券。

（3）已经和依法可以在符合规定的区域性股权交易市场挂牌转让的私募债券，已经在符合

规定的区域性股权交易市场挂牌转让的股票。

（4）已经和依法可以在境内银行间市场交易的证券。

（5）经国家金融监管部门或者其授权机构依法批准或备案发行并在境内金融机构柜台交易的证券。

二、资产管理

（1）资产管理业务是指投资银行为客户提供证券投资管理服务。

（2）资产管理业务的收入来源是投资管理服务费。

三、私募股权和风险投资

（1）私募股权投资的对象主要是非上市企业但不局限于非上市企业。

（2）风险投资的对象主要是有较大风险的高技术开发行业；风险投资主要针对企业初创期。

（3）风险投资、私募股权主要通过成立投资基金进行投资。

>> 小试牛刀

[单选题] 下列关于证券自营业务的说法，错误的是（　　）。

A. 自营业务使用投行的自有资金和合法筹集的资金

B. 投资银行须用委托人名义开设证券账户

C. 自营业务的收益源于证券买卖差价

D. 证券公司经营证券自营业务须经证监会批准

[解析] 投资银行经营证券自营业务，须用自己名义开设证券账户，B项错误。

[答案] B

第四章 信托与租赁

大纲再现

（1）理解信托的性质、功能、起源与发展、设立及管理、市场及体系。

（2）进行信托公司的经营与管理，理解租赁的性质、种类、特点、功能、产生与发展。

（3）进行租金管理，开展融资租赁，进行经营租赁公司的经营与管理。

大纲解读

本章历年考试分值稳定在9～10分，常以单选题、多选题出现，案例分析题较少涉及。

本章属于教材中的实务部分，完整地介绍了我国金融机构中的两类非银行类金融机构，即信托公司和融资租赁公司，详细阐述了信托业务、信托公司的经营管理，租赁业务、租赁公司的经营管理。高频考点包括信托基础知识、租赁基础知识。近年来的命题方向主要有以下几点：以考查信托基础知识和租赁基础知识为核心，增加对"数字类"知识点的考查，"数字类"考点多出自相关法律法规，考查方式以记忆和简单计算为主，在复习时需着重把握。

知识脉络

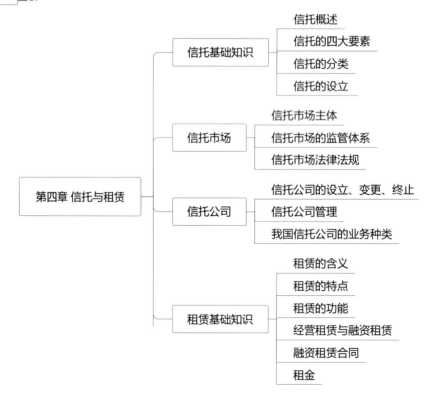

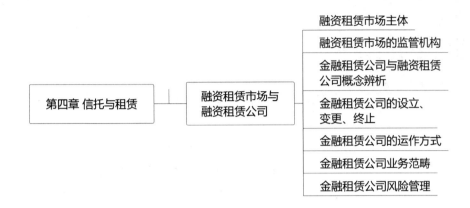

考点① 信托基础知识

一、信托概述

（一）信托的理解

（1）信托的核心内容：受人之托、代人理财。

（2）信托的本质：财产管理。

（3）委托人（客户）将其财产权委托给受托人（信托公司）。

（4）受托人以自己（受托人）的名义进行财产管理。

> **·知识拓展·**
>
> 一般的委托代理关系是代理人在代理权限内，以被代理人名义实施的民事法律行为；而在信托的委托代理是以受托人的名义管理财产，委托人将信托财产委托给受托人之后，就失去了对信托财产的直接控制权。

（5）受托人以自己的名义管理或处分信托财产需具备两个前提：①按照委托人的意愿进行管理或者处分，不得违背委托人的愿望；②为了受益人的利益或特定目的管理财产，不是为了自己或其他第三人的利益。

（6）信托成立的前提和基础：信任和诚信。

（7）信托关系的核心：信托财产。

（二）信托的特征★

（1）信托财产的独立性。信托财产从固有财产中分离，原则上不得强制执行。

（2）信托财产权利与利益相分离。信托财产所有权归属于受托人，利益归属于受益人；分离制度使得信托成为良好的财产管理制度。

（3）信托管理的连续性。信托不因意外事件而终止。

（4）信托的有限责任。受托人以信托财产为限承担有限清偿责任。

（三）信托的功能

（1）财产管理功能（首要和基本功能）。

（2）风险隔离功能。风险隔离功能基于信托财产的独立性。

（3）融通资金功能。信托融资与银行融资的区别包括：①信托既融资又融物，既是直接融资又是间接融资，既是银行信用又是商业信用；②银行仅能实现融资且是间接融资，仅体现银

行信用。

（4）社会投资功能。

（5）社会公益服务功能。

（四）信托当事人★★★

根据《中华人民共和国信托法》（以下简称《信托法》），信托三方当事人及其权利义务见图 4-1。

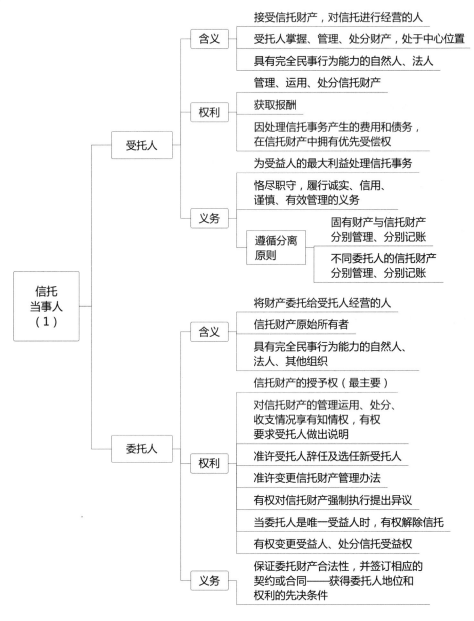

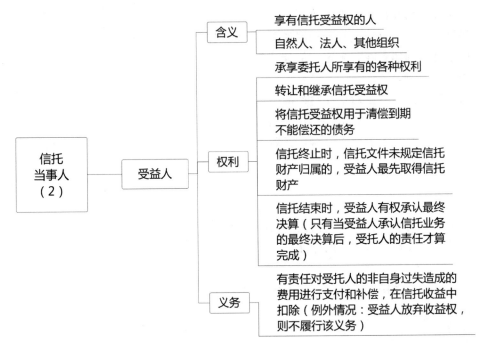

图 4-1 信托当事人

•知识点拨•

注意区分受托人、委托人、受益人的主体资格认定：

（1）受托人只能是具备完全民事行为能力的自然人、法人；依法成立的其他组织不是受托人。原因在于受托人必须能够独立的履行民事义务、对信托财产负责，但其他组织不具有独立的法人资格，不具备独立承担民事责任的能力，因此不能作为受托人。

（2）委托人是具备完全民事行为能力的自然人、法人、依法成立的其他组织：①委托人将财产委托给受托人，并不需要对信托财产的管理运用负责，因此允许依法成立的其他组织成为委托人；②委托人需和受托人签订信托合同，这就要求委托人具备完全民事行为能力，因此作为自然人的委托人必须是完全民事行为能力人。

（3）受益人是自然人、法人、依法成立的其他组织。作为受益人的自然人不要求具备完全民事行为能力，因为受益人享有受益权，依法成立的其他组织同此原因。

二、信托的四大要素

信托的四大要素分别是信托当事人、信托财产、信托目的、信托行为。

（一）信托当事人

（1）信托当事人是实施信托活动的主体。

（2）信托当事人包括委托人、受托人、受益人。

（二）信托财产

信托财产是信托的客体、信托的对象物，是信托关系得以创立的载体。委托人及其受赠养人的生活必需品等不能作为信托财产设立信托。

1. 信托财产需具备的条件

（1）流通性：信托财产需具有流通性。

（2）合法性：信托设立的有效要件。

（3）积极性：信托财产应是积极财产而非消极财产（债务）。

（4）确定性：现实存在且确定，能计算价值。

2. 信托财产管理

（1）信托管理的重点是对信托财产的管理。

（2）运用：投资（最主要）、租赁、贷款等。

（3）处分：①法律上的处分（对信托财产进行转让）；②事实上的处分（对信托财产进行消费）。

（三）信托目的

1. 作用

（1）决定信托的框架、明确受托人的权限外延。

（2）衡量受托人是否尽义务的标准。

2. 分类

（1）他益信托→委托人以外的特定人的利益。

（2）自益信托→委托人的利益。

（3）公益信托→公共的利益。

（四）信托行为

信托行为是指合法地设定信托的一种复合法律行为，包括：

（1）意思表示行为（首要行为）。

（2）信托财产转移。

三、信托的分类

按照不同的划分标准，可将信托分为不同种类，具体内容见图4-2。

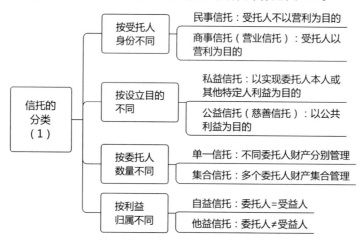

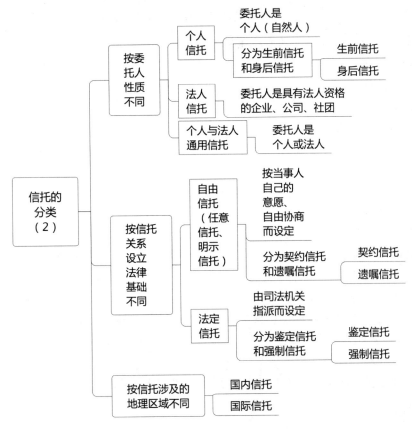

图 4-2 信托的分类

四、信托的设立

（一）设立信托的条件

（1）有合法的信托目的（前提条件）。

（2）信托财产应当明确合法（基本条件之一）。

（3）信托文件应当采用书面形式（包括合同书、信件和数据电文等）。

（4）依法办理信托登记。

（二）信托的设立方式

（1）合同（最常见）。

（2）遗嘱。

（三）信托登记

信托登记机构是中国信托登记有限责任公司。

（四）信托文件的内容

（1）信托目的。

（2）委托人、受托人的姓名或者名称、住所。

（3）受益人或者受益人范围。

（4）信托财产的范围、种类及状况。

（5）受益人取得信托利益的方式、方法等。

小试牛刀

[单选题] 信托业务的首要和基本功能是（   ）。

A. 融通资金功能

B. 财产管理功能

C. 社会投资功能

D. 风险隔离功能

[解析] 信托是一种财产管理的制度安排，财产管理功能是信托业首要和基本的功能。

[答案] B

[多选题] 从融资功能上看，信托公司融通资金体现了（   ）。

A. 银行信用与商业信用的结合

B. 政府信用与民间信用的结合

C. 融资与融券的结合

D. 融资与融物的结合

E. 直接融资与间接融资的结合

[解析] 信托业务中并未体现政府信用与民间信用，B项错误。融资融券业务属于证券公司的业务，与信托公司无关，C项错误。

[答案] ADE

[单选题] 在信托当事人中，有权承认信托最终结算结果的是（   ）。

A. 管理人

B. 委托人

C. 受益人

D. 受托人

[解析] 当信托结束时，受益人有承认最终决算的权利，只有当受益人承认信托业务的最终决算后，受托人的责任才算完成。

[答案] C

[单选题] 信托财产的管理中，信托财产事实上的处分是指（   ）。

A. 消费信托财产

B. 赠与信托财产

C. 对信托财产设立质押

D. 转让信托财产

[解析] 信托财产事实上的处分是指对信托财产进行消费；法律上的处分是指转让信托财产。

[答案] A

[单选题] 根据信托利益的归属不同，信托可以分为（   ）。

A. 民事信托和商事信托

B. 单一信托和集合信托

C. 自益信托和他益信托

D. 私益信托和公益信托

[解析] 根据信托利益的归属不同，信托可以分为自益信托和他益信托，自益信托的委托人即受益人，利益归属委托人自己；他益信托的委托人与受益人不是一个主体，利益归属他人。

[答案] C

[单选题] 发起人发起设立信托的前提条件是必须要有（ ）。

A. 固定的信托要件

B. 合法的信托目的

C. 巨额的信托财产

D. 确定的信托收益

[解析] 本题考查设立信托的条件，设立信托应具备以下四个条件：①合法的信托目的，这是信托能否成立的前提条件；②信托财产应当明确合法，这是信托能否设立的基本条件之一；③应当采取书面形式；④要依法办理信托登记。

[答案] B

考点 ② 信托市场

一、信托市场主体

信托市场主体包括信托需求主体、信托供给主体、信托资金运用主体，具体内容见图4-3。

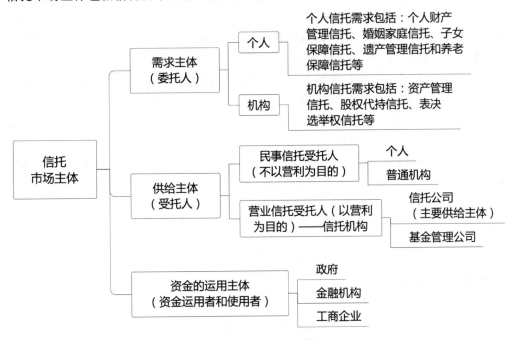

图 4-3 信托市场主体

·知识点拨·

注意区分信托的需求者和信托资金的需求者：信托的需求者是需要购买信托的人，即委托人；信托资金的需求者是需要信托资金，寻求融资的筹资主体，即政府、金融机构、工商企业。

二、信托市场的监管体系

（1）监管机构：中国银行保险监督管理委员会。

（2）监管内容：风险监管。

（3）监管方式：非现场监管和现场检查。

三、信托市场法律法规

（一）法律框架

"一法两规"："一法"即《信托法》；"两规"即《信托公司管理办法》《信托公司集合资金信托计划管理办法》。

（二）法律体系

1. 基本法——《信托法》

（1）标志我国开始建立真正意义的信托制度。

（2）调整信托关系最基本的法律。

（3）制定其他信托法律法规的基础和依据。

2. 行业管理法规

行业管理法规包括《信托公司集合资金信托计划管理办法》《信托公司管理办法》《信托公司净资本管理办法》《慈善信托管理办法》《信托公司监管评级办法》《信托登记管理办法》等。

（1）《信托公司集合资金信托计划管理办法》中关于集合资金信托业务的规定：①委托人资格。投资一个信托计划的最低金额不少于100万元人民币的自然人、法人或者依法成立的其他组织；个人或家庭金融资产总计在其认购时超过100万元人民币，且能提供相关财产证明的自然人；个人收入在最近3年内每年超过20万元人民币或者夫妻双方合计收入在最近3年内每年超过30万元人民币，且能提供相关收入证明的自然人。②信托合同份数。单个信托计划的自然人人数不得超过50人，但单笔委托金额在300万元以上的自然人投资者和合格的机构投资者数量不受限制。③允许信托公司异地开展业务。④强调风险揭示，强调投资者风险自担原则，即"买者自负、卖者有责"。

（2）《信托公司净资本管理办法》建立了以净资本为核心的风险控制指标体系，加强信托公司风险监管。标志着我国信托业进入资本监管的新阶段，行业监管将从原先的窗口指导和行政调控转变为市场调控。

（3）《信托公司股权管理暂行办法》以问题为导向、以"三位一体"股权管理体系为主线。

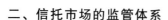 小试牛刀

[单选题] 关于信托的说法，错误的是（   ）。

A. 信托投资遵循"卖者有责、买者自负"的原则

B. 我国信托公司的监管机构是中国银行保险监督管理委员会

C.《信托法》是调整信托市场信托关系的最基本法律

D. 信托投资遵循风险共担的原则

[解析] 信托投资遵循风险自担的原则，D项错误。

[答案] D

考点 3 信托公司

一、信托公司的设立、变更、终止

（一）信托公司的设立

1. 设立条件

（1）有符合《中华人民共和国公司法》（以下简称《公司法》）和银保监会规定的公司章程。

（2）有合规的入股资格的股东。

（3）注册资本最低限额为 3 亿元人民币或等值的可自由兑换货币，注册资本为实缴货币资本。

（4）有合格的董事、高级管理人员和与其业务相适应的信托从业人员。

（5）具有健全的组织机构、公司治理结构、管理制度、投资者保护机制和风险控制制度。

（6）有符合要求的营业场所、安全防范措施和与业务有关的其他设施等。

2. 设立程序

（1）筹建：①筹建期为批准决定之日起 6 个月；未能按期筹建的，可申请延期 1 次，延长期限不得超过 3 个月。②信托公司应当自领取营业执照之日起 6 个月开业；不能按期开业的，可申请延期 1 次，延长期限不得超过 3 个月。

（2）开业。

（二）信托公司的变更与终止

1. 信托公司的变更

信托公司的变更包括变更名称、变更股权或调整股权结构、变更注册资本、变更公司住所、改变组织形式、修改公司章程、合并或者分立等。

2. 信托公司终止

（1）信托公司终止是指公司法律主体资格消失、组织上解体、终止经营活动。

（2）信托公司的终止可分为任意终止和强制终止两类。

（3）信托公司终止时，其管理职责同时终止。

二、信托公司管理

（一）产品管理

（1）信托产品：风险低、收入回报稳定。

（2）信托产品的设立是信托关系成立的核心。

（3）信托产品管理是中后端管理。

（4）信托产品的管理方式：受益人大会、现场检查、外派人员管理。

（5）信托财产交付方式：现金、维持信托在终止时的财产原状或二者混合方式。

（二）客户关系管理

（1）客户关系管理的核心：客户需求的管理。

（2）客户是维持信托公司生存发展的重要资源。

（3）客户关系管理的重中之重：了解、分析和满足客户需求。

（三）风险管理

信托公司的业务风险与管理见图 4-4。

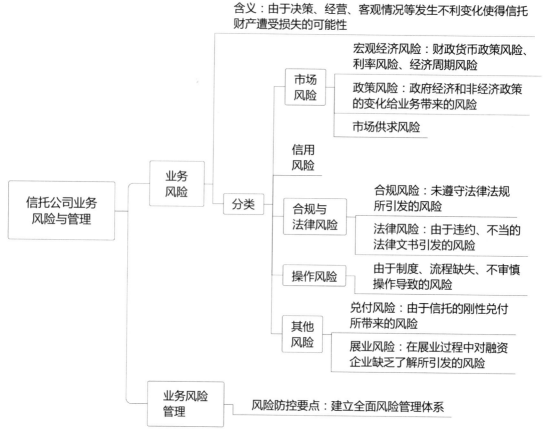

图 4-4　信托公司业务风险与管理

（四）资本管理

1. 注册资本管理

根据《信托公司管理办法》及《中国银监会信托公司行政许可事项实施办法》的规定：信托公司注册资本为一次性实缴货币资本，最低限额为 3 亿元人民币或等值的可自由兑换货币。

2. 净资本管理

根据《信托公司净资本管理办法》的规定：①信托公司净资本不得低于人民币 2 亿元；净资本不得低于各项风险资本之和的 100%；净资本不得低于净资产的 40%。②净资本管理的本质是以净资本为核心，通过与风险资本等指标的比较，衡量公司业务规模、整体风险、流动性和兑付能力，据此建立各项业务规模与净资本水平之间的动态挂钩机制。

3. 风险资本管理

风险资本是衡量风险大小的指标，用于衡量综合风险程度。

（五）财务管理

根据《信托法》与《信托公司管理办法》的规定，信托公司有着不同于其他金融企业的专属财务管理原则：

（1）信托财产与固有财产分别管理、分别记账的原则。

（2）固有财务部门与信托财务部门相互独立的原则。

（六）会计核算

(1) 会计核算的责任主体：信托公司。

(2) 会计主体：信托公司——形式上的会计主体；委托人——真正的会计主体。

(3) 信托项目应作为独立的会计核算主体。

三、我国信托公司的业务种类

我国信托公司业务的分类见图 4-5。

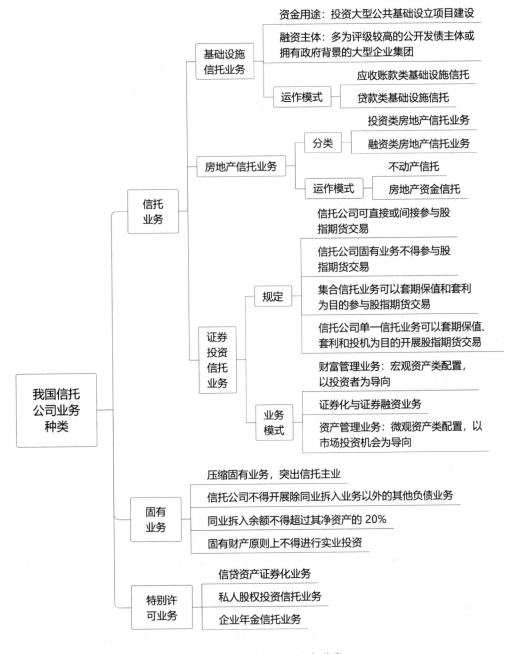

图 4-5 我国信托公司业务种类

> 小试牛刀

[多选题] 信托公司的终止，通常意味着信托公司（　　）。

A. 经营活动终止　　　　　　　　　　B. 注册资本冻结

C. 公司章程变更　　　　　　　　　　D. 法律主体资格丧失

E. 组织形态解体

[解析] 信托公司终止是指公司法律主体资格消失、组织上解体并终止经营活动的行为或事实。

[答案] ADE

[单选题] 在信托公司客户关系管理中处于核心地位的是（　　）。

A. 客户需求管理　　　　　　　　　　B. 客户供给管理

C. 客户资源管理　　　　　　　　　　D. 客户稳定管理

[解析] 信托公司客户关系管理的核心是客户需求的管理，因此，了解、分析和满足客户的需求应始终作为信托公司客户关系管理的重中之重。

[答案] A

[单选题] 某信托公司净资产为 10 亿元，根据我国《信托公司净资本管理办法》，该公司净资本应不少于（　　）亿元。

A. 2　　　　　　　　　　　　　　　　B. 3

C. 4　　　　　　　　　　　　　　　　D. 5

[解析] 根据《信托公司净资本管理办法》的规定，信托公司净资本不得低于净资产的 40%，因此净资本 $\geqslant 10 \times 40\%$，即不低于 4 亿元。

[答案] C

考点④ 租赁基础知识

一、租赁的含义

（1）租赁是商品形态与货币形态相结合的信用形式。

（2）租赁只转移物权中的用益物权，并非权的整体转移，即只转移使用权而非所有权。

（3）使用权是有偿转移，需给付租金。

二、租赁的特点

（1）所有权与使用权相分离。

（2）租金分期支付。

（3）融资与融物相结合。租赁业务通过融物缓解承租人资金紧张问题从而实现融资，是融资与融物的结合。融物体现商品形态，融资体现货币形态，租赁是商品形态和货币形态的结合。

三、租赁的功能

（1）融资与投资（基本功能）。出租人通过融物来解决承租人的融资需求，承租人借此又可以扩大设备投资。

（2）产品促销功能与资产管理（扩展功能）。

①产品促销功能：出租人出租设备之前需要从出卖人处购进设备，因此融资租赁促进了产品的销售。

②资产管理功能：通过租赁业务减少设备的闲置，提高资产使用效率；经营融资不计入资产负债表，因此可通过经营租赁达到表外融资的目的；承租人通过售后回租可以使固定资产变现，提高企业收益率。

四、经营租赁与融资租赁

（一）经营租赁与融资租赁的理解

租赁可以分为租赁服务和融资租赁两种，实践中的租赁服务主要指经营租赁，关于经营租赁和融资租赁的理解，见图 4-6 和图 4-7。

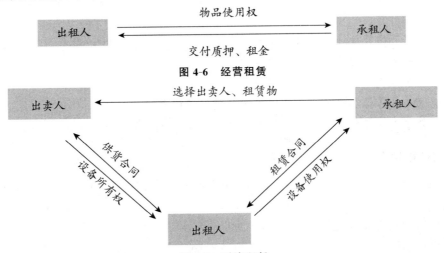

图 4-6 经营租赁

图 4-7 融资租赁

（二）经营租赁与融资租赁的区别

经营租赁与融资租赁的区别见表 4-1。

表 4-1 经营租赁与融资租赁的区别

项目	经营租赁	融资租赁
当事人	出租人、承租人	出卖人、出租人、承租人
合同类别	租赁合同（出租人、承租人）	（1）供货合同（出卖人、出租人） （2）租赁合同（出租人、承租人）
租赁物的选择	出租人选定	承租人选定租赁物和出卖人
租期	短期租赁、长期租赁	租期大部分相当于设备寿命期
期满处理	承租人归还物品	留购、续租、退回出租人
保养维修责任	出租人负责	承租人负责
根本区别	出租人承担余值风险	出租人不承担余值风险

·知识拓展·

（1）余值，是指租赁期限届满时租赁物尚存的公允市值。例：一项设备的原值为100万元，租期10年，10年后该设备仍有20万元的价值，这20万元的价值即租赁余值。

（2）余值风险。租期届满时承租人归还设备的实际剩余价值应与设备理论上的余值相等，但承租人的不当使用可能加速设备的贬值，导致设备归还时剩余的价值少于设备理论上的余值，由此带来的风险属于余值风险。

（3）由于融资租赁的租期大部分相当于设备寿命期、租金不小于资产购置成本的90%、设备属于承租人的专用设备，因此融资租赁名义上转移的是设备使用权，实质上等同于设备所有权的转移，因此与设备有关的全部风险（包括余值风险）和报酬也随着所有权一并转移。

（4）经营租赁并未转移所有权，则与所有权相关的风险和报酬并未转移，因此余值风险由出租人承担；融资租赁的风险报酬同所有权一同转移，因此余值风险的承担者也由出租人转移至承租人。

（5）融资租赁的直接目的是融资而非融物，融物是融资的手段；融资租赁的对象是技术设备等动产；融资租赁的承租人是企业（经济法人）。

（6）在融资租赁的供货合同（买卖合同）中，名义上是出租人与出卖人签订合同，但实质的合同条款是由承租人拟定，并委托出租人代为签订合同。

（7）融资租赁具有金融色彩，因此本书讨论的租赁主要指融资租赁。

五、融资租赁合同

融资租赁合同是集信贷（融资）与租赁（融物）为一体的租赁合同，广义的融资租赁合同包括租赁合同和买卖合同。

（一）融资租赁合同的特征

（1）融资租赁合同是要式合同：当事人订立合同需采用书面形式，否则无效。

（2）融资租赁合同是诺成合同：当事人意思表示一致即合同成立，不以交付为要件。

（3）融资租赁合同是有偿合同：取得权利的前提是以偿付为代价。

（4）融资租赁合同是双务合同：合同双方当事人均有权利和义务。

（5）融资租赁合同不可单方解除：承租人不得中途解约，不可抗力因素下也不可解约。

（二）合同三方当事人的权利义务规定

1. 出租人的权利与义务

（1）义务包括：①购买租赁物的义务；②根据租赁合同及时支付货款；③保证租期内承租人对租赁物的充分使用权。

（2）权利包括：①按合同规定收取租金的权利；②在租期内享有租赁物的所有权；③合同期满，若承租人不续租或留购，有收回租赁资产的权利。

2. 承租人的权利与义务

（1）义务包括：①依合同规定支付租金的义务；②按照正常方式使用并负责租赁物的维护与保养的义务。

（2）权利包括：①在租期内享有租赁物的使用权；②对租赁标的物及供货方有选择权；③租赁期满取得租赁物所有权的权利。

3. 供应商/出卖人的权利与义务

（1）义务包括：①出卖人应该按约定向承租人交付标的物；②出卖人对租赁物的质量有保证责任；③租赁物不符合合同约定条件，出卖人应按约定承担责任。

（2）权利：出卖人有收取货款的权利。

> **•知识拓展•**
>
> 买卖合同的条款是由出卖人和承租人协商拟定：出卖人事先已知出租人购买设备是出租给承租人使用，因此出卖人履行义务的对象是承租人。

（三）融资租赁合同的签订、变更和解除

1. 合同的签订

（1）融资租赁合同一般由承租人发起。

（2）合同订立的步骤：①承租人选择租赁物的出卖人，与出卖人协商约定买卖合同条款；②承租人选择出租人，与其签订融资租赁合同；③承租人与出租人订立委托协议，委托出租人按照已商定的条款订立买卖合同；④出租人以自己的名义与出卖人订立买卖合同，且承租人必须在买卖合同上签名盖章。

> **•知识拓展•**
>
> ①租赁合同的签订双方：承租人、出租人。
> ②买卖合同的签订双方：出卖人、出卖人。
> ③买卖合同条款的确定双方：承租人、出卖人。

2. 合同的变更、解除

（1）融资租赁合同中的双方当事人经协商一致，可以变更或解除合同。损害国家和社会公共利益的除外。

（2）双方当事人协商变更融资租赁合同，应征得担保人的同意或事先通知担保人。在担保人不同意的情况下仍然协商变更的，担保人的担保责任因此免除。

（3）未经出租人同意，承租人擅自转租租赁物的，其转租合同无效，出租人有权解除融资租赁合同。因此造成出租人损失的，承租人应负责赔偿损失。

（4）变更或解除融资租赁合同，应采用书面形式。

（5）融资租赁合同订立后，不得因承办人或法定代表人的变动而变更或解除。

（6）合同的解除不影响无过错方向有过错方主张赔偿权。

六、租金

（一）租金的理解

（1）出租人角度：租金是出租人让渡资产使用权而获得的报酬。

（2）承租人角度：租金是承租人获得资产的使用权而支付的代价。

（二）租金的确定

租金以耗费在租赁资产上的价值为基础，受市场供求关系影响。

（三）融资租赁租金的构成要素

$$融资租赁每期租金＝设备原价及预计残值＋资金成本＋租赁手续费$$

（1）设备原价及预计残值＝设备购买价＋租赁期届满后出售可得收入＋保险费＋运输费＋

安装调试费。

（2）资金成本是指出租方为承租方购置设备所垫付资金而支付的利息。

（3）租赁手续费是指租赁公司为承租人承办租赁设备所开支的营业费用（包括办公费、工资、差旅费、税金等）和收取的必要的盈利（利润）。

（四）租金的计算方法

租金的计算方法包括年金法、成本回收法、浮动利率租金计算法、不规则租金计算法、附加率法等。我国多数采用等额年金法。

1. 年金法

年金法类似于现金流折现法，是将租赁资产在未来各期产生的现金流（租金）折现，使得总现值与租赁资产成本相等。

2. 等额年金法

等额年金法是指承租人每期支付的租金均等。

（五）租金的影响因素

1. 租赁期限

租期长→租金总额大。

2. 计算方法

计算方法不同，租金不同。

3. 利率

租金是出租方的收益，可以理解为资产成本与利息之和。在资产成本不变的前提下，利率越高、利息越多、租金总额越大。因此，在资产成本不变的前提下，利率是最主要的影响因素。固定利率条件下，利率越高，租金总额越大；基准利率加上利差（等于浮动利率），二者之和越高，当期租金越大。

4. 付租间隔期

间隔期长→承租人应支付利息多→租金总额大。

5. 保证金的支付数量和方式

保证金支付多→风险小→租金总额小。

6. 营业费用

（1）经营租赁中设备的维修保养由出租方负责，出租方将此费用以租金的形式转移给承租人，因此租金相对较高。

（2）融资租赁中设备的维修保养由承租方负责，该费用并不包含在租金中，因此租金相对较低。

7. 付租方式/支付方式

（1）支付方式：

①按支付间隔期的长短，租金支付方式分为年付、半年付、季付和月付等。

②按在期初和期末支付，租金支付方式分为先付和后付。

③按每次支付额的大小，租金支付方式分为等额支付和不等额支付。

在实践中，租金支付方式多为后付等额年金支付。

（2）支付方式对租金的影响：若租金在期初付，则承租人占用出租人资金的时间相对缩短，租金总额较少；若租金在期末付，则租金总额相对较高。

8. 计息日和起租日

计息日和起租日的确定方式不同也会影响租金总额。

9. 其他影响因素

其他影响因素有税收、支付币种等。

━━━━━━━━━━━ ✐小试牛刀 ━━━━━━━━━━━

[单选题] 在租赁经营中，租金的支付方式一般采取（　　）。

A. 一次性支付

B. 期初一次性支付

C. 期中一次性支付

D. 分期回流支付

[解析] 租赁的租金分期支付，采取分期回流的方式。出租人的资金一次投入、分期收回。

[答案] D

[多选题] 融资租赁合同中，出租人的义务包括（　　）。

A. 及时支付货款

B. 收取货款

C. 购买租赁物

D. 租赁期满取得租赁物所有权

E. 对租赁标的物及供货方的选择权

[解析] 出租人的义务包括：①购买租赁物的义务；②根据租赁合同及时支付货款；③保证租期内承租人对租赁物的充分使用权。B 项属于出卖人的权利；D 项属于出租人的权利；E 项属于承租人的权利。

[答案] AC

[多选题] 影响融资租赁每期租金的因素有（　　）。

A. 设备买价　　　　　　　　　　　B. 利息

C. 租赁手续费　　　　　　　　　　D. 租金支付方式

E. 设备维修保养费

[解析] 融资租赁每期租金＝设备原价及预计残值＋资金成本（利息）＋租赁手续费，此外，租金支付方式也是影响租金的重要因素。E 项，融资租赁中设备的维修保养由承租方负责，此部分费用不会包含在租金中，不构成租金的影响因素。

[答案] ABCD

考点⑤ 融资租赁市场与融资租赁公司★★★

一、融资租赁市场主体

融资租赁市场主体包括市场供给主体以及资金运用主体，见图4-8。

图 4-8 融资租赁市场主体

二、融资租赁市场的监管机构

（1）监管趋势：融资租赁市场的监管由"多头监管"转向"统一监管"。

（2）现行监管机构：中国银行保险监督管理委员会。

三、金融租赁公司与融资租赁公司概念辨析★★

金融租赁公司与融资租赁公司在法理上相同，但二者在租赁的本质上有差异，具体内容见表 4-2。

表 4-2 金融租赁公司与融资租赁公司的区别

项目	金融租赁公司	融资租赁公司
行业划分不同	属于金融业，是非银行业金融机构	属于租赁和商务服务业，是租赁机构（非金融机构企业）
业务内容不同	发行金融债券融资、吸收非银行股东 3 个月（含）以上定期存款、进入同业拆借市场	只能从股东处借款，不能吸收股东存款，不能进入银行间同业拆借市场，不得转借银行贷款和相应资产

续表

项目	金融租赁公司	融资租赁公司
风险管理指标不同	指标由银保监会拟定，适用资本充足率指标，符合最低资本要求	指标由出资人拟定，风险资产不得超过净资产总额的10倍
租赁标的物范围不同	经营范围由监管机构严格管理，限定为"固定资产"	经营范围宽泛；产权清晰、真实存在、能够产生收益的租赁物即可为载体

四、金融租赁公司的设立、变更、终止

（一）金融租赁公司的设立

1. 设立条件

（1）有符合《公司法》和相关规定的公司章程。

（2）有符合规定条件的发起人。

（3）注册资本为一次性实缴货币资本，最低限额为1亿元人民币或等值的可自由兑换货币。

（4）有符合任职资格条件的董事、高级管理人员，并且从业人员中具有金融或融资租赁工作经历3年以上的人员应当不低于总人数的50％。

（5）建立了有效的公司治理、内部控制和风险管理体系。

（6）建立了与业务经营和监管要求相适应的信息科技架构，具有支撑业务经营的必要、安全且合规的信息系统，具备保障业务持续运营的技术与措施。

（7）有与业务经营相适应的营业场所、安全防范措施和其他设施等。

2. 发起人

在中国境内外注册的具有独立法人资格的商业银行，在中国境内注册的、主营业务为制造适合融资租赁交易产品的大型企业，在中国境外注册的融资租赁公司以及银保监会认可的其他发起人。

3. 设立程序

金融租赁公司的设立需经过筹建、开业两个阶段。

4. 其他法律规定

（1）金融租赁公司应在公司名称中标明"金融租赁"字样。

（2）金融租赁公司可在中国境内自由贸易区、保税地区及境外设立专业化租赁子公司。

（二）金融租赁公司的变更、终止

1. 金融租赁公司的终止情况

金融租赁公司的终止在解散、破产情况下发生。

2. 解散的情况

（1）公司章程规定的营业期限届满或其他解散事由出现。

（2）股东决定或股东会决议解散。

（3）因公司合并或分立需要解散。

（4）依法被吊销营业执照、责令关闭或被撤销等。

3. 申请破产的情况

（1）不能支付到期债务，自愿或债权人要求申请破产的。

（2）因解散或被撤销而清算，清算组发现财产不足以清偿债务，应当申请破产的等。

五、金融租赁公司的运作方式

（一）资金来源

金融租赁公司的资金来源包括：自有资金、银行信贷资金、委托租赁资金、信托资金、发行债券、上市、发行金融债券融资，吸收非银行股东3个月（含）以上的定期存款，同业拆借。

【注】①资金筹集是经营发展的前提；②同业拆借资金余额≤公司资本净额。

（二）收益来源

（1）余值收益。

余值收益是指金融租赁公司将租赁物再次出租或设备回收之后再次出售而获取的收益。

（2）债权收益。

债权收益是指通过融资租赁业务获取的收益，是金融租赁公司最主要收益来源。

（3）运营收益。

运营收益是指金融租赁公司通过运营取得的收益，包括财务杠杆的运用、实现规模经营、进行金融产品组合、统筹资金。

（4）服务收益。

服务收益是指出租人为承租人提供租赁服务时收取的手续费、财务咨询费、贸易佣金等费用。

六、金融租赁公司业务范畴★★★

（一）风险自担业务

1. 直接租赁

直接租赁即一般意义上的融资租赁业务，也是最典型的融资租赁业务，包括直接购买式和委托购买式。直接租赁的业务模式见图4-9。

图4-9 直接租赁

> ·知识拓展·
>
> 直接购买式和委托购买式的区分标志为金融租赁公司是否直接购买租赁物。在直接购买式中，出租物由金融租赁公司自行直接购买；在委托购买式中，出租物由金融租赁公司委托其他公司代为购买。

2. 转租赁

转租赁是指在同一租赁物上的多次融资租赁行为，分为直接购买和委托购买两种。转租赁要求每次融资租赁的租赁物和租赁期限必须一致。其业务模式见图4-10。

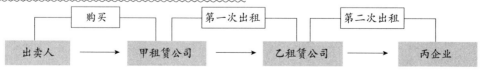

图4-10 转租赁

在图4-10中，各方当事人的身份如下：

（1）第一次租赁业务中，甲租赁公司为出租人，乙租赁公司为承租人。

（2）第二次租赁业务中，乙租赁公司为出租人，丙企业为承租人。

（3）在整个转租赁业务中，乙租赁公司被称为转租人。

3. 回租

回租又称售后回租，是指企业将自有资产卖出给金融租赁公司，再从金融租赁公司处租回，以此获取现金流和设备的使用权，实现融资、融物的目的。其业务模式见图4-11。

图4-11 回租

通过图4-11可以看出：

（1）在购买合同中，乙租赁公司作为买受人；在租赁合同中，乙租赁公司作为出租人。

（2）出卖人与承租人是同一人。

（二）风险共担业务

1. 联合租赁

（1）联合租赁是指一个融资租赁项目有多家租赁公司共同参与，多家融资租赁公司一起提供租赁融资服务。

（2）指定一家租赁公司作为牵头人；买卖合同、融资租赁合同均由牵头人订立。

（3）各家租赁公司按照融资额的比例承担风险、获取收益。

2. 杠杆租赁

在杠杆租赁中，出租人以少部分自有资金外加大部分借入资金购买设备进行出租，借入资金来自于其他金融机构的无追索权贷款。由此可知，出租人以少部分自有资金购买高价值的设备进行租赁，符合"以小博大"的杠杆特点，因此该种业务模式被称为杠杆租赁。提供贷款的金融机构按融资额的占比获取租赁收益。

（三）不担风险业务（主要为委托租赁）

在委托租赁中，委托人将自有设备委托给融资租赁公司，让租赁公司代为出租。其业务模式见图4-12。

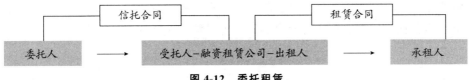

图4-12 委托租赁

通过图4-12可知：委托租赁的实质是一项信托业务，融资租赁公司作为受托人，以融资租赁的方式管理、运用委托人的资产。

> •**知识拓展**•
>
> 委托租赁业务与风险自担业务的区别：
>
> （1）租赁公司身份不同：风险自担业务中租赁公司为租赁中介，委托租赁业务中租赁公司为受托人。
>
> （2）收益来源不同：风险自担业务中租赁公司赚取租金，委托租赁业务中租赁公司赚取佣金，租金归属于委托人。

（3）风险承担主体不同：风险自担业务中风险承担主体是租赁公司；委托租赁业务中风险承担主体是委托人。

七、金融租赁公司风险管理

（一）风险类型

金融租赁公司的风险包括信用风险、操作风险、市场风险、技术风险、流动性风险、政策风险等。其中，信用风险、操作风险和市场风险是主要风险。

（1）信用风险，是指交易对手的违约风险。

（2）操作风险，是指因系统操作不当而引发的风险，包括金融租赁公司内部失控而引发的风险。

（3）市场风险，包括利率风险和汇率风险。

（二）风险管理

（1）信用风险管理：承租人保持足够的抵押品、支付保证金、净额结算。

（2）操作风险管理：实施正确的管理程序。

（3）市场风险管理：准确判断宏观经济形势、货币政策走向和利率、汇率走向。

（三）监管要求

（1）资本充足率：金融租赁公司的资本充足率不得低于银保监会的最低监管要求。

（2）单一客户融资集中度：金融租赁公司对单一承租人的全部融资租赁业务余额不得超过资本净额的30％。

（3）单一集团客户融资集中度：金融租赁公司对单一集团的全部融资租赁业务余额不得超过资本净额的50％。

（4）单一客户关联度：金融租赁公司对一个关联方的全部融资租赁业务余额不得超过资本净额的30％。

（5）全部关联度：金融租赁公司对全部关联方的全部融资租赁业务余额不得超过资本净额的50％。

（6）单一股东关联度：金融租赁公司对单一股东及其全部关联方的融资余额不得超过该股东在金融租赁公司的出资额，且应同时满足《金融租赁公司管理办法》对单一客户关联度的规定。

（7）同业拆借比例：同业拆入资金余额不得超过资本净额的100％。

········ ✏ 小试牛刀 ········

[单选题] 下列融资租赁机构中，主要为中小企业提供融资的是（   ）。

A. 保险系金融租赁公司　　　　　　　　B. 银行系金融租赁公司

C. 厂商系融资租赁公司　　　　　　　　D. 独立第三方融资租赁公司

[解析] 独立第三方融资租赁公司以中小企业服务为主。

[答案] D

[单选题] 根据相关法律法规，金融租赁公司可以在中国境内自由贸易区、保税区以及境外为从事特点领域融资租赁业务而设立（   ）。

A. 专业化租赁分公司　　　　　　　　　B. 区域化租赁子公司

C. 专业化租赁子公司　　　　　　　　　D. 区域化租赁分公司

[**解析**] 金融租赁公司可在中国境内自由贸易区、保税地区及境外设立专业化租赁子公司。

[**答案**] C

[**单选题**] 金融租赁公司在开展业务时，可以和其他机构分担风险的业务是（　　）。

A. 转租赁
B. 直接租赁
C. 委托租赁
D. 杠杆租赁

[**解析**] 风险共担业务包括联合租赁、杠杆租赁。A、B 两项属于风险自担业务。C 项属于不担风险业务。

[**答案**] D

[**单选题**]《金融租赁公司管理办法》规定，金融租赁公司对单一承租人的全部融资租赁业务余额不超过资本净额的（　　）。

A. 10%
B. 20%
C. 30%
D. 40%

[**解析**] 按照单一客户融资集中度指标的规定，金融租赁公司对单一承租人的全部融资租赁业务余额不得超过资本净额的 30%。

[**答案**] C

第五章　金融工程

■ 大纲再现 ///

（1）理解金融衍生品市场及其工具。

（2）计算单利与复利、现值与终值；理解利率风险结构、利率期限结构、利率决定理论；计算各种收益率；掌握金融资产定价；分析我国利率市场化。

（3）理解金融工程内容、产生、发展、管理风险的方式、优势、应用领域、分析方法；理解和应用金融远期合约、金融期货合约、金融互换和金融期权。

■ 大纲解读 ///

本章历年考试分值在 14～30 分，分值占比较大，常以单选题、多选题形式出现，其中案例分析题涉及最多。

本章属于教材的理论部分，系统介绍了利率、资产定价理论、金融衍生品等内容，高频考点包括利率的计算、金融产品的定价、金融互换和金融期权。近年来，本章命题趋势呈现以下特点：一是案例分析题中倾向于考查金融互换、金融期权、单利与复利的计算，以及债券收益率的计算；二是主要以计算题的形式考查；三是"深入浅出"，本章知识点难度高、题目形式简单，所考查的计算题目基本为知识点中的基础部分，且以直接的方式发问，因此并无高难度的考查形式。学习本章时，尤其应注意对每个公式的理解，注意知识点之间的逻辑性，在理解公式的基础上大量练习，提高做题的准确度。

■ 知识脉络 ///

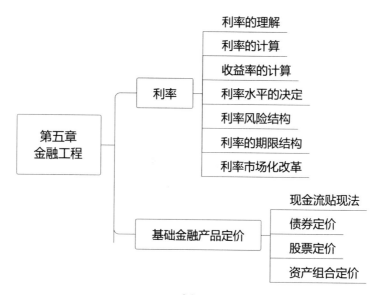

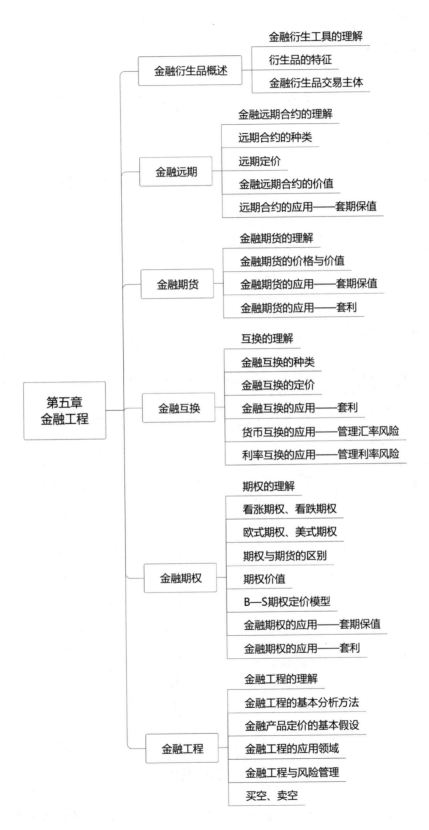

考点① 利率

一、利率的理解

（一）狭义的利率

一定时期内利息与借贷资金的比率（利息是借出资金的报酬）。利率的高低反映资金借贷成本以及风险溢价水平。

【考点小贴士】利率定义中的分子分母不要混淆。

（二）广义的利率

广义的利率是各种利率的统称，包括国债收益率、伦敦同业拆借利率、联邦基金利率等。

（三）利率的度量

度量利率最精准的指标是到期收益率。

（四）利率的分类

关于利率的分类见表5-1。

表5-1 利率的分类

划分标准	类别
按利率的真实水平	名义利率与实际利率
按利率的决定方式	固定利率与浮动利率
按计算利率的期限单位	年利率、月利率、日利率

【注】年利率＝日利率×360＝月利率×12。

【考点小贴士】考试常以多选题的形式出现，要记住划分标准和具体类别。

二、利率的计算

（一）单利★★★

单利是指只有本金产生利息，利息不再产生利息。在我国，只有活期储蓄存款计算复利，每季度计息一次；其他存款均按照单利计息。单利的计算公式为：

$$I = P \cdot r \cdot n$$

式中，I 代表利息；P 代表本金；r 代表利率；n 代表计息期数。

> **·知识点拨·**
>
> 计算利息时，利率与计息时间要统一。按照"年利率＝月利率×12＝日利率×360"，将利率与计息时间换算一致。

（二）复利

复利也称利滚利，计算时要将每一期所产生的利息加入本金再一并计算下一期的利息，即利息也能产生利息。

1. 一般公式（每年复利一次）

$$FV = P(1+r)^n \qquad ①$$
$$I = FV - P = P(1+r)^n - P \qquad ②$$

式中，FV 代表本息和；I 代表利息；P 代表本金；r 代表名义利率（报价利率）；n 代表计息期数。

2. 衍生公式

1 年期、每半年复利一次：$FV = P\left(1 + \dfrac{r}{2}\right)^{2}$

1 年期、每季度复利一次：$FV = P\left(1 + \dfrac{r}{4}\right)^{4}$

1 年期、每月复利一次：$FV = P\left(1 + \dfrac{r}{12}\right)^{12}$

1 年期、1 年内复利 m 次：$FV = P\left(1 + \dfrac{r}{m}\right)^{m}$

2 年期、每半年复利一次：$FV = P\left(1 + \dfrac{r}{2}\right)^{2 \times 2}$

2 年期、每季度复利一次：$FV = P\left(1 + \dfrac{r}{4}\right)^{4 \times 2}$

2 年期、每月复利一次：$FV = P\left(1 + \dfrac{r}{12}\right)^{12 \times 2}$

2 年期、1 年内复利 m 次：$FV = P\left(1 + \dfrac{r}{m}\right)^{m \times 2}$

……

n 年期、1 年内复利 m 次：$FV = P\left(1 + \dfrac{r}{m}\right)^{m \times n}$

式中，m 代表 1 年内复利次数；n 代表存款年数；$\dfrac{r}{m}$ 代表计息期利率（实际计息周期内的利率）；$m \times n$ 代表计息次数。

……

3. 连续复利

当 m 趋于 ∞，$\left(1 + \dfrac{r}{m}\right)^{m \times n}$ 趋于 e^{rn}：

$$FV = P \cdot e^{rn}$$

式中，FV 代表连续复利下的本息和；e 代表自然数对数的底，$e \approx 2.718\,28$；r 代表名义年利率；n 代表时间。

· 知识点拨·

（1）连续复利的利率常用于衍生品定价中，需掌握关于连续复利的公式。

（2）此处常以计算形式考查，要理解 $\dfrac{r}{m}$、$m \times n$、m、n 的真正意义，不要死记硬背公式。

【结论】

（1）一年内计息次数越多，本息和越大。

（2）随着计息间隔的缩短、存款周期内计息次数的增加，本息和以递减速度增加，最后等于连续复利的本息和。

【考点小贴士】考试常以单选题、多选题的形式考查该结论。

（三）现值与终值

1. 概念理解

（1）现值 PV（Present Value）：未来某一时点上的现金流折合到现在的价值，即未来的一笔钱现在值多少。

（2）终值 FV（Future Value）：现在的现金流在未来某一时点上的价值，即现在的一笔钱未来值多少。

（3）货币时间价值：货币经历一定时间的投资和再投资所增加的价值。

①现值→本金。

②终值→本息和。

③货币时间价值→利息。

2. 现值的计算（复利）

（1）一般公式（每年复利 1 次）。

复利现值的公式为：

$$PV = \frac{FV}{(1+r)^n}$$

式中，$\dfrac{1}{(1+r)^n}$ 为复利现值系数。

n 年期、1 年内复利 m 次的现值公式为：

$$PV = \frac{A_n}{\left(1+\dfrac{r}{m}\right)^{m \times n}}$$

式中，A_n 代表第 n 年年末的现金流量；r 代表年贴现率；m 代表 1 年内计息次数。

（2）连续复利下的现值。

当 m 趋于 ∞，$\left(1+\dfrac{r}{m}\right)^{m \times n}$ 趋于 e^{rn}；则连续复利下的现值公式为：

$$PV = \frac{A_n}{\mathrm{e}^{rn}}$$

式中，A_n 代表第 n 年年末的现金流量；e 代表自然数对数的底，e≈2.718 28；r 代表年贴现率；n 代表时间。

【举例】若 3 年后收到 100 元，年贴现率为 8%，且若连续复利，则其现值为：$PV = \dfrac{100}{\mathrm{e}^{0.08 \times 3}} \approx 78.66$（元）。

【结论】①每年计息次数越多，现值越小；②随计息间隔的缩短、计息次数的增加，现值以递减速度减小，最后等于连续复利条件下的现值。

（3）系列现金流的现值见图 5-1。

图 5-1　系列现金流的现值

即：第 1 年年末的 100 元折到现在 $= \dfrac{100}{(1+r)^1}$；第 2 年年末的 200 元折到现在 $=$

$\dfrac{200}{(1+r)^2}$；第 3 年年末的 100 元折到现在 $= \dfrac{100}{(1+r)^3}$；第 4 年年末的 300 元折到现在 $=$

$\dfrac{300}{(1+r)^4}$ ……

系列现金流的现值可归纳为：

$$PV = \frac{A_1}{(1+r)^1} + \frac{A_2}{(1+r)^2} + \cdots + \frac{A_n}{(1+r)^n} = \sum_{i=1}^{n} \frac{A_i}{(1+r)^i}$$

式中，PV 代表现值；A_i 代表第 i 年年末的现金流量；r 代表年贴现率。

3. 终值的计算（复利）

一般公式（每年复利 1 次）如下：

$$FV = P(1+r)^n$$

式中，$(1+r)^n$ 为复利终值系数。

三、收益率的计算★★★

在金融学中，利率通常是指各种利率的统称，在计算各种利率的方法中，到期收益率是最重要的一种。以下内容将主要介绍债券的各种收益率。

（一）名义收益率

（1）名义收益率即票面利率、息票利率，是仅通过债券票面来确定的收益率。通过票面已知的因素有两个：一是债券的票面利息，此处用年利息表示；二是债券的面值。因此，名义收益率可表示为票面利息与面值之比。其计算公式为：

$$r = \frac{C}{F}$$

式中，r 表示名义收益率；C 表示债券的年利息收入（年利息收入是债券 1 年内利息收入的总和，若债券是每半年付息一次，则年利息收入等于半年利息收入的 2 倍）；F 表示债券面值。

（2）名义收益率是债券发行时确定的利率，可以理解为发债主体"承诺支付"给投资者的利率。

（3）名义收益率没有考虑债券的买卖价格和通货膨胀率。

（二）实际收益率

实际收益率是在名义收益率的基础上剔除通货膨胀率的收益率。

实际收益率＝名义收益率－通货膨胀率

（三）本期收益率

本期收益率即当前收益率，是投资者购买债券时的收益率。投资者购买债券时已知的因素有两个：一是根据票面利率计算出的债券年利息收入；二是债券的购买价格。因此，债券当前收益率的计算公式为：

$$r = \frac{C}{P}$$

式中，r 表示本期（当前）收益率；C 表示债券的年利息收入；P 表示债券市场价格。

（四）持有期收益率

（1）持有期收益率又称期间收益率，是指在投资者持有期间内（从买入至卖出的期间）债券的年平均收益率。

（2）在债券的持有期内，投资者的收益包括两部分：一是持有债券的利息收入；二是买卖差价（资本利得）。投资者的成本即买入价。

（3）持有期收益率能够综合反映债券持有期间的利息收入和资本损失情况。

（4）本书考查的持有期收益率是持有期在 1 年以内（含 1 年）的债券收益率。

（5）持有期收益率即投资者持有期获得的总收益与成本的比值：

$$r = \frac{P_n - P_0 + C}{P_0}$$

式中，r 表示持有期收益率；C 表示债券的年利息（票面收益），$C =$ 债券面值×票面利率×持有期限（年）；P_n 表示债券卖出价；P_0 表示债券买入价；$P_n - P_0$ 表示买卖差价。

【考点小贴士】掌握实际收益率、本期收益率、持有期收益率的计算。

（五）到期收益率

1. 到期收益率的理解

（1）到期收益率是将债券持有到期所获得的收益率，也叫最终收益率，是衡量收益率最重要的指标。

（2）到期收益率是一个折现率，这个折现率能够使债券未来现金流的现值等于债券当前市场价格。即投资者按照当前的市场价格买入债券，要想获得未来既定的现金流而需要的收益率。

（3）计算到期收益率采用系列现金流的现值公式。

2. 零息债券的到期收益率

零息债券折价出售，到期按照面额兑现，不支付利息。因此，现金流只有 1 笔，且为面值。

（1）按年复利。

$$P = \frac{F}{(1+r)^n}$$

$$则：r = \left(\frac{F}{P}\right)^{\frac{1}{n}} - 1$$

（2）按半年复利。

$$P = \frac{F}{\left(1 + \dfrac{r}{2}\right)^{2n}}$$

式中，P 表示债券当前市场价格（买入价格）；F 表示债券面值；r 表示到期收益率；n 表示债券期限。

【举例】1 年期的零息债券，票面额 100 元，如果现在的购买价格为 95 元，则到期收益率的计算为：$r = \left(\dfrac{F}{P}\right)^{\frac{1}{n}} - 1 = \left(\dfrac{100}{95}\right)^1 - 1$。

若每半年复利一次，则可利用公式 $P = \dfrac{F}{\left(1 + \dfrac{r}{2}\right)^{2n}}$ 得出 $95 = \dfrac{100}{\left(1 + \dfrac{r}{2}\right)^2}$，进而求得 r 值

3. 附息债券的到期收益率

附息债券有多笔现金流，包括利息和本金。本金的现金流通常发生在债券到期时，因此债券总现值等于利息的现值加上本金的现值。

（1）每年付息一次。

$$P = \sum_{t=1}^{n} \frac{C}{(1+r)^t} + \frac{F}{(1+r)^n}$$

（2）每半年付息一次。

$$P = \sum_{t=1}^{2n} \frac{\frac{C}{2}}{\left(1+\frac{r}{2}\right)^t} + \frac{F}{\left(1+\frac{r}{2}\right)^{2n}}$$

式中，P 表示债券当前市场价格（买入价格）。C 表示每一期的利息（每一期的现金流）；若债券每年付息一次，则 C 为年利息；若债券每半年计息一次，需用半年期的利息，即 $\frac{C}{2}$ 表示。t 表示第 t 次付息。n 表示债券期限；若债券每年付息一次，付息次数为 n；若债券每半年付息一次，付息次数为 $2n$。r 表示到期收益率。

【举例1】某公司以 10％的利率发行 5 年期的附息债券，每年支付一次利息，发行价格为 90 元，票面面值为 100 元，则到期收益率的计算为：$90 = \frac{10}{(1+r)^1} + \cdots + \frac{10}{(1+r)^5} + \frac{100}{(1+r)^5}$。

【举例2】某公司以 10％的利率发行 5 年期的附息债券，每半年支付一次利息，发行价格为 90 元，票面面值为 100 元，则到期收益率的计算为：$90 = \frac{\frac{10}{2}}{(1+\frac{r}{2})^1} + \cdots + \frac{\frac{10}{2}}{(1+\frac{r}{2})^{2\times5}} + \frac{100}{(1+\frac{r}{2})^{2\times5}}$。

【考点小贴士】理解 C、n、$\frac{C}{2}$、$2n$ 的意义，活学活用，切忌硬背。

【结论】①债券市场价格（P）和到期收益率（r）成反比；②市场利率与债券价格成反比。即：

市场利率上涨→债券到期收益率低于市场利率→投资者抛售债券、按照市场利率进行其他投资→债券需求减少→债券价格下降。

市场利率下降→债券到期收益率高于市场利率→投资者持有债券→债券需求增加→债券价格上涨。

•知识拓展•

本期收益率、持有期收益率、到期收益率的区别：

本期收益率是衡量投资者在购买债券的时点上的收益率，持有期收益率是衡量投资者持有债券的一个时间段内的收益率，到期收益率是债券持有到期的收益率，持有期收益率与到期收益率的区别主要是将来值不同。三者的区别见图5-2。

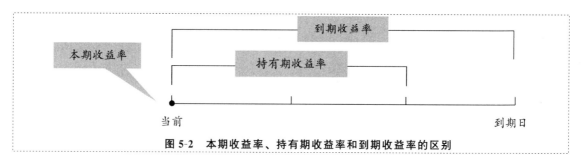

图 5-2　本期收益率、持有期收益率和到期收益率的区别

四、利率水平的决定★★★

（一）古典利率理论

1. 理论内容

关于古典利率理论的内容，见图 5-3。

图 5-3　古典利率理论

2. 结论

（1）古典利率理论立足于产品市场，属于纯实物分析，又叫实际利率理论、真实利率理论。

（2）利率是资本的价格，取决于投资、储蓄。投资（I）是利率的减函数，储蓄（S）是利率的增函数。

（3）均衡利率取决于 $S=I$。

（4）均衡利率的变动：$S>I$，利率下降；$S<I$，利率上涨。

（二）流动性偏好理论

1. 理论内容

关于流动性偏好理论的内容，见图 5-4。

图 5-4　流动性偏好理论

（1）投机性货币需求。

①含义：为了投资债券、伺机而动持有的那部分货币。

②投机性货币需求与利率的关系。

当前利率低→预计未来利率上涨→预计未来债券价格下降→抛售债券、持有货币→货币需求增加。

当前利率高→预计未来利率降低→预计未来债券价格上升→用货币购买债券→货币需求

减少。

（2）流动性偏好陷阱。

作用机制：利率极低→预测利率上涨→预计债券价格下降→抛售债券、持有货币→货币需求无穷大→货币供给增加并不会降低利率→货币需求线为平行于横轴的水平线→扩张性货币政策失效。

2. 结论

（1）流动性偏好理论立足于货币市场，属于纯货币分析，认为货币市场均衡时国民经济均衡。

（2）利率是货币的价格，取决于货币需求（M_d）和货币供给（M_s）。货币需求是利率的减函数，货币供给是外生变量，取决于央行，与利率无关。

（3）均衡利率取决于 $M_d = M_s$。

（4）均衡利率的变动：M_s 增加，利率下降；M_d 增加，利率上涨。

（三）可贷资金理论

1. 理论内容

关于可贷资金理论的内容，见图5-5。

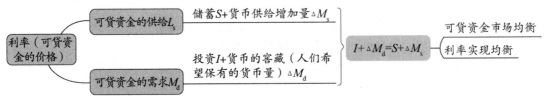

图5-5　可贷资金理论

2. 结论

（1）可贷资金利率理论融合了古典利率理论和流动性偏好利率理论，属于新古典学派。

（2）均衡利率发生于商品市场和货币市场共同均衡时。

五、利率风险结构

（一）含义

利率的风险结构是指债券工具的到期期限相同但利率不相同的现象。

（二）原因

1. 违约风险

（1）含义：债务人无法依约付息或偿还本金。

（2）违约风险排序：政府债＜高信用等级公司债＜低信用等级公司债。

（3）结论：违约风险大→利率高。

2. 流动性

（1）含义：金融资产能够迅速变现又不遭受损失的能力。

①迅速变现→时间尺度→卖出所需时间。

②不遭受损失→价格尺度→变现价格与公平市场价格相比的折扣。

（2）影响因素包括：①交易费用；②偿还期限；③是否可转换。

（3）结论：期限长→流动性差→风险大→利率高。

3. 所得税因素

免税→利率低。

六、利率的期限结构

（一）含义

利率的期限结构是指到期期限不同的债券，其利率有所差异的现象。

（二）收益率曲线

1. 含义

描述债券的到期期限与到期收益率之间关系的曲线。

【注】收益率曲线是用来表示利率的期限结构。

2. 形状

（1）正向收益率曲线：长期利率高于短期利率。见图5-6。

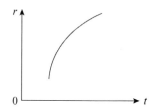

图 5-6　正向收益率曲线

（2）反向收益率曲线：短期利率高于长期利率。见图5-7。

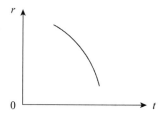

图 5-7　反向收益率曲线

（3）水平收益率曲线：长期利率等于短期利率。见图5-8。

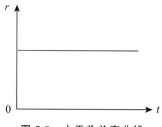

图 5-8　水平收益率曲线

（三）三种假说★★★

1. 预期假说理论

（1）假设包括：①债券市场是统一的；②不同期限债券可以完全替代；③投资者无任何特殊偏好。

（2）理论。

①长期利率等于人们预期的短期利率的平均值。

②到期期限不同的债券，其利率不同的原因：人们对短期利率的预期值不同。

当前短期利率较高→预测短期利率未来降低→短期利率平均值降低→长期利率低→短期利

率大于长期利率→反向收益率曲线。

当前短期利率较低→预测短期利率未来升高→短期利率平均值升高→长期利率高→短期利率小于长期利率→正向收益率曲线。

③各期限债券的利率往往同向波动。

④长期利率的波动低于短期利率的波动。

（3）缺陷：无法解释收益率曲线通常向上倾斜。（无法解释为何长期利率往往高于短期利率）

2. 分割市场理论

（1）假设。

①债券市场完全独立、分割，各期限债券之间毫无替代性。

②债券利率仅取决于自身的供求，与其他债券利率无关。

（2）理论。

①投资者偏好短期债券→短期债券发行者以低利率融资→短期利率低→长期利率高→正向收益率曲线。

②投资者偏好长期债券→长期债券发行者以低利率融资→长期利率低→短期利率高→反向收益率曲线。

（3）缺陷。

无法解释以下问题：①由于市场不会绝对分割，长期利率与短期利率之间有联系，倾向于同向波动。②短期利率较高时，收益率曲线倾向于向下倾斜；短期利率较低时，收益率曲线倾向于向上倾斜。

3. 流动性溢价理论

（1）假设。

不同期限的债券可以替代，但不能完全替代。

（2）理论。

长期利率＝预期短期利率的平均值＋流动性溢价。

（3）理论的修正——期限优先理论。

期限优先理论：投资者偏好短期债券→只有长期债券利率足够高，才愿意持有长期债券。

（4）结论。

①收益率曲线通常向上倾斜。

②不同期限债券利率同向运动。

③短期利率较低，收益率曲线呈陡峭向上倾斜。

④短期利率较高，收益率曲线呈向下倾斜。

【考点小贴士】三种假说中的"假设""理论""结论"为每年常考点，须理解掌握。

七、利率市场化改革

（一）含义

利率市场化是将利率的决策权交给市场，由供求双方自主调节利率水平。

（二）利率管理体系

（1）利率的基础：中央银行政策利率。

（2）利率传导的中介：货币市场利率。

（3）利率的决定因素：市场供求。

（三）利率市场化的改革思路

（1）先放开货币市场利率和债券市场利率，再逐步推进存、贷款利率的市场化。

（2）存、贷款利率市场化的改革思路：先外币、后本币；先贷款、后存款；先长期、大额，后短期、小额。

（四）利率市场化的改革进程

我国利率市场化的改革进程见图5-9。

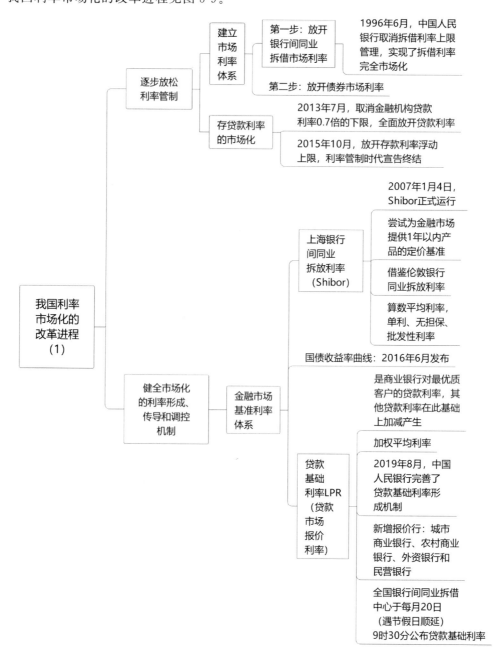

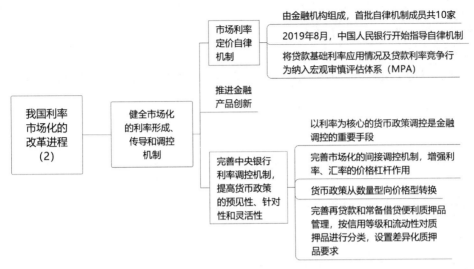

图5-9 我国利率市场化的改革进程

（五）利率市场化的改革方向

（1）我国利率市场化改革的"临门一脚"：实现利率并轨，这是利率市场化改革最后的攻坚战。

（2）破解贷款利率"双轨"并存。

（3）2019年8月17日，中国人民银行疏通货币政策传导、改革完善LPR形成机制，提高LPR的市场化程度，将LPR作为银行发放贷款的主要参考和定价基准，打破贷款利率隐性下限，千方百计降低企业融资成本，利率市场化改革再次迈出重要一步。

小试牛刀

[多选题] 按照利率的真实水平，可以将利率划分为（　　　）。

A. 固定利率

B. 浮动利率

C. 名义利率

D. 实际利率

E. 真实利率

[解析] 按照利率的真实水平，可以将利率划分为名义利率与实际利率。

[答案] CD

[单选题] 假定某投资者用10 000元进行投资，已知年利率为8%，按复利每半年计算一次利息，则1年后该投资者的本息和为（　　　）元。

A. 10 400　　　　B. 10 800　　　　C. 10 816　　　　D. 11 664

[解析] 根据复利计算公式，$FV = 10\ 000 \times (1 + 8\% \div 2)^2 = 10\ 816$（元）。

[答案] C

[单选题] 假定年贴现率为6%，2年后的一笔10 000元资金的现值为（　　　）元。

A. 8 900　　　　B. 8 929　　　　C. 9 100　　　　D. 9 750

[解析] 根据复利现值计算公式，$PV = 10\ 000 / (1 + 6\%)^2 \approx 8\ 900$（元）。

[答案] A

[单选题] 面额为100元的债券，每年的利息支付为10元，债券当前市场价格为110元，则该债券的名义收益率为（　　　）。

A. 10%

B. 9.09%

C. 20% D. 1%

[解析] 根据公式，名义收益率 $r = C/F = 10 \div 100 = 10\%$。

[答案] A

[单选题] 假定某金融资产的名义收益率为 5%，通货膨胀率为 2%，则该金融资产的实际收益率为（　　）。

A. 2.0% B. 2.5%

C. 3.0% D. 7.0%

[解析] 根据公式，实际收益率＝名义收益率－通货膨胀率＝5%－2%＝3.0%。

[答案] C

[单选题] 面额为 100 元的债券，每年的利息支付为 10 元，债券当前市场价格为 110 元，则该债券的本期收益率为（　　）。

A. 10% B. 9.09%

C. 20% D. 1%

[解析] 根据公式，本期收益率 $r = C/P = 10 \div 110 \approx 9.09\%$。

[答案] B

[单选题] 某债券购买价格 90 元，面值 100 元，票面利率 5%，期限 3 年，持有 1 年后以 92 元卖出。则持有期收益率为（　　）。

A. 7.8% B. 2.2%

C. 5.5% D. 5.0%

[解析] 根据公式，持有期收益率＝$r = \dfrac{P_n - P_0 + C}{P_0} = \dfrac{(92-90) + 100 \times 5\% \times 1}{90} \approx 7.8\%$。

[答案] A

[单选题] 现有 1 年期的零息债券，票面额 100 元，债券市场价格为 95 元，则该债券到期收益率为（　　）。

A. 7.8% B. 2.2%

C. 5.3% D. 5.0%

[解析] 根据公式 $P = \dfrac{F}{(1+r)^n}$，即 $95 = \dfrac{100}{(1+r)^1}$，解得 $r \approx 5.3\%$。

[答案] C

[多选题] 根据利率的风险结构理论，到期期限相同的债券工具，其利率水平不同的原因在于（　　）不同。

A. 违约风险 B. 流动性

C. 所得税 D. 期限结构

E. 收益率曲线

[解析] 根据利率的风险结构理论，到期期限相同的债券工具，其利率水平不同的原因在于不同债券的违约风险、流动性、所得税不同。

[答案] ABC

[单选题] 根据凯恩斯流动性偏好理论，发生"流动性陷阱"时，货币需求曲线是（　　）。

A. 一条平行于纵轴的直线 B. 一条向下倾斜的直线

C. 一条向上倾斜的直线　　　　　　　D. 一条平行于横轴的直线

[解析] "流动性陷阱"发生后，货币需求无穷大，因此货币需求曲线的形状是一条平行于横轴的直线。在"流动性陷阱"区间，货币政策是完全无效的，此时只能依靠财政政策。

[答案] D

[单选题] 假设未来2年中，1年期债券的利率分别是3%和4%，1年期和2年期债券的流动性溢价分别为0和0.25%。按照流动性溢价理论，2年期债券的利率应当是（　　）。

A. 4.00%　　　　　　B. 3.50%　　　　　　C. 3.25%　　　　　　D. 3.75%

[解析] 根据流动性溢价理论，长期利率＝预期短期利率的平均值＋流动性溢价＝[（3%＋4%）÷2]＋0.25%＝3.75%。

[答案] D

[单选题] 在我国利率市场化改革进程中，最早放开的利率是（　　）。

A. 同业拆借利率　　　B. 存贷款利率　　　C. 国债利率　　　D. 金融债利率

[解析] 银行间同业拆借市场利率先行放开。

[答案] A

考点 2　基础金融产品定价

一、现金流贴现法

金融产品定价的目的是找到其内在价值。内在价值是证券的合理价值、真实价值，计算内在价值的方法之一是现金流贴现法。

现金流贴现法的核心理念是：证券的价值取决于其未来能创造多少价值，因此证券的内在价值是其未来产生的现金流的现值。

现金流贴现法的三个步骤：①计算未来现金流；②选择贴现率，一般为市场利率或证券的预期收益率；③利用折现法计算现金流现值。

内在价值的应用：内在价值可以帮助投资者判断当前证券的市场价格是否合理，从而作出买入或卖出的选择。有价证券的价格围绕内在价值上下波动，若证券当前市场价格低于其内在价值，表明该证券价值被低估，应买入持有；若证券当前市场价格高于其内在价值，表明该证券被高估，应卖出。

二、债券定价★★★

（一）债券定价的对象

债券价格包括发行价格和流通转让价格。发行价格由债券面值确定，包括平价发行（发行价格＝面值）、溢价发行（发行价格＞面值）、折价发行（发行价格＜面值）。

债券定价的对象是确定二级市场上的债券流通转让价格；债券定价的目的是通过现金流贴现模型确定一个"理论价格"，即债券的内在价值。

（二）到期一次还本付息

到期一次还本付息的债券只有一笔现金流，现金流为本息和。

$$P = \frac{F}{(1+r)^n}$$

式中，P 表示债券交易价格、转让价格；F 表示本息和；r 表示贴现率，一般为市场利率或债券预期收益率；n 表示债券偿还期限。

【举例】某债券面额为 100 元，期限 1 年，预期收益率为 3%，到期一次支付本息 110 元，则该债券的交易价格 $=110/(1+3\%)^1 \approx 106.8$（元）。

（三）分期付息、到期还本

分期付息、到期还本的债券有多笔现金流，现金流包括债券每期的利息和到期时的本金。

$$P = \sum_{t=1}^{n} \frac{C_t}{(1+r)^t} + \frac{F}{(1+r)^n}$$

式中，F 表示债券面值；C_t 表示第 t 期的利息收入；r 表示贴现率，一般为市场利率或债券预期收益率；n 表示债券偿还期限；$\dfrac{C_t}{(1+r)^t}$ 表示利息的现值；$\dfrac{F}{(1+r)^n}$ 表示本金的现值。

【举例】某债券面值为 200 元，票面利率为 4%，当前市场利率为 5%，每年付息一次，满 3 年后还本付息，则债券的交易价格 $P = \dfrac{8}{(1+5\%)^1} + \dfrac{8}{(1+5\%)^2} + \dfrac{8}{(1+5\%)^3} + \dfrac{200}{(1+5\%)^3} \approx 194.55$（元）。

（四）永续债券

永续债券无到期期限，每期现金流为利息收入，不还本；其定价方式与股票相同。

（五）结论★★

（1）债券内在价值的决定因素：票面金额、票面利率、实际持有期限。

（2）债券的预期收益率（或市场利率）可以理解为投资者期望的收益率，债券的票面利率（息票利率）可以理解为发债主体承诺给投资者的收益率，二者有如下结论：

①债券预期收益率（市场利率）大于债券票面利率（息票利率、债券收益率）→发债主体承诺的收益率未达到投资者期望的收益率→折价发行以吸引投资者→债券市场价格（购买价）低于面值。

②债券预期收益率（市场利率）小于债券票面利率（息票利率、债券收益率）→发债主体承诺的收益率超过投资者期望的收益率→投资者青睐该债券→增加对该债券的需求→债券购买价格上涨→债券市场价格（购买价）高于面值→溢价发行。

③债券预期收益率（市场利率）等于债券票面利率（息票利率、债券收益率）→发债主体承诺的收益率刚好等于投资者期望的收益率→平价发行→债券市场价格（购买价）等于面值。

（六）全价与净价

关于全价与净价的理解，见图 5-10。

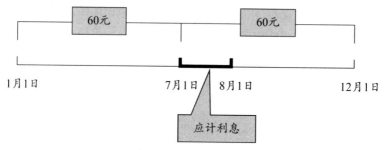

图 5-10　全价与净价

从图 5-10 可知，某债券每半年付息一次，每半年支付利息 60 元；付息日分别为 7 月 1 日、

12月1日。买方于8月1日从卖方手中购买债券。在第二个付息周期内，7月1日至8月1日期间内产生的利息应归属于卖方，8月1日至12月1日期间内产生的利息归属于买方。但是实际的债券报价扣除应计利息，即债券报价为净价，而投资者购买债券时，应在报价基础上另外向卖方支付应计利息。即：

$$债券报价＝净价＝干净价格$$
$$购买价格＝全价＝肮脏价格＝净价＋应计利息$$

三、股票定价

（一）现金流贴现法

本书仅讨论股息不变的股票如何利用现金流贴现法定价，简化后的现金流贴现法公式如下：

$$股票的理论价格（内在价值）＝\frac{预期股息收入}{市场利率}$$

结论如下：

（1）股票市场价格小于理论价格→股价被低估→买入或继续持有。

（2）股票市场价格大于理论价格→股价被高估→卖出。

（3）股票市场价格等于理论价格→当前股价合理→继续持有或抛出均可。

（二）市盈率法

现金流贴现法计算股票价格，考虑的变量多且计算复杂，若某段时间内股票没有支付股息，则无法通过现金流贴现法定价。市盈率相对于现金流贴现法来说，计算简单且变量少。

$$市盈率＝\frac{普通股每股市场价格}{普通股每年每股盈余}$$
$$股票市场价格＝预计每股税后盈利×市场所在地平均市盈率$$

市盈率法反映股票价格与每股税后盈利的偏离程度：市盈率越大，股票价格越偏离其盈利能力，代表股价被高估，投资者应卖出股票；市盈率越小，股票价格与盈利能力的偏离程度越小。当市盈率小于1时，代表盈利能力强的公司股价反而很低，即股价被低估，投资者应买入股票。

> **·知识点拨·**
>
> （1）市盈率法计算的结果是一个倍数，不用百分比表示。例如：已知每股股价为8元，每股税后盈利为0.4元，则市盈率＝8÷0.4＝20（倍），并非20%。
>
> （2）现金流贴现法与市盈率法的区别：
>
> 现金流贴现法的参照物是股票内在价值，将股票市场价格与其内在价值比较，判断当前股价高估或低估。市盈率法的参照物是公司盈利能力，将股票市场价格与每股税后盈利比较，通过市盈率比值的大小判断股价高估或低估。
>
> （3）考试中主要考查市盈率的计算，结论可作理解，不要求掌握。

四、资产组合定价★★★

上述内容均为对单只债券、单只股票的定价，现实中投资者常进行组合投资以分散风险，因此以下内容主要针对资产组合定价，目的在于计算资产组合的合理的收益率，评估其是否被高估或低估。

（一）投资风险

1. 非系统性风险

非系统性风险又叫特有风险，属于可分散风险。非系统性风险能够通过组合投资降低或消除（只要组合内资产数量足够多），包括公司财务风险、经营风险等。

2. 系统性风险

系统性风险属于不可分散风险，无法通过组合投资分散风险。系统性风险由市场因素引起，包括国家经济政策变化、宏观经济形势变动、政治因素、税制改革等。

【考点小贴士】 本知识点经常考查非系统性风险与系统性风险的构成，要加以区别。

（二）组合投资

1. 组合投资的假设

（1）投资组合的评价维度：收益、风险；收益用组合的预期收益率 $E(r_p)$ 表示；风险用组合的标准差 σ_p 表示。

（2）投资原则：①效用最大化原则。两个组合风险相同，投资者选择预期收益率更高的组合。②风险最小化原则。两个组合收益相同，投资者选择标准差更小的组合。

（3）市场中存在无风险资产，投资者按照无风险利率（国债收益率）借入资金或借出资金。

（4）忽略交易费用、税收因素。

2. 投资组合的构成

$$总投资组合＝无风险资产＋市场组合（风险资产组合）$$

（三）总投资组合的定价

1. 文字表示

$$总投资组合的预期收益率＝无风险报酬＋风险报酬$$

在整个投资组合中，由于进行了风险证券投资，导致总投资组合的预期收益率高于无风险收益率，即产生了风险溢价。

2. 公式表示

总投资组合的评价维度是总投资组合的预期收益率和总投资组合的标准差；二者之间的关系可用公式表示为：

$$E(r_p) = r_f + \frac{E(r_M) - r_f}{\sigma_M} \times \sigma_p$$

（1）式中，$E(r_p)$ 表示总投资组合的预期收益率；σ_p 表示总投资组合的标准差；r_f 表示无风险收益率（国债利率）；$E(r_M)$ 表示风险组合（市场组合）的预期收益率；σ_M 表示风险组合（市场组合）的标准差。

（2）$E(r_M) - r_f$ 表示投资风险组合的报酬超过无风险报酬的部分，即市场组合的风险报酬。

（3）$\frac{E(r_M) - r_f}{\sigma_M}$ 为夏普比率。

夏普比率的主要内容如下：

①含义：市场组合的风险报酬与市场组合的标准差之比，即单位风险报酬；用于衡量每承担一单位风险所给予的风险报酬补偿。

②应用：衡量基金业绩的指标（证券投资基金为一个投资组合）。

③结论：夏普比率越高，代表单位风险报酬越高，即每承担一单位风险所获得的风险报酬越多。因此，夏普比率越高，资产组合表现越好。

（4）$\dfrac{E(r_M)-r_f}{\sigma_M}\times\sigma_p$ 为单位风险报酬与总投资组合的标准差的乘积，代表投资组合的总风险报酬。

（5）总投资组合的预期收益率＝无风险报酬＋风险报酬；代表整个投资组合中，由于进行了风险证券投资，导致总投资组合的预期收益率高于无风险收益率，即产生了风险溢价。

（6）风险溢价即总投资组合的预期收益率高出无风险收益率的部分，其表达式为：

$$风险溢价=E(r_p)-r_f=\frac{E(r_M)-r_f}{\sigma_M}\times\sigma_p$$

（7）$E(r_p)$ 与 σ_p 成正比，即收益与风险正相关，高收益对应高风险。

3. 图象表示

资本市场线见图 5-11。

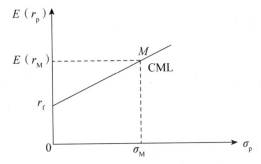

图 5-11 资本市场线

（1）CML 线用来刻画资产组合的收益和风险。

（2）CML 线由表达式 $E(r_p)=r_f+\dfrac{E(r_M)-r_f}{\sigma_M}\times\sigma_p$ 画出，因此 CML 上的每一点都对应着一个无风险资产和风险资产组合所构成的一个总投资组合。

（3）CML 线的斜率是 $\dfrac{E(r_M)-r_f}{\sigma_M}$，纵截距是 r_f。

（4）r_f 点：全部投资于无风险证券；M 点：在风险资产组合的机会集上，因此 M 点代表全部投资于风险资产组合，M 点被称为市场组合；r_f—M 段：既投资无风险资产又投资风险资产组合。

（5）M 点：每只证券的构成比例＝该证券的相对市值。

（6）除 M 点以外，CML 线全部在机会集上方，且在既定的风险下，CML 线上的点要比CML 线下的点收益更高（参照 M 点和 M' 点），所以 CML 线上的每一点均代表最优的资产组合（无风险资产＋风险资产）；而不利用全市场组合（不投资风险资产）或不进行无风险借贷（不投资无风险资产）的投资组合均属于无效率的组合，均在 CML 线以下。

（四）证券市场线

资本市场线研究投资组合的预期收益率和标准差之间的关系，但无法衡量单个证券投资的收益与风险，由此引入证券市场线，计算单个证券合理的收益率，评估单个证券价格是否被高估或低估。

1. 单个证券投资的评价维度

（1）收益：单个证券的预期收益率 $E(r_i)$。

（2）风险：β 系数。

①β 系数的含义：β 系数代表单个证券的系统性风险（CAPM 模型研究的前提是经过充分的组合投资，非系统性风险已经全部消除，只存在系统性风险）。

②β 系数反映了单个证券收益率对市场组合收益率的敏感程度，即市场组合收益率每变动 1%，单个证券收益率变动百分之几，β 值相当于经济学中的弹性系数。例如：$\beta=1.5$，代表市场组合收益若上涨 10%，单个股票收益率上涨 15%；$\beta=0.8$，代表市场组合收益若上涨 10%，单个股票收益率上涨 8%。$\beta=0$，并不一定代表证券无风险，可能是证券价格波动与市场组合无关；但若证券无风险，则 β 一定等于 0。

③投资组合的 β 值：投资组合的 β 值是单个证券 β 值的加权平均数，权重为单个证券在整个投资组合中的占比。

$$\beta_{pm}=\beta_1\times A_1+\beta_2\times A_2+\cdots+\beta_n\times A_n$$

式中，β_{pm} 表示投资组合的 β 值；$\beta_1\cdots\beta_n$ 表示单个证券的 β 值；$A_1\cdots A_n$ 表示单个证券的投资比例。

【举例】某投资者购买三只股票，β 系数分别为 1.1、1.5、1.2，三只股票的投资比例分别为 30%、20%、50%，则投资组合的 β 系数 $=1.1\times30\%+1.5\times20\%+1.2\times50\%$。

④β 值＞1，激进型证券；β 值＜1：防卫型证券；β 值=1：具有"平均风险"。

2. CAPM 模型

已知单个证券的预期收益率 $E(r_i)$ 和系统性风险 β，可以构建出二者之间的关系，该表达式即为资本资产定价模型（CAPM 模型）。

$$E(r_i)=r_f+[E(r_M)-r_f]\times\beta_i$$

式中，$E(r_i)$ 为单个证券的预期收益率；r_f 为无风险收益率（国债利率）；β_i 为单个证券的系统性风险；$E(r_M)$ 为市场组合的收益率，市场组合即风险资产的组合，如股票等；$E(r_M)-r_f$ 为市场组合的风险报酬，即投资于市场组合的收益率超过无风险资产的部分；$[E(r_M)-r_f]\times\beta_i$ 为单个证券的风险报酬，即市场组合的风险报酬乘以弹性系数，例如：若 $\beta=1.5$，则当市场组合的风险报酬为 10% 时，单个证券的风险报酬为 15%。

（1）单个证券的预期收益率＝无风险收益率＋单个证券的风险报酬。

（2）由于 $\beta=\dfrac{\sigma_{iM}}{\sigma_M^2}$，该式也可表示为：$E(r_i)=r_f+\dfrac{E(r_M)-r_f}{\sigma_M^2}\times\sigma_{iM}$。

（3）CAPM 模型的应用。★★★

利用 CAPM 模型计算出的预期收益率是必要收益率，即投资的合理收益率。将证券在市场上的收益率与计算出的合理收益率作比较，可以判断证券是否被高估或低估。

判断方法：

第一步，利用 CAPM 模型计算出证券的必要收益率。

第二步，将必要收益率作为现金流贴现模型中的贴现率，即 $P=\dfrac{F}{(1+r)^n}$ 中的"r"。

第三步，根据现金流贴现模型可知，贴现率与证券的内在价值成反比，即必要收益率与证券的内在价值成反比。

第四步，若证券在市场上的期望收益率＞必要收益率，则证券的市场价格＜内在价值，证券价格被低估，宜买进；若证券在市场上的期望收益率＜必要收益率，则证券的市场价格＞内在价值，证券价格被高估，宜卖出。

【举例】已知无风险利率是3％，市场组合的预期报酬率是8％，某只股票的β系数是1.5，市场期望收益率为15％，此时投资者的最佳决策是什么？

第一步，根据 CAPM 模型求出股票的必要收益率：

$E(r_i) = r_f + [E(r_M) - r_f] \times \beta_i = 3\% + (8\% - 3\%) \times 1.5 = 10.5\%$。

第二步，判断股价被高估或低估：当前市场的期望收益率为15％，市场期望收益率大于必要收益率，代表股票当前的市场价格低于股票的合理价值，即股价被低估，投资者应该买入股票。

3. 证券市场线

（1）证券市场线（SML）是用来刻画 CAPM 模型的曲线，是表达式 $E(r_i) = r_f + [E(r_M) - r_f] \times \beta_i$ 的曲线表示，见图5-12。

（2）证券市场线是表示单个证券必要收益率与系统性风险关系的曲线。

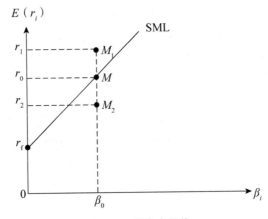

图 5-12　证券市场线

（3）SML 线的斜率：$E(r_M) - r_f$，代表市场组合的风险报酬；纵截距：r_f，代表当 $\beta = 0$ 时证券的必要收益率等于无风险收益率。

（4）SML 上的每个点对应的收益率均为必要收益率、合理收益率。

（5）非均衡状况：①证券市场线以上的点，代表证券价格被低估。如 M_1 点，$r_1 > r_0$，$P_1 < P_0$，证券价格被低估，宜买入。②证券市场线以下的点，代表证券价格被高估。如 M_2 点，$r_2 < r_0$，$P_2 > P_0$，证券价格被高估，宜卖出。

•知识点拨•

（1）证券市场线（SML）和资本市场线（CML）的区别见表 5-2。

表 5-2　证券市场线和资本市场线的区别

项目	证券市场线	资本市场线
表达式	$E(r_i) = r_f + [E(r_M) - r_f] \times \beta_i$	$E(r_p) = r_f + \dfrac{E(r_M) - r_f}{\sigma_M} \times \sigma_p$
涵义	必要收益率与市场风险（系统风险）的关系	资产组合的预期收益率与总风险的关系
风险测度工具	β 系数（系统风险）	标准差（总风险）
适用范围	单个证券收益率的计算	投资组合收益率的计算

（2）资产定价的方法总结。

①现金流贴现法：将证券市场价格与计算出的内在价值比较，若市场价格高于内在价值，代表被高估；市场价格低于内在价值，代表被低估。

②市盈率法（股票）：将股票市场价格与每股税后盈利比较，市盈率大，代表被高估；市盈率小于 1，代表被低估。

③CAPM 模型：将证券的期望收益率与必要收益率（CAPM 计算结果）比较，利用收益率与证券价格的反比关系，判断价格被高估或低估。

【注】高估或低估是指价格，而不是指收益率，利用 CAPM 模型计算出收益率后不能直接比较，而应该比较价格。

小试牛刀

[多选题] 影响债券在二级市场上的"理论价格"的因素主要有（　　）。

A. 实际持有期限　　　　　　　　　　B. 票面金额

C. 发行数量　　　　　　　　　　　　D. 票面利率

E. 发行价格

[解析] 债券定价的目的是通过现金流贴现模型确定一个"理论价格"，即债券的内在价值。债券内在价值的决定因素包括票面金额、票面利率和实际持有期限。

[答案] ABD

[单选题] 某债券的收益率为 0.12，风险系数 β 为 1.3，假定无风险收益率为 0.07，市场期望收益率为 0.15，此时投资者的最佳决策是（　　）。

A. 买入该证券，因为证券价格被低估了

B. 买入该证券，因为证券价格被高估了

C. 卖出该证券，因为证券价格被低估了

D. 卖出该证券，因为证券价格被高估了

[解析] 债券的必要收益率＝0.07＋（0.15－0.07）×1.3＝0.174，则必要收益率大于期望收益率，所以债券市场价格大于其内在价值，代表债券价格被高估，应卖出。

[答案] D

考点 3 金融衍生品概述

一、金融衍生工具的理解

（一）金融衍生品的含义

金融衍生品是建立在基础产品或基础变量之上，其价格取决于基础金融产品价格（或数值）变动的派生金融产品。衍生品的含义可以从两个角度去理解：

（1）数学角度：在 $Y=5X$ 的函数中，Y 的数值取决于 X 的大小，Y 即为衍生品，X 为基础产品。

（2）金融角度：以股票期权来说，期权价值取决于股票（基础产品），股票的价值取决于公司价值（变量）。

（二）表现形式

金融衍生品在形式上表现为一系列的合约，合约中载明价格、交割时间及地点、交易品种、数量等。

（三）金融衍生品的种类

一般意义上的金融衍生品包括金融远期、金融期货、金融互换、金融期权。

【考点小贴士】本知识点经常考查衍生品的构成。

（四）基础产品

股票相对于股票期权来说，属于基础产品，而相对于公司价值来说，股票又是衍生品。因此，基础产品是一个相对的概念，能决定别人价值的产品即为基础产品，基础产品可以分为两类：

（1）现货金融产品：如股票、债券、存单和货币等。

（2）金融衍生工具：在期货期权中，期货合约能够决定期权价值，因此期货合约相对于期货期权来说即为基础产品。

（3）基础变量：主要包括利率、汇率、通货膨胀率、价格指数、各类资产价格及信用等级等。

二、衍生品的特征★★

（1）杠杆性。衍生品一般采取保证金交易，支付少量保证金即可进行大额交易，以小博大。

（2）高风险性。高杠杆扩大收益的同时也扩大了风险，衍生品的投机属性导致其风险高于基础产品。

（3）跨期性。衍生品的成交和交割不同时进行，现金流发生在未来。

（4）联动性。衍生品的价值与基础产品之间关系密切。

（5）零和性。交易双方的盈亏完全负相关，且净损益为零。

三、金融衍生品交易主体

（一）投机者

投机是指通过判断市场价格走向，行情看涨时买入，行情看跌时卖出，以获取利润。

【举例】当前美元与人民币的比价为 $1＝¥6，投资者预期未来汇率上涨，以 1∶6 买入 $1 000 000期货合约。若 3 个月后汇率为 1∶7，投资者以 1∶7 卖出 $1 000 000 期货合约平仓，从中获利￥1 000 000；若3个月后汇率为1∶5，投资者以1∶5卖出平仓，亏损￥1 000 000。

结论如下：

（1）投机是单向行为，要么买入，要么卖出。

（2）投机有风险，可能有收益，也可能有损失。

（二）套利者

套利是利用两个市场定价的差异去获取无风险利润。

【举例】

（1）芒果市场：在产地广西芒果3元/斤，同样的芒果在北京12元/斤，套利者可以在广西买入，在北京卖出，获取无风险利润9元（忽略其他交易费用）。

（2）股票市场：假设当前英镑与美元的比价为￡1＝＄1.53，某股票在纽约的价格为＄150，在伦敦的价格为￡100，套利者可以＄150从纽约市场买入，再以￡100在伦敦市场卖出，并按照1∶1.53将￡100兑换为＄153，获得无风险利润＄3。

【结论】

（1）正是有套利行为的存在，才导致无套利空间（套利空间会随着套利行为而结束）。

（2）套利是无风险获利：套利的结果一定有收益、一定无风险。

（三）套期保值者（风险对冲者）

套期保值的目的是减少未来的不确定性，降低甚至消除风险。

【举例】投资者以30元/股买入股票，为了规避股价下跌带来的风险，可以同时买入该股票的看跌期权，二者的收益负相关，因此股价无论涨跌，均可以将风险冲销。

（四）经纪人

交易中介，以促成交易、收取佣金为目的。

> • **知识点拨** •
>
> 套期保值、投机和套利三种交易方式的区别见表5-3。
>
> **表5-3　套期保值、投机和套利三种交易方式的区别**
>
> | 区别 | 套期保值 | 投机 | 套利 |
> |---|---|---|---|
> | 交易目的 | 减少、消除风险 | 获利 | 无风险获利 |
> | 操作方式 | 利用期货、期权对冲风险 | 通过对未来价格走势的判断下赌注，是单向行为 | 利用不同市场定价错误，在不同市场买卖 |
> | 操作结果 | 完全对冲掉风险、部分对冲掉风险、亏损；冲销风险的同时也放弃获利机会 | 有风险：可能获利、可能损失 | 无风险，一定获利 |
>
> 【注】①金融衍生品市场是资本市场的重要组成部分；②场外交易逐渐成为金融衍生品交易的主要形式。

•••••••••••••••••••••••• **小试牛刀** ••••••••••••••••••••••••

[单选题] 作为交易的中介，以促成交易、收取佣金为目的的衍生品市场交易主体是（　　）。

A. 套期保值者　　　　　　　　　　　　B. 投机者

C. 套利者　　　　　　　　　　　　　　D. 经纪人

[解析] 经纪人是交易中介，以促成交易、收取佣金为目的。

[答案] D

考点4 金融远期

一、金融远期合约的理解

（一）远期合约出现的目的

远期合约的出现是为了规避现货交易的风险。

（二）远期交易的形式

远期交易是以合约的形式进行，例如：甲、乙双方于 3 月 1 日签订合约，约定甲在 9 月 1 日以 15 元/斤的价格卖出 5 000 斤猪肉。通过这个例子可知：

（1）该合约中的现金流在未来发生→远期。

（2）合约中有确定的时间→到期日、交割日。

（3）合约中有确定的价格→交割价格、最后的买卖价格。

（4）该笔交易以合约的形式予以规定→远期合约。

（三）远期合约

远期合约是指双方约定在未来某一确定时间，按照确定的价格买卖一定数量的金融资产的合约。多方是承诺买入资产的一方，空方是承诺卖出资产的一方。

（四）远期合约的交易机制

（1）分散的场外交易。

（2）合约非标准化。

（五）远期合约的特点

（1）违约风险高：场外交易，无保证金。

（2）流动性差：非标准化合约，个性化定制；交易者信用未知，难以转让。

（3）交割麻烦：异地实物交割，手续费贵。

（4）信息不畅：当时合约价格并不一定是最优价格。

（5）不受交易所规则约束，双方自行决定，自由灵活。

二、远期合约的种类

（一）远期利率协议（FRA）★★★

1. 远期利率协议的理解

远期利率协议是指买卖双方从商定时间开始，在特定一段时期内，按协议利率借贷一笔数额确定、以特定货币表示的名义本金的协议。

理解：FRA 相当于一笔远期贷款，但并未发生实际借贷，只是通过该名义贷款去锁定利率。

【案例】

甲在 3 个月后需借入 $1 000 000，借款期限 6 个月，希望利率不超过 6.5%；乙在 3 个月后要借出 $1 000 000，期限 6 个月，希望利率不低于 6%。甲、乙于 1 月 1 日签订 FRA，约定合同利率 6.25%，名义本金 \$1 000 000，协议期 6 个月，从现在起 3 个月内有效。若参照利率 $r > 6.25\%$，甲有损失，乙向甲赔偿多支付利息部分；若参照利率 $r < 6.25\%$，乙有损失，甲向乙赔偿少赚利息部分。关于 FRA 的重要时间点，见图 5-13。

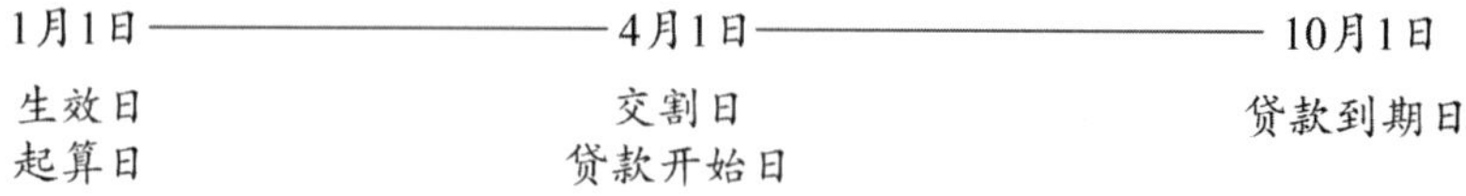

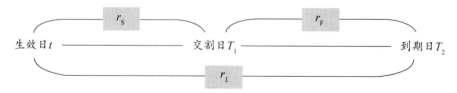

1月1日 ——————————— 4月1日 ——————————— 10月1日

生效日　　　　　　　　　　交割日　　　　　　　　　贷款到期日
起算日　　　　　　　　　　贷款开始日

图 5-13　FRA 重要时间点

（1）远期利率协议（FRA）中的三个时间点：协议生效日、名义贷款起息日（交割日）、名义贷款到期日。

（2）买方：名义借款人，目的是规避利率上升的风险。卖方：名义贷款人，目的是规避利率下降的风险。

（3）借贷双方不交换本金，不发生实际上的借贷行为。

（4）远期利率协议是指买卖双方同意从未来某一时刻开始在后续的一定时期内按协议利率借贷一笔数额确定、以具体货币表示的名义本金的协议。

（5）表示方式：交割日 × 到期日。

【举例】3×9 远期利率协议：3 个月之后开始的期限为 6 个月贷款的远期利率。（贷款开始日距起算日间隔 3 个月，贷款到期日距起算日间隔 9 个月）。

（6）在交割日交割利息差的折现值（根据协议利率和参考利率之间的差额计算）。

（7）交割额是指交割日结算的利息差的现值。

$$
交割额 = \dfrac{协议本金数额 \times （参考利率 - 协议利率）\times \dfrac{协议期限天数}{年基准天数}}{1 + （参考利率 \times \dfrac{协议期限天数}{年基准天数}）}
$$

①美元的年基准天数为 360 天，英镑的年基准天数为 365 天。

②参考利率：美国采用伦敦银行同业拆放利率（Libor），我国采用上海银行间同业拆放利率（Shibor）。

【结论】

（1）若参照利率 > 协议利率，交割额为正，买方有损失，卖方向买方支付交割额。

（2）若参照利率 < 协议利率，交割额为负，卖方有损失，买方向卖方支付交割额。

2. 远期利率

远期利率与即期利率的关系见图 5-14。

生效日 t ——————————— 交割日 T_1 ——————————— 到期日 T_2

r_S　　　　r_F

r_L

图 5-14　远期利率与即期利率的关系

（1）即期利率：从当前时刻开始的利率。在 FRA 中，t 时刻为当前时刻，因此从 t 时刻到 T_1 时刻、从 t 时刻到 T_2 时刻的利率 r_s、r_L，均为即期利率。

（2）远期利率：从未来某一时刻开始的利率。在 FRA 中，交割日 T_1 相较于当前时刻 t 来说，属于未来的时刻，因此从 T_1 到 T_2 的利率 r_F 为远期利率。

（3）远期利率协议中的协议利率为远期利率，例如在 3×9 远期利率协议中，协议利率可表示为从 3 个月后开始的、期限为 6 个月的远期利率。

（4）在实践中，银行以远期利率为基准，报出的买价在远期利率的基础上下浮，报出的卖价在远期利率的基础上上浮。

（5）远期利率的值。

$$r_F = \frac{r_L D_L - r_S D_S}{D_F \times (1 + r_S \times D_S / Basis)}$$

式中，$D_L = T_2 - t$；$D_S = T_1 - t$；$D_F = T_2 - T_1$；r_L 代表较长期限的利率，D_L 期的即期利率；r_S 代表较短期限的利率，D_S 期的即期利率；$Basis$ 代表年基准天数。

（二）远期外汇合约

远期外汇合约是指双方约定在将来某一时间按约定的远期汇率买卖一定金额的某种外汇的合约。交易双方在签订合同时，就确定好将来进行交割的远期汇率，合同签订后，无论汇价如何变化，都按照约定汇率交割。在交割时，名义本金并未进行交割，只交割合同中规定的远期汇率与当时的即期汇率之间的差额。

（三）远期股票合约

远期股票合约是指在将来某一特定日期按照特定价格交付一定数量单个股票或一篮子股票的协议。

三、远期定价

（一）交割价、远期价值、远期价格

1. 交割价

交割价是指合约中约定未来买卖资产的价格，远期合约签订后，交割价格不再改变。

2. 远期价值

远期价值是远期合约本身的价值，即合约的内在价值、合约未来产生的现金流的折现值，并非是合约中标的资产的价值。

（1）在签订合约时，双方并未进行实质交割，也没有签约费用（如期权费），因此签约时并未产生现金流，即签订合约时合约价值为零。

【注】远期价值为零并不是标的资产价格为零，而是合约本身价值为零。

（2）签订合约后，由于标的资产的交割价不变，因此合约价值取决于标的资产的价值。

3. 远期价格

远期价格＝合理的交割价格＝公平的交割价格（签约时不需类似期权费的成本）→签约时无现金流→签约时远期合约价值为零。

由此可知，远期价格是使得远期价值为零的交割价格。

> **•知识点拨•**
>
> （1）远期价格和交割价格的区别：远期价格是合理的交割价格；而交割价是未来买卖标的资产的价格，交割价未必合理。
>
> （2）远期价格和远期价值：远期价格对应标的资产，远期价值对应合约本身。
>
> （3）远期价值和交割价格：远期价值是合约本身的内在价值，交割价格是合约中标的资产的未来买卖价格。

（二）远期定价

远期定价的目的是找到合理的交割价格，也就是确定远期价格。

1. 符号

（1）T：到期时刻，单位为年。

（2）t：当前时刻，单位为年。

（3）$T-t$：有效期，距离到期日的剩余时间。

（4）S_t：标的资产现在的价格。

（5）S_T：标的资产到期时的价格。

（6）K：交割价格，合约中约定的未来买卖价格。

（7）f_t：远期合约的价值。

（8）F_t：远期价格（使 $f_t=0$ 的交割价）。

（9）r：无风险利率，按连续复利计算。

2. 远期定价的核心思想

远期价格是现货价格的无风险终值，适用公式：$FV=P \cdot e^{rn}$。

（1）无红利股票的远期价格。

$$F_t=S_t \cdot e^{r(T-t)}$$

式中，F_t 代表远期价格；S_t 代表股票当前的价格；r 代表无风险连续复利；T 代表到期时间；$T-t$ 代表剩余时间、有效期。

【举例】假设一支无红利支付的股票当前股价为 30 元，无风险连续复利为 0.05，则该股票 1 年期的远期价格为：$F_t=S_t \cdot e^{r(T-t)}=30 \cdot e^{0.05 \times 1} \approx 31.54$（元）。

（2）有现金收益资产的远期价格。

$$F_t=(S_t-I_t) \times e^{r(T-t)}$$

式中，I_t 代表在（$T-t$）时间段内持有资产获得现金收益的折现值，如债券的票息、股票的现金红利的折现。

【注】题目中给出的利息、红利等要进行折现。

【举例】假设黄金现价为每盎司 733 美元，其存储成本为每年每盎司 2 美元，一年后支付，美元一年期无风险利率为 4%。求一年期黄金期货的理论价格。

存储成本是负的现金流，因此 $I=-2 \times e^{-4\% \times 1} \approx -1.92$，$F=(733+1.92) \times e^{4\% \times 1} \approx 764.91$（美元）。

（3）有红利率资产的远期价格。

$$F_t=S_t \cdot e^{(r-q)(T-t)}$$

q 为标的资产的收益率，例如，股票的红利率、外汇远期中的外币存款利率、股指的红利率。

【注】当用于远期外汇合约时，计算出的外汇远期价格称为远期汇率。

【举例】2015 年 9 月 2 日，假设 6.5 个月期的无风险年利率为 3.50%，中证 500 指数预期红利收益率为 1.5%。中证 500 指数收盘价为 6 122.55 点，求剩余期限为 6.5 个月的中证 500 指数期货 IC1603 的理论价格。

根据公式，$F_t=S_t \cdot e^{(r-q)(T-t)}=6\,122.55 \times e^{(3.5\%-1.5\%)(6.5 \div 12)} \approx 6\,189.24$（点）。

【总结】远期价格公式表明，远期价格仅与标的资产当前的现货价格有关，与未来的资产价格（期货价格）无关，因此远期价格并不是对未来资产价格的预期。

四、金融远期合约的价值

（一）金融远期合约的价值

交易双方在交易远期合约时买方应该向卖方支付的现金，是产品本身的价值。

（二）金融远期合约的价值公式

$$f_t = (F_t - K) e^{-r(T-t)}$$

式中，f_t 表示远期合约在 t 时点的价值；F_t 表示标的资产在（$T-t$）时间段内的远期价格；K 表示交割价格；T 表示合约到期日。

【结论】

（1）标的资产价格增加→远期价格变大→远期合约价值变大，即 S_t 变大→F_t 变大→f_t 变大。

（2）标的资产价格减小→远期价格变小→远期合约价值变小，即 S_t 变小→F_t 变小→f_t 变小。

（三）金融远期合约的价值状态

（1）合约签订时：合约价值为零。

（2）合约签订后，有效期间内：可正可负。

（四）远期价值与远期价格

远期价格与标的资产的现货价格息息相关；远期价值由远期交割价格与远期理论价格的价差决定。

五、远期合约的应用——套期保值★★

（一）套期保值的理解

（1）套期保值的含义。

通过远期合约交易，对投资者现在或将要持有的现货进行保值。

（2）套期保值的目的。

套期保值的目的是完全消除价格波动的风险。

（3）多头套期保值、空头套期保值。

①多头套期保值：买入远期合约，锁定未来的买入价。多头套期保值适合在未来买入标的资产的投资者。

②空头套期保值：卖出远期合约，锁定未来的卖出价。空头套期保值适合在未来卖出标的资产的投资者。

（4）远期合约的套期保值属于静态套期保值。

（二）基于远期利率协议的套期保值

1. 多头套期保值：买入 FRA

（1）适用情况：投资者担心利率上涨，因此买入 FRA 锁定未来的借款利率。

（2）适用对象。

①未来融资的公司或借款方：担心利率上涨。

②在未来出售已持有债券的投资者：未来利率上涨，未来债券价格下降，投资者收益将减少。

2. 空头套期保值：卖出 FRA

（1）适用情况：投资者担心利率下降，因此卖出 FRA 锁定未来的投资收益率（放贷利率）。

（2）适用对象：未来进行投资的公司或未来将要发行贷款的公司：担心利率下跌。

（三）基于远期外汇合约的套期保值

1. 多头套期保值：买入远期外汇合约

（1）适用情况：为了规避汇率上升的风险，因此买入外汇锁定未来的汇率。

（2）适用对象：多头套期保值适用于未来进行支付的主体，包括进口方、出国旅游、未来到期偿还外债、未来计划用外汇投资（未来进行投资支出）。上述情况均在未来需要外币，因此担心外汇汇率上涨。

2. 空头套期保值：卖出远期外汇合约

（1）适用情况：为了规避汇率下降的风险，因此卖出外汇锁定未来的汇率。

（2）适用对象：空头套期保值适用于未来收到外汇的主体，包括提供劳务（劳务收入）、出口方、到期收回贷款（未来获得贷款本息和）、现有的对外投资（未来获得投资收益）。上述情况均在未来收回外币，因此担心外汇汇率下跌。

3. 交叉套期保值

当两种货币之间没有可选择的远期合约时，可引入第三种货币进行交叉套期保值。

【举例】中国的某进口公司在 3 个月后将支付一笔英镑，该公司担心英镑升值造成额外成本，希望通过买入英镑远期合约锁定未来的汇率，但市场中没有人民币与英镑的远期外汇合约，因此该公司买入美元远期（用人民币买美元），同时买入英镑远期（用美元买英镑），通过交叉套期保值锁定 3 个月后的英镑汇率。

【考点小贴士】本知识点经常考查套期保值的适用情况和对象。

······ 小试牛刀 ······

[单选题] 关于远期利率协议的说法，正确的是（　　）。

A. 买方是名义贷款人

B. 双方需要交换本金

C. 在交割日交割的是利息差的折现量

D. 到期日即为交割日

[解析] 远期利率协议的买方是名义借款人，目的是规避利率上涨的风险，A 项错误。远期利率协议不需要双方交换本金，因此 FRA 协议中的本金是名义本金，B 项错误。远期利率协议在交割日交割的是利息差的折现值，C 项正确。远期利率协议的交割日是贷款开始日，并非是到期日，D 项错误。

[答案] C

[单选题] 某投资者欲买入一份 6×12 的远期利率协议，该协议表示的是（　　）。

A. 6 个月之后开始的期限为 12 个月贷款的远期利率

B. 自生效日开始的以 6 个月后利率为交割额的 12 个月贷款的远期利率

C. 6 个月之后开始的期限为 6 个月的远期利率

D. 自生效日开始的以 6 个月后利率为交割额的 6 个月贷款的远期利率

[解析] 在 M×N 远期利率协议中，M 代表贷款开始日距起算日间隔 M 个月，N 代表贷款到期日距起算日间隔 N 个月。因此，6×12 远期利率协议代表贷款开始日距起算日为 6 个月，贷款到期日距起算日 6 个月，即该笔远期利率协议是 6 个月后开始的、期限为 6 个月的贷款。

[答案] C

[单选题] 假设目前 3 个月期的无风险年利率为 3.50%。市场上正在交易一个期限为 3 个月的股票远期合约,标的股票不支付红利,且当时市价为 35 元。那么,该远期合约的合理交割价格应为( )元。

A. 35

B. 35.31

C. 20

D. 20.20

[解析] 根据题干可知,所求为无收益资产(无红利股票)远期合约的远期价格。$r = 3.50\%$,$T - t = 3 \div 12 = 0.25$,$S_t = 35$,则远期价格 $F_t = S_t \cdot e^{r(T-t)} = 35 \times e^{3.50\% \times 0.25} \approx 35.31$(元)。

[答案] B

[单选题] 关于金融远期合约的说法,正确的是( )。

A. 远期价格就是期货价格

B. 远期价格就是股票价格

C. 远期合约签订时,其价值为零

D. 远期价格是对未来资产价格的预期

[解析] 远期价格与期货价格并不完全相等,A 项错误。远期价格是合理的交割价格,并不是股票价格,B 项错误。远期价格并不是对未来资产价格的预期,D 项错误。

[答案] C

[多选题] 机构或个人在使用外汇时,可以采取多头套保的情形有( )。

A. 出口商品

B. 去欧洲旅游

C. 到非洲务工

D. 计划进行外汇投资

E. 到期收回贷款

[解析] 多头套期保值的目的是规避汇率上升,对应未来将要支付外汇的主体。A、C、E 三项均属于未来将获得外汇的主体。

[答案] BD

[单选题] 假设英镑与日元之间没有合适的远期合约,一家日本公司欲对一笔 6 个月后收到的英镑款项进行保值,应选择的做法是( )。

A. 买入英镑期货

B. 交叉套期保值

C. 买入日元远期

D. 卖出英镑远期

[解析] 日元与英镑之间没有合适的远期外汇合约,可以借助第三种货币交叉套期保值。

[答案] B

考点 5 金融期货

一、金融期货的理解

(一)金融期货合约的含义

期货合约是指合约双方约定在未来某一日期,按约定的条件买入或卖出一定数量金融资产的标准化合约。

【考点小贴士】注意远期与期货含义的区别,即是否为标准化合约。

(二)金融期货合约的种类

(1)货币期货:货币期货是指以货币(外汇或本币)作为标的资产的期货合约。

（2）利率期货：利率期货是指标的资产的价格依赖于利率水平的期货合约，标的资产包括国库券、中期国债、长期国债等。

（3）股指期货：股指期货是指以特定的股票价格指数为标的资产的期货合约。

（三）金融期货合约的功能

（1）投机：投机者通过预测期货价格进行期货交易，从而获取利润。

（2）对冲价格波动风险：套期保值者通过期货交易规避风险。

（四）金融期货合约的交易机制

远期合约属于非标准化合约，存在违约风险，而期货合约的出现改善了远期合约不合理的交易机制。

期货合约的交易机制＝交易所集中交易＋合约标准化。

1. 交易所集中交易

（1）由交易所充当所有买方的卖方、所有卖方的买方，杜绝交易对手的违约行为。

（2）保证金制度、盯市制度、当日无负债制度。

在期货交易中，每天以结算价（交易所确定）确定买卖双方的盈亏，进而变动保证金账户，若保证金账户不能在限期内补足，则交易所进行强行平仓，以保证当日无负债。

由此可见，期货的实际结算价格每天都会变动，期货交易每天均要计算浮动盈亏。

2. 合约标准化

期货合约在交易所内进行，因此交易单位、到期时间等均由交易所规定，只有价格是唯一变量。

3. 开立期货头寸的方式

（1）买入建仓。

（2）卖出建仓。

4. 结束期货头寸的方式

（1）实物交割、现金结算：占比较小。

（2）平仓：占比较大。

（五）远期合约与期货合约的区别

远期合约与期货合约的区别见表5-4。

表5-4 远期合约与期货合约的区别

项目	远期合约	期货合约
盯市制度	只在到期日计算盈亏，不盯市	盯市；每天以结算价确定浮动盈亏，变动保证金
是否在交易所内	否	是
合约特点	非标准化、灵活、流动性差	标准化合约、流动性强
违约风险	无保证金，违约风险高	有保证金，违约风险低
合约双方关系	双方直接签订合约	双方分别同交易所交易
价格确定方式	双方协议确定	公平竞价
结算方式	一次性到期交割	每日结算一次
合约了结方式	实物交割、现金交割	平仓（大多数）、实物交割或现金交割

二、金融期货的价格与价值

（一）金融期货的价格

金融期货的价格是指合理的交割价格。理论上，远期价格等于期货价格，二者的内涵相同。但现实中期货价格需在远期价格的基础上进行调整。

（二）金融期货的价值

理论上，金融期货的价值是指期货合约本身的价值，即合约在未来产生的现金流的现值，但由于期货合约价值为零，因此在现实中通常无此概念。

由于期货特有的交易机制，期货采取盯市制度，每天根据结算价格计算浮动盈亏，因此可以理解为：期货是一个每天以结算价格平仓、又以结算价格重新开立的合约。所以，在每天结算后期货的价值都归零，由此可知，金融期货合约在任何时点的价值均为零。

三、金融期货的应用——套期保值

【案例】1月1日，X 股票每股 30 元，某基金公司在 4 月 1 日将买入 1 000 万元的 X 股票，由于担心 4 月份股价上涨，该基金公司进行了套期保值操作：

在 1 月 1 日的期货市场中，以 30 元每股买入 1 000 万元标的资产，在 4 月 1 日交割。到期时，现货市场中以 32 元每股买入，期货市场中以 32 元卖出 1 000 万元标的资产。

套期保值的本质：套期保值的目的并不是让未来的现货价格不变，而是无论未来现货价怎么变，在现货市场多花的钱都能用期货市场的盈利抵销掉。因此，套期保值是利用期货为现货保值，锁定未来实际的现货价格。

（一）完全套期保值、不完全套期保值★★

1. 完全套期保值

完全套期保值是指货的到期日、标的资产、交易金融等条件与现货恰好匹配，从而使得套期保值能够完全消除价格风险。

【案例】某公司想为 2020 年 1 月 10 日要支付的 2 500 万美元进行套期保值，已知 12 月份交割的美元期货合约规模为 12.5 万美元，则公司可以通过买入 200 份美元期货合约进行完全套期保值。

2. 不完全套期保值

在现实的期货市场中，完全套期保值很难存在，由于期货与现货条件的不匹配导致无法完全消除价格风险，此时的套期保值为不完全套期保值。

套期保值效果的影响因素：

（1）期货标的资产与需要避险的资产不完全一致（基差风险）。

（2）避险工具的期限与需要避险的期限不一致。

（3）套期保值者很难找到时间完全匹配的期货，即无法确切判断出未来拟交易资产的时间。

（二）基差风险

1. 基差公式

$$基差（Basis）=待保值资产的现货价格-用于保值的期货价格$$

现货价格与期货价格的具体关系见表 5-5。

表 5-5　现货价格与期货价格的具体关系

	现货价格	期货价格	基差
1 月	32 元	30 元	2 元
4 月	40 元	35 元	5 元
盈亏	多花 8 元	盈利 5 元	走强 3 元

2. 基差风险

基差风险是指由于基差的变动导致的风险。

（1）基差为零的条件：期货的标的资产与投资者需要进行套期保值的现货是同一资产、且期货到期日与现货交易日相同。

满足上述条件时，在期货到期日，期货价格将收敛于现货价格（二者趋于一致），基差趋于 0，实现完全套期保值。

（2）由于上述条件无法达到，基差无法趋近于 0，即不完全套期保值。

3. 规避基差风险

（1）选择合适的标的资产。

选择标准：标的资产价格与保值资产价格的相关性。相关性强，基差风险小。最优标的资产即为保值资产本身。

（2）选择合约的交割月份。

若能确定到期日，需选择与套期保值到期日相一致的交割月份，尽量降低基差风险；若无法确定到期日，需选择交割月份靠后的期货合约。

（三）最优套期保值比率★★

1. 套期保值比率

【案例】1 月 1 日，X 股票每股 30 元，某基金公司在 4 月 1 日将买入 1 000 万元的 X 股票。套期保值操作：每股 10 元，每份合约 100 股，每份合约价值＝100×10＝1 000（元），需在期货市场买入 1 万份期货合约进行套期保值。

套期保值比率是指期货合约的总价值与套期保值资产现货总价值之间的比率，即一单位现货头寸保值者所建立的期货合约单位。

$$套期保值比率(h)=N \cdot \frac{Q_F}{N_S}$$

式中，N 代表期货的份数；Q_F 代表一份期货合约的规模；$N \times Q_F$ 代表期货合约的总价值；N_S 代表待保值资产的价值。

【结论】

（1）当套期保值资产的价格与标的资产期货价格的相关系数等于 1 时，套期保值比率等于 1。

（2）由于基差风险的存在，相关系数不等于 1，此时套期保值比率不为 1。

2. 最优套期保值比率的理解

$$\Delta H = N \Delta Q_F - \Delta N_S$$

最优套期保值比率是使套期保值组合的价值变动对被套期保值的资产价值的变化敏感性为零的套期保值比率，也就是完全消除了现货资产价值变动带来的具有风险的套期保值比率。

$$\frac{\partial(\Delta H)}{\partial(\Delta N_S)}=0$$

整理得：

$$N=\frac{\partial(\Delta N_S)}{\partial(\Delta Q_F)}$$

【结论】N 的本质含义：

（1）期货到期时，期货价格每变动 1 单位时，被套期保值的现货价格变动的量就是最优套期保值比率应确定的期货份数。

（2）1 单位的现货需要 N 单位的期货头寸对其进行套期保值，才能达到最优的消除风险的效果。

3. 货币期货的最优套期保值比率

（1）最优套期保值比率的估值方法：最小方差套期保值比率。

最小方差套期保值比率的目的是确定一个套期保值比率，能够使整个套期保值组合收益的波动性最小，即套期保值组合收益的方差最小。其公式为：

$$h=\rho\frac{\sigma_S}{\sigma_F}$$

式中，σ_S 代表 ΔS 的标准差，ΔS 是即期汇率 S 的变化；σ_F 代表 ΔF 的标准差，ΔF 是外汇期货价格 F 的变化；ρ 代表 ΔS 与 ΔF 的相关系数。

（2）结论：①当二者完全相关时，$h=1$；②当二者不完全相关时，$h\neq1$；③根据公式 $h=N\cdot\frac{Q_F}{N_S}$、$h=\rho\frac{\sigma_S}{\sigma_F}$ 可得，期货的最佳规模 $N=\rho\frac{\sigma_S N_S}{\sigma_F Q_F}$。

【案例】投资者 A 手中持有某种现货资产价值为 1 000 000 元，目前期货价格为 100 元，拟运用某种标的资产与该资产相似的期货合约进行 3 个月期的套期保值。如果该现货资产价格季度变化的标准差为 0.65 元，该期货价格季度变化的标准差为 0.81 元，两个价格变化的相关系数为 0.8，则 3 个月期货合约的最小方差套期保值比率 $=\rho\frac{\sigma_S}{\sigma_F}=0.8\times0.65/0.81\approx0.64$。

4. 股指期货的最佳套期保值数量

由于股票组合没有单位价格，因此较少使用套期保值比率，实践中直接计算套期保值所需要的最佳期货规模。

股指期货的标的资产是股价指数，因此运用股指期货进行套期保值，管理的是股票市场上的系统性风险，系统性风险用 β 表示；因此，最佳套期保值比率与 CAPM 模型中的 β 系数相关。期货的最佳规模为：

$$N=\beta\frac{V_S}{V_F}$$

式中，V_S 代表股票组合的价值；V_F 代表单位股指期货合约的价值，即期货价格×合约大小；β 代表股票组合收益与期货标的股指收益之间的关系。

【案例】甲公司打算运用 6 个月期的 S&P500 股票指数期货为其价值 500 万美元的股票组合套期保值，该组合的 β 值为 1.8，当时的期货价格为 500 美元。由于一份该期货合约的价值为 500×500＝25（万美元），因此甲公司应卖出的期货合约的数量 $N=1.8\times500/25=36$

（份）。

5. 利率期货与久期套期保值

（1）基于利率期货的套期保值。

①预计利率上升→预计债券价格下降→卖出利率期货→期货空头获利→期货的收益弥补现货的损失。

②预计利率下降→预计债券价格上涨→买入利率期货→期货多头获利→期货的收益弥补现货的损失。

【注】利率期货套期保值的操作方向与远期利率协议完全相反。

（2）久期套期保值。

久期相当于弹性，可以衡量利率变动对债券价格的影响程度；同理，利率期货标的债券的久期也可以衡量利率变动对利率期货价格的影响程度。因此，利用保值债券与标的债券的久期可以计算出套期保值比率。为了对冲收益率变动对保值债券价值的影响，需要规模为 N 的期货合约：

$$N = \frac{SD_S}{FD_F}$$

式中，S 代表需要进行套期保值资产的价格；D_S 代表需要进行套期保值资产的久期；F 代表利率期货的价格；D_F 代表期货合约标的债券的久期。

【总结】货币期货、股指期货、利率期货的最佳套期保值数量见表 5-6。

表 5-6　货币期货、股指期货、利率期货的最佳套期保值数量

期货	公式	说明
货币期货	$N = \rho \dfrac{\sigma_S N_S}{\sigma_F Q_F}$	风险来自于现货与期货价格的相关性，用 ρ 表示；标准差用 σ_S、σ_F 表示
股指期货	$N = \beta \dfrac{V_S}{V_F}$	风险来自大盘，用 β 表示
利率期货	$N = \dfrac{SD_S}{FD_F}$	利率风险用久期表示，D_S 表示需套期保值资产的久期，D_F 表示期货合约标的资产的久期

通常，现货资产总价值 N_S、V_S、S 会直接给出，1 份期货合约的价值为：

①货币期货 Q_F：假如每份 100 股，每股 10 元，则 $Q_F = 100 \times 10 = 1\,000$（元）。

②股指期货 V_F：1 份股指期货合约的价值＝报价点数×每点价值，如沪深 300 股指期货合约价值＝6 200×300。

③利率期货 S：1 份利率期货合约的价值＝报价×点数。

（四）滚动套期保值

（1）适用情况：套期保值的期限较长（>1 年），期货合约的期限较短（1 年内）。

（2）操作方式：在套期保值期限届满前，连续建立多个期货头寸以覆盖整个套期保值期限。具体操作为：建立一个期货头寸，在其到期日前平仓，再建立另一个期货头寸，直至套期保值期限届满。

（3）滚动套期保值的交易者会面临几个基差风险。

四、金融期货的应用——套利

（一）跨市场套利

（1）含义：利用同一种期货合约在不同交易所的定价差异应在合理范围，超出合理范围即出现套利空间。

（2）操作：在 A 交易所买入某期货合约的同时，在 B 交易所卖出相同数量、同一到期期限的同一期货合约。

【提示】交易所不同、交割月份相同、品种相同。

（二）期现套利

1. 原理

期现套利是指利用期货价格与标的资产现货价格的差异进行套利。当期货价格与现货价格的偏离程度超过理论值时，即存在套利空间。

2. 操作方式——股指期货的套利

（1）若 $F_t > S_t \cdot e^{(r-q)(T-t)}$：当前价格＞合理期货价格→期货价格被高估→卖出期货、买入现货。

（2）若 $F_t < S_t \cdot e^{(r-q)(T-t)}$：当前价格＜合理期货价格→期货价格被低估→买入期货、卖出现货。

【提示】现货市场与期货市场标的资产相同、数量相同、方向相反。

（三）跨期套利

1. 原理

相同标的资产、不同到期期限的期货合约，价差超出合理范围，即可进行套利操作。跨期套利利用两个不同到期期限的期货价格进行套利，即基差套利。

2. 操作

买入（卖出）短期限期货合约的同时，卖出（买入）长期限的期货合约。

【案例】当前市场供给不足、需求旺盛，远期供给充足，较近月份合约上涨幅度大于较远月份上涨幅度：买入较近月份、卖出较远月份，套期保值结果见表5-7。

表 5-7 套期保值结果

时间	现货市场	期货市场	基差
10月份	买入 50 手 5 月份棉花期货，价格 12 075 元/吨	卖出 50 手 9 月份棉花期货，价格 12 725 元/吨	基差 650 元/吨
12月份	卖出 50 手 5 月份棉花期货合约，价格 12 555 元/吨	买入 50 手 9 月份棉花期货，价格 13 060 元/吨	基差 505 元/吨
盈利	盈利 480 元/吨	亏损 335 元/吨	价差缩小 145 元/吨
最终结果	盈利 145 元/吨		

【提示】相同标的资产、不同交割月份、相同数量、相反方向。

【考点小贴士】本知识点经常考查套利方式的概念，需要掌握关键词。

【总结】三种套利方式的比较见表5-8。

表5-8 三种套利方式的比较

套利方式	适用情形	适用类型
期现套利	现货市场与期货市场标的资产相同、数量相同、方向相反	利率期货市场、股指期货市场
跨期套利	同种标的资产、不同交割月份、数量相同、方向相反	同一期货品种、不同到期期限的期货
跨市场套利	交易所不同、交割月份相同、品种相同	货币期货

 小试牛刀

[单选题] 某公司打算运用 6 个月的沪深 300 股价指数期货，为其价值为 600 万元的股票组合套期保值，该组合的 β 值为 1.2，当时的期货价格为 400 元，则该公司应卖出的期货合约数量为（　　）份。

A. 15

B. 27

C. 30

D. 60

[解析] 股指期货最佳套期保值数量 $N=\beta \cdot \dfrac{V_S}{V_F}$。根据题干可知，$\beta=1.2$，$V_S=$ 股票组合的价值 $=600$ 万元；$V_F=$ 单位股指期货合约的价值 $=400\times300=120\ 000$（元）。则该公司应卖出的期货合约数量 $=1.2\times\dfrac{6\ 000\ 000}{120\ 000}=60$（份）。

[答案] D

[单选题] 某机构在买入一份较短期限的金融期货的同时，卖出另一相同标的资产的较长期限的金融期货，通过对冲平仓交易进行套利。该交易方式属于（　　）。

A. 期现套利

B. 跨期套利

C. 跨市场套利

D. 利率互换套利

[解析] 期现套利是指利用期货价格与标的资产现货价格的差异进行套利，A 项错误。跨期套利是指在同一期货市场中，利用不同到期期限的期货合约进行套利操作，即买入短期限期货合约的同时，卖出长期限的期货合约，B 项正确。跨市场套利是指利用同一种期货合约在不同交易所的定价差异进行套利，C 项错误。利率互换套利需涉及互换交易，D 项错误。

[答案] B

[单选题] 在金融期货的套利中，跨期套利依据的指标是（　　）。

A. 基差

B. 利率

C. 久期

D. 利差

[解析] 跨期套利利用两个不同到期期限的期货价格进行套利，即基差套利。

[答案] A

[多选题] 投资者利用金融期货进行套期保值，必须考虑的因素有（　　）。

A. 基差风险

B. 合约标准化程度

C. 合适的标的资产

D. 合约的交割月份

E. 最优套期保值比率

[解析] B项错误，期货合约均是标准化合约。

[答案] ACDE

考点 6　金融互换

一、互换的理解

（1）互换是指两个或两个以上的当事人按照商定的条件，在约定的时间内交换一系列现金流的合约。

（2）远期合约可以理解为仅交换一次现金流的互换，则互换可以看作一系列远期合约的组合。

（3）互换操作基于"比较优势"原理，即两利取重、两害取轻。

（4）互换的本质是未来系列现金流的组合。

二、金融互换的种类

（一）货币互换

1. 含义

货币互换是指在未来约定的期限内，将一种货币的本金和固定利息与另一货币的等价本金和固定利息进行交换。

2. 特点

货币互换的买方在期初获得外币，并将等值的本币借给卖方；在合约期限内买方支付外币利息，获取本币利息；合约到期时买方向卖方偿还外币本金，同时获得本币的本金。

【案例】甲公司替乙公司借美元，乙公司替甲公司借英镑，则：

（1）甲（美国公司）：借入（外币）英镑，借出（本币）美元。

（2）乙（美国公司）：借入（本币）美元，借出（外币）英镑。

3. 事例

假设英镑和美元汇率为￡1＝＄1.5，甲公司想借入10年期的100万英镑，乙公司想借入10年期的150万美元。银行的固定利率报价见表5-9。

表5-9　银行的固定利率报价

公司	美元	英镑
甲公司	8%	11.6%
乙公司	10%	12%

【分析】在美元市场，甲公司比乙公司借款利率低2%，在英镑市场，甲公司比乙公司借款利率低0.4%。根据"两利取重"的原则，甲公司借美元具有比较优势。同理，根据"两害取轻"的原则，乙公司借英镑的比较劣势小。因此，甲公司替乙公司借美元，乙公司替甲公司借英镑。

若不互换，借款利率＝11.6%＋10%＝21.6%；若互换，借款利率＝8%＋12%＝20%。

由此可知，互换的结果是双方共同节省1.6%（21.6%－20%）的利率。

4. 结果

货币互换不仅交换不同货币的本金，同时也交换不同货币的利息。

（二）利率互换

1. 含义

利率互换是指双方同意在未来的一定期限内，根据同种货币的相同名义本金交换现金流，一方的现金流按照固定利率，另一方现金流按照浮动利率。

2. 特点

同种货币的固定利率和浮动利率之间的互换。

3. 事例

假设甲、乙两家公司均要借入 100 万元人民币，期限为 10 年。甲公司以浮动利率借款，乙公司以固定利率借款，银行根据二者的信用级别分别作出如下报价，见表 5-10。

表 5-10　银行报价

公司	固定利率	浮动利率
甲公司	10％	Libor＋0.3％
乙公司	11.2％	Libor＋1％

【分析】在固定利率市场，甲公司比乙公司借款利率低 1.2％，在浮动利率市场，甲公司比乙公司借款利率低 0.7％。因此，根据"两利取重"的原则，甲公司按照固定利率借款具有比较优势。同理，按照"两害取轻"的原则，乙公司按照浮动利率借款的比较劣势小。因此，甲公司替乙公司进行固定利率借款，乙公司替甲公司进行浮动利率借款。

若不互换，借款利率＝Libor＋0.3％＋11.2％＝Libor＋11.5％；若互换，借款利率＝10％＋Libor＋1％＝Libor＋11％。由此可知，互换的结果是双方共同节省 0.5％（11.5％－11％）的利率。

4. 结果

由于本金相同，利率互换通常不交换本金，只需定期交换利息差额。

5. 利率互换的种类

（1）普通互换（固定—浮动利率互换）：浮动利率支付与固定利率支付之间的定期互换。

（2）远期互换：互换的生效日是从未来某一确定时间开始的互换。

（3）可赎回互换：支付固定利率的一方有权在到期日前终止互换。

（4）可退卖互换：浮动利率支付的一方有终止合约的权利。

（5）可延期互换：固定—浮动利率互换双方可以延长互换期限。

（6）零息互换：固定利率支付方在互换协议的到期日一次性支付，浮动利率的支付方可以在互换期间内进行定期支付。

（7）利率上限互换：固定利率支付与浮动利率支付设定上限的互换。

（8）股权互换：将利率支付与股票指数变动的程度联系起来的一种互换。

（三）交叉互换

交叉互换是利率互换和货币互换的结合，是用一种货币的固定利率交换另一种货币的浮动利率。

【考点小贴士】本知识点经常考查互换的构成。

【总结】货币互换与利率互换的区别见表 5-11。

表 5-11　货币互换与利率互换的区别

项目	货币互换	利率互换
货币种类	涉及两种货币	只涉及一种货币
是否交换本金	常交换本金	不涉及本金的交换
涉及的利率	均为固定利率，均为浮动利率，或者固定利率与浮动利率互换	固定利率与浮动利率互换

三、金融互换的定价

（一）货币互换的定价

1. 复制债券组合

由表 5-9 中货币互换的案例可知，对于货币互换买方甲公司来说，甲公司支付外币本金同时获得本币本金，实质上等同于甲公司发行了一份外币债券（支付外币），又购买了一份本币债券（获得本币）。

由此可知：货币互换＝本币债券多头＋外币债券空头。因此，货币互换的价值等于本币债券价值与外币债券价值之差。

2. 买方的货币互换价值

$$V_{互换} = B_D - S_0 B_F$$

式中，$V_{互换}$ 代表货币互换买方的价值；B_D 代表从互换中分解出来的本币债券的价值；B_F 代表从互换中分解出来的外币债券的价值，用外币表示；S_0 代表即期汇率（直接标价法），即外币兑本币的即期汇率，例如，\$1＝¥6.5，则 $S_0=6.5$；$S_0 B_F$ 代表用本币表示的外币债券的价值。

3. 卖方的货币互换价值

由于互换为零和博弈，从卖方角度出发的货币互换价值即为外币债券价值与本币债券价值之差：

$$-V_{互换} = S_0 B_F - B_D$$

（二）利率互换的定价

1. 复制债券组合

由表 5-10 中利率互换的案例可知，对于利率互换买方甲公司来说，甲公司支付固定利率获得浮动利率，实质上等同于甲公司发行了一个固定利率债券（支付固定利率），又购买了一个浮动利率债券（获得浮动利率）。

由此可知：利率互换＝浮动利率债券多头＋固定利率债券空头。因此，利率互换的价值等于浮动利率债券价值与固定利率债券价值之差。

2. 固定利率债券价值 V_{fix}

根据现金流贴现模型，$V_{fix} = \sum_{i=1}^{n} k \cdot e^{-r_i t_i} + L \cdot e^{-r_n t_n}$

式中，V_{fix} 代表互换合约中分解出的固定利率债券的价值；k 代表现金流交换日交换的固定利息额；n 代表交换次数；t_i 代表距第 i 次现金流交换的时间，$1 \leq i \leq n$；r_i 代表到期日为 t_i 的零息债券利率；$\sum_{i=1}^{n} k \cdot e^{-r_i t_i}$ 代表连续复利下债券利息的现值；L 代表利率互换中的名义本金；$L \cdot e^{-r_n t_n}$ 代表连续复利下债券的本金现值。

3. 浮动利率债券的价值 V_{fl}

$$V_{\text{fl}} = (L + k^*) \times e^{-r_1 t_1}$$

式中，V_{fl} 代表互换合约中分解出的浮动利率债券的价值；k^* 代表下一交换日应交换的浮动利息额（已知）；t_1 代表距下一次利息支付日还有 t_1 的时间。

4. 利率互换的价值 $V_{\text{互换}}$

$$V_{\text{互换}} = V_{\text{fl}} - V_{\text{fix}}$$

四、金融互换的应用——套利

（一）金融互换套利的理论基础

（1）金融互换的套利基于比较优势原理，即两优取重、两劣取轻。

（2）双方对对方的资产或负债均有需求。

（3）双方在两种资产或负债上均存在比较优势（一方的比较劣势小、一方的比较优势大）。

（二）货币互换的套利

假设英镑和美元的汇率为 1 英镑＝1.5 美元。A 公司想借入 5 年期的 1 000 万英镑的借款，B 公司想借入 5 年期的 1 500 万美元的借款。市场向他们提供的借款利率见表 5-12。

表 5-12　市场向 A、B 两家公司提供的借款利率

	美元	英镑
A 公司	8.00%	11.60%
B 公司	10.00%	12.00%
A－B	－2.00%	－0.40%

第一步：分析比较优势。

A 公司借美元具有比较优势，B 公司借英镑具有比较优势。

第二步：计算套利利润。

A 公司替 B 公司借美元，B 公司替 A 公司借英镑。互换后存在 1.60% 的套利利润。

第三步：设计互换方案。

（1）A 公司以 8.00% 的利率从市场借入美元，再以 8.00% 的利率借给 B 公司，则 A 公司无盈亏、B 公司获利 2.00%（10.00%－8.00%）。

（2）B 公司以 12.00% 的利率从市场借入英镑，再以 10.80% 的利率借给 A 公司，A 公司获利 0.80%（11.60%－10.80%）、B 公司亏损 1.20%（12.00%－10.80%）。

（3）A 公司的盈亏＝0.80%；B 公司的盈亏＝2.00%－1.20%＝0.80%。通过设计的套利交易，A、B 两家公司各节省了 0.80% 的利率。

（4）A 公司的最终借款利率（英镑）＝11.60%－0.80%＝10.80%（互换前的利率－节省的利率）；B 公司的最终借款利率（美元）＝10.00%－0.80%＝9.20%（互换前的利率－节省的利率）。

（三）利率互换的套利

假设 A、B 两家公司都想借入 5 年期的 1 000 万美元的借款，A 公司想借入与 6 个月期相关的浮动利率借款，B 公司想借入固定利率借款。两家公司的信用等级不同，故市场向他们提供的利率也不同，具体见表 5-13。

表 5-13　市场向 A、B 两家公司提供的借款利率

	固定利率	浮动利率
A 公司	6.00%	6 个月期 Libor+0.30%
B 公司	7.20%	6 个月期 Libor+1.00%
A-B	-1.20%	-0.70%

第一步：分析比较优势。

A 公司按照固定利率借款具有比较优势，B 公司按照浮动利率借款具有比较优势。

第二步：计算套利利润。

A 公司替 B 公司进行固定利率借款，B 公司替 A 公司进行浮动利率借款，互换后存在 0.50%（1.20%-0.70%）的套利利润。

第三步：设计互换方案。

（1）A 公司以 6.00% 的利率从市场借入资金，再以 6.00% 的利率借给 B 公司。A 公司盈亏平衡，B 公司获利 1.20%（7.20%-6.00%）。

（2）B 公司以 Libor+1.00% 的利率从市场借入资金，再以 Libor 借给 A 公司。A 公司获利 0.30%［（Libor+0.30%）-Libor］、B 公司亏损 1%［（Libor+1.00%）-Libor］。

（3）A 公司的总盈亏=0.30%；B 公司的总盈亏=1.20%-1.00%=0.20%。

（4）A 公司的最终借款利率（浮动利率）=Libor+0.3%-0.3%=Libor（互换前的利率-节省的利率）；B 公司的最终借款利率（固定利率）=7.20%-0.20%=7.00%（互换前的利率-节省的利率）。

【考点小贴士】本知识点经常考查案例题，要重点理解案例中的内容。

五、货币互换的应用——管理汇率风险

投资者通过货币互换规避货币兑换，避免货币兑换的成本，以低成本筹资。

六、利率互换的应用——管理利率风险

（一）利率互换管理利率风险的方式

通过利率互换转换固定利率与浮动利率。

（1）调整债务：利用利率互换使债务与资产匹配，降低筹资成本、增加负债能力。

（2）调整资产：利用利率互换提高资产收益率。

（二）使资产与负债的利率风险相匹配

当资产和负债的期限结构不匹配时会产生利率风险敞口，通过利率互换填平风险敞口。

【例】2005 年国家开发银行与光大银行进行了首笔名义本金为 50 亿元、期限为 10 年的人民币利率互换交易。

（三）降低负债成本、提高资产收益

在市场利率下降时，发行固定利率债券的公司可以进行利率互换交易，将固定利率转换为浮动利率，按照较低的浮动利率进行互换，节省融资成本。

······小试牛刀······

[单选题] 假设某公司于 3 年前发行了 5 年期的浮动利率债券，现在利率大幅上涨，公司

要支付高昂的利息，为了减少利息支出，该公司可以采用（   ）。

A. 货币互换　　　　　　　　　　　　　　B. 跨期套利

C. 跨市场套利　　　　　　　　　　　　　D. 利率互换

[解析] 货币互换需涉及两种货币，A 项错误。跨期套利涉及不同到期期限的期货合约之间的套利交易，B 项错误。跨市场套利涉及同一种期货合约在不同交易所之间的套利，C 项错误。该公司可以通过固定利率与浮动利率的互换以规避利率上涨带来的利息支出，D 项正确。

[答案] D

[案例分析题] A、B 两家公司都想借入 3 年期的 500 万美元借款，A 公司想借入固定利率借款，B 公司想借入浮动利率借款。因两家公司的信用等级不同，市场向它们提供的利率也不同，具体情况见表 5-14。

表 5-14　市场向 A、B 两家公司提供的借款利率

	固定利率	浮动利率
A 公司	5.1%	6 个月 Libor+0.5%
B 公司	4.5%	6 个月 Libor+0.3%

【注】表中的利率平均为一年计一次复利的年利率。

根据以上资料，回答下列问题：

1. 下列关于 A、B 两家公司的说法，正确的是（   ）。

A. B 公司在浮动利率市场上存在风险敞口

B. A 公司在浮动利率市场上存在比较优势

C. B 公司在固定利率市场上存在比较优势

D. A 公司在固定利率市场上存在竞争优势

[解析] B 公司在固定利率市场上比 A 公司的融资利率低 0.6%，而在浮动利率市场上比 A 公司低 0.2%，因此，B 公司在固定利率市场上比在浮动利率市场上的优势更大。B 公司的比较优势是固定利率市场，A 公司的比较优势是浮动利率市场。

[答案] BC

2. 两家公司总的套利利润是（   ）。

A. 0.4%　　　　　　　　　　　　　　　　B. 0.2%

C. 0.6%　　　　　　　　　　　　　　　　D. 0.8%

[解析]（5.1%－4.5%）－[（Libor+0.5%）－（Libor+0.3%）]＝0.4%。

[答案] A

3. 两家公司可以选择的套利方案是（   ）。

A. 利率远期协议

B. 货币互换

C. 跨期套利

D. 利率互换

[解析] 根据题干信息，两家公司可以通过固定利率和浮动利率之间的互换降低借款成本，即选择利率互换。

[答案] D

4. A公司最终的融资利率是（　　　）。

A. 4.3%

B. 4.5%

C. 4.9%

D. 4.7%

[解析] 两家公司总的套利利润是0.4%，即两家公司各获利0.2%。A公司最终的融资利率＝5.1%－0.2%＝4.9%。

[答案] C

考点⑦　金融期权

一、期权的理解

金融期权是一种权利的合约，买方向卖方支付期权费获得权利，权利的行使以协议方式进行规定。按照协议规定，买方（拥有权利的一方）有权在约定的时间内，以约定的价格买卖一定数量的金融资产。

二、看涨期权、看跌期权

（一）看涨期权

1. 事例

甲预计未来股价上涨，因此甲向乙支付每股0.5元的期权费，成为期权的买方。甲与乙签订合约，约定甲以8元/股的价格从乙处买入1 000股，于10月1日之前交割。

若股票价格上涨至15元/股，甲执行期权，以8元/股从乙处买入，再以15元/股的市场价格卖出，则甲获利＝（15－8）×1 000－0.5×1 000＝6 500（元）。乙作为期权的卖方，没有拒绝的权利，因此乙执行期权，以8元/股将股票卖给甲，则乙亏损＝（8－15）×1 000＋0.5×1 000＝－6 500（元）。

若股票价格下跌至6元/股，甲执行期权会有损失，因此甲放弃行权，甲损失＝期权费＝0.5×1 000＝500（元）；乙获利＝期权费＝0.5×1 000＝500（元）。

2. 结论★★

（1）看涨期权＝买方对行情看涨＝买权（期权买方有买入标的资产的权利）。

（2）理论上市场价格会一直上涨，买方收益无限大、损失有限大，卖方损失无限大、收益有限大。

（3）行权价格：合约中约定的买卖标的资产的价格。

（4）标的资产未来市场价格上涨，买方执行权利；若价格下跌，买方有权放弃。

（5）期权费：买方购买权利支付的价格。

（二）看跌期权

1. 事例

甲预计未来股价下跌，因此甲向乙支付每股0.5元的期权费，成为期权的买方。甲与乙签订合约，约定甲以8元/股的价格将1 000股股票卖给乙，于10月1日之前交割。

若股票价格下跌至 6 元/股，甲执行期权，以 6 元/股从市场中买入股票，再按照合约价格 8 元/股将股票卖给乙，则甲获利＝（8－6）×1 000－0.5×1 000＝1 500（元）；乙以 8 元/股从甲处买入股票，乙损失＝（6－8）×1 000＋0.5×1 000＝－1 500（元）。

若股票价格上涨至 15 元/股，甲若执行期权会亏损，因此甲放弃行权，甲损失＝期权费＝0.5×1 000＝500（元）；乙获利＝期权费＝0.5×1 000＝500（元）。

2. 结论

（1）看跌期权＝买方对行情看跌＝卖权（期权买方有卖出标的资产的权利）。

（2）理论上市场价格会一直下跌，买方收益无限大、损失有限大，卖方损失无限大，收益有限大。

（3）标的资产未来市场价格下跌，买方执行权利；若价格上涨，买方有权放弃。

（三）总结★★★

（1）买方、卖方是权利的买卖双方，不是标的资产的买卖双方；买权、卖权是权利的买卖，不是标的资产的买卖。

（2）买权和卖权均是从买方角度出发，买权是买方有权买入标的资产，卖权是买方有权卖出标的资产。

（3）无论看涨期权还是看跌期权，买方收益无限、损失有限（期权费）；卖方收益有限（期权费）、损失无限。

（4）看涨期权和看跌期权的划分角度：按照买方权利的不同进行划分。

【考点小贴士】本知识点要重点理解案例中的内容，加深理解。

三、欧式期权、美式期权

按照期权多方执行期权的时限，可将期权分为欧式期权、美式期权。

（1）欧式期权：多方只有在期权到期日才能执行期权（买进或卖出标的资产）。

（2）美式期权：多方在期权到期前的任何时间均可以执行期权。

四、期权与期货的区别

（1）购买期权时，买方须支付期权费；签订期货合约时，双方不发生权利费的支付。

（2）期权买方在到期日可以选择放弃执行期权，而期货合约的交易者在到期日时必须买入或卖出金融资产。

·知识拓展·

（1）期权买方有权利在未来买入或卖出标的资产：买权＝看涨；卖权＝看跌。

（2）看涨期权买方：按敲定价买入、按市场价卖出；行权条件：市场价＞敲定价。

（3）看跌期权买方：按敲定价卖出、按市场价买入；行权条件：敲定价＞市场价。

（4）看涨期权卖方：若买方行权，则按市场价买入、按敲定价卖出。

（5）看跌期权卖方：若买方行权，则按敲定价买入、按市场价卖出。

五、期权价值★★★

（一）期权价值的构成

期权价值的构成见图 5-15。

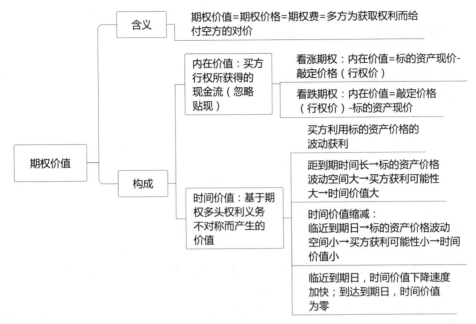

图 5-15　期权价值

（二）期权价格的上下限

1. **欧式看涨期权价格的合理范围**

（1）上限：$c \leqslant S_t$，期权费不能高于标的资产市场价，否则不如不进行期权交易而直接购买标的资产。

（2）下限：期权价值＝内在价值＋时间价值，因为时间价值为正数，所以期权价值$\geqslant$内在价值，内在价值＝未来现金流现值，未来现金流＝$S_t - X$（到期行权时按照市场价格S_t卖出，按照敲定价格X买入）。由于欧式期权只能到期行权，而期权费需在期初确定，因此，需要对内在价值进行贴现，内在价值的现值＝$S_t - X e^{-r(T-t)}$。

此外，期权费为非负数，即$\geqslant 0$，因此，期权费的下限在 0 和$S_t - X e^{-r(T-t)}$之间，取二者中的较大值，即$c \geqslant \max [S_t - X e^{-r(T-t)}, 0]$。

所以，欧式看涨期权的期权费的合理范围是：

$$\max [S_t - X e^{-r(T-t)}, 0] \leqslant C \leqslant S_t$$

式中，S_t代表标的资产的现价；X代表期权的执行价；e 代表自然对数的底，约等于 2.718 28；t代表当前时刻；T代表期权到期时刻；C代表欧式看涨期权的期权费（期权价格）。

2. **欧式看跌期权价格的合理范围**

（1）上限：$P \leqslant X e^{-r(T-t)}$，期权费不能高于行权价$X$的现值，如行权价为 30 元/股，则该笔期权未来最大收益为 30 元，如果期权费为 35 元/股，则期权交易亏损。

（2）下限：期权价值＝内在价值＋时间价值，因为时间价值为正数，所以期权价值$\geqslant$内在价值，内在价值＝未来现金流现值，未来现金流＝$X - S_t$（到期行权时按照敲定价格X卖出、按照到期时的市场价格S_t买入）。由于欧式期权只能到期行权，而期权费需在期初确定，因此，需要对内在价值进行贴现，内在价值的现值＝$X e^{-r(T-t)} - S_t$。此外，期权费为非负数，即$\geqslant 0$。因此，期权费的下限在 0 和$X e^{-r(T-t)} - S_t$之间，取二者中的较大值，即 max

$[Xe^{-r(T-t)}-S_t, 0] \leqslant P$。

因此，欧式看跌期权的期权费的合理范围：

$$\max [Xe^{-r(T-t)}-S_t, 0] \leqslant P \leqslant Xe^{-r(T-t)}$$

式中，P 代表欧式看跌期权的期权费。

3. 美式看涨期权价格的合理范围

理论上美式看涨期权可以提前行权，但提前行权的结果是花费一笔现金，按照敲定价格买入标的资产，由于标的资产属于无收益资产，因此持有并不能获得收益，而提前支付的现金损失了投资收益（如存款利息）。因此，美式看涨期权提前行权是不明智的。不能提前行权的美式看涨期权可以看作欧式看涨期权。因此，美式看涨期权的合理范围与欧式看涨期权相同。

4. 美式看跌期权价格的合理范围

由于提前执行看跌期权相当于提前卖出资产，获得现金，而现金可以产生无风险收益，因此，美式看跌期权可以提前执行。

（1）上限：$P \leqslant X$。期权费不能超过行权价格，如行权价为 30 元/股，则该笔期权未来最大收益为 30 元，如果期权费为 35 元/股，则期权交易亏损。

（2）下限：期权价值＝内在价值＋时间价值，因为时间价值为正数，所以期权价值≥内在价值，内在价值＝未来现金流现值，行权时的现金流＝$X-S_t$（行权时按照敲定价格 X 卖出、按照当时的市场价格 S_t 买入）。由于美式期权随时可以行权，因此，不需要对内在价值进行贴现。

此外，期权费为非负数，即≥0，因此，期权费的下限在 0 和 $X-S_t$ 之间，取二者中的较大值，即 $P \geqslant \max [X-S_t, 0]$。

因此，美式看跌期权的期权费的合理范围：

$$\max [X-S_t, 0] \leqslant P \leqslant X$$

六、B—S 期权定价模型

（一）期权价值的决定因素

（1）执行价格。

（2）期权期限。

（3）标的资产的风险度。

（4）无风险市场利率。

（二）布莱克—斯科尔斯模型

1. 提出者

1973 年布莱克和斯科尔斯根据股价波动符合几何布朗运动的假定，推导出了期权定价公式。

2. 基本假定

（1）不存在无风险套利机会，没有卖空限制，没有交易成本、税收。

（2）无风险利率 r 为常数。

（3）市场交易是连续的。

（4）标的资产在期权到期前不支付股息和红利，无现金收益。

（5）标的资产价格遵从几何布朗运动。

（6）标的资产价格波动率为常数。

3. 布莱克—斯科尔斯模型公式

欧式看涨期权初始的套利均衡价格 C 为：

$$C = SN(d_1) - Xe^{-rT}N(d_2)$$

式中，S 代表股票价格；X 代表期权执行价格；T 代表期权期限；r 代表无风险利率；e 代表自然对数的底，$e \approx 2.71828$；$N(d_1)$、$N(d_2)$ 代表 d_1、d_2 标准正态分布的累积概率。

【说明】

（1）期权期限 T 为相对数，即期权有效天数与 365 的比值。

（2）无风险利率 r 是连续复利形式，计算时简单的或不连续的无风险利率须转化为连续复利。

（3）欧式期权的价值决定因素包括：①期权执行价格；②标的资产的初始价格；③无风险利率；④期权期限；⑤标的资产的波动率。

七、金融期权的应用—套期保值

（一）为现货资产套期保值

（1）未来买入现货资产→担心未来价格上涨→买入看涨期权→价格上涨时现货资产损失、看涨期权盈利→冲销风险。

（2）未来卖出现货资产→担心未来价格下跌→买入看跌期权→价格下跌时现货资产损失、看跌期权盈利→冲销风险。

（二）动态套期保值

1. 期权价格的影响因素

（1）标的资产价格。

（2）执行价格（不变）。

（3）无风险利率。

（4）标的资产的波动率。

（5）到期期限。

2. 期权价格的影响程度

期权价格的影响程度通过期权价值关于各因素的偏导数来体现，偏导数使用希腊字母来标识。

3. 动态套期保值

期权价格与其影响因素之间的非线性关系，是由于期权损益的不对称性导致的，因此，当影响因素变化时，投资者在到期前需对标的资产的头寸进行调整，以实现更好的套期保值。

【考点小贴士】每个指标的名称都需要掌握。

八、金融期权的应用——套利

（一）基于看涨期权与看跌期权的套利

1. 原理

看涨期权与看跌期权的价值均有合理的范围，当二者的定价超出合理范围时，存在套利空间。

看涨期权—看跌期权的平价关系：$C + Xe^{-r(T-t)} = S_t + P$。

式中，C 代表看涨期权价值；P 代表看跌期权价值。

2. 操作

若 $C+Xe^{-r(T-t)}>S_t+P$，看涨期权价值被高估，卖出 1 单位看涨期权，同时借入 $Xe^{-r(T-t)}$ 的资金，买入 1 单位看跌期权和 1 单位标的资产，剩余金额 $[C+Xe^{-r(T-t)}]-(S_t+P)$ 即为无风险利润。

（二）波动率交易套利

1. 原理

通过确定隐含波动率（标的资产波动率）判断期权价格是否高估或低估。

2. 操作

（1）预测波动率高于隐含波动率→买入看涨期权和看跌期权→跨式组合多头套利。

（2）预测波动率低于隐含波动率→卖出看涨期权和看跌期权→跨式组合空头套利。

（三）垂直价差套利

1. 原理

相同标的资产、相同期限、不同协议价格的看涨期权的价格之间存在不等关系，当合理的不等关系被打破，即存在套利空间。

2. 构成

蝶式价差套利、盒式价差套利、鹰式价差套利等。

3. 蝶式价差套利

（1）蝶式价差组合包括三份期限相同、行权价不同的同种期权头寸。

（2）三种行权价满足 $X_1<X_2<X_3$ 且 $X_2=(X_1+X_3)/2$。

（3）根据套利定价原理可知 $2C_2<C_1+C_3$；若不满足该式，可以买入执行价为 X_1、X_3 的期权，卖出执行价为 X_2 的期权进行套利。

（四）水平价差套利

1. 原理

利用相同标的资产、相同协议价格、不同期限的看涨期权价格之间的差异进行套利。

2. 操作

日历价差交易策略：买入期限长的期权，同时卖出标的资产相同、行权价相同的期限短的期权。

········· 小试牛刀 ·········

[单选题] 某美式看跌期权标的资产现价为 65 美元，期权的执行价格为 62 美元，则期权费的合理范围在（　　　）。

A. 3～62 美元之间

B. 0～65 美元之间

C. 0～62 美元之间

D. 3～65 美元之间

[解析] 美式看跌期权价值的合理范围是：$\max[X-S_t, 0]\leqslant P\leqslant X$，$X$ 是期权的执行价格，S_t 是标的资产的现价。

[答案] C

[单选题] 期权价值最大的是（　　　）。

A. 1 个月到期的期权

B. 3 个月到期的期权

C. 6 个月到期的期权

D. 1 年到期的期权

[解析] 期权费由内在价值和时间价值构成。期限越长，标的物价格波动的可能性越大，期权的时间价值越大，因此期权的价值越大。

[答案] D

[多选题] 欧式期权的价值受（　　　）影响。

A. 标的资产的初始价格

B. 期权的执行价格

C. 标的资产未来的市场价格

D. 期权期限

E. 无风险利率

[解析] 欧式期权的价值决定因素包括：①期权执行价格；②标的资产的初始价格；③无风险利率；④期权期限；⑤标的资产的波动率。

[答案] ABDE

[多选题] 下列假设条件中，属于布莱克—斯科尔斯期权定价模型的有（　　　）。

A. 无风险利率为常数

B. 没有交易成本、税收和卖空限制，不存在无风险套利机会

C. 标的资产在期权到期之前可以支付股息和红利

D. 市场交易是连续的

E. 标的资产价格波动率为常数

[解析] 布莱克—斯科尔斯期权定价模型中，标的资产在期权到期之前不支付股息和红利，C项错误。

[答案] ABDE

[案例分析题] 假定某一股票的现价为32美元，如果某投资者认为在以后的3个月中该股票价格不会发生重大变化。假定3个月看涨期权市场价格见表5-15。

表5-15 3个月看涨期权市场价格

执行价格（美元）	看涨期权价格（美元）
26	12
30	8
34	6

根据以上资料，回答下列问题：

1. 此时，投资者进行套利的方式是（　　　）。

A. 水平价差套利　　　　　　　　　　B. 盒式价差套利

C. 蝶式价差套利　　　　　　　　　　D. 鹰式价差套利

[解析] 根据题干的描述，该投资者进行套利的方式属于蝶式价差套利。

[答案] C

2. 构造该期权组合的成本是（　　　）美元。

A. 0　　　　　　　　　　　　　　　　B. 1

C. 2　　　　　　　　　　　　　　　　D. 3

[解析] 构造该期权组合的成本＝12＋6－2×8＝2（美元）。

[答案] C

3. 如果 3 个月后，股票价格为 27 美元，则投资者的收益为（　　）美元。

A. −1　　　　　　　　　　　　　　　　B. 0

C. 1　　　　　　　　　　　　　　　　D. 2

[解析] 蝶式价差套利的组合构造为：①购买一个执行价格为 26 美元的看涨期权；②购买一个执行价格为 34 美元的看涨期权；③出售两个执行价格为 30 美元的看跌期权。如果未来股票价格为 27 美元，则①的获利情况为：（27−26）−12＝−11（美元）；②的获利情况为：投资者放弃行权，收益为−6 美元（期权费）；③的获利情况为：期权买方放弃行权，投资者获得期权费＝8×2＝16（美元）。因此，投资者的总盈亏＝−11＋（−6）＋16＝−1（美元）。

[答案] A

4. 3 个月后投资者获得了最大利润，此时的股票价格为（　　）美元。

A. 25　　　　　　　　　　　　　　　　B. 29

C. 30　　　　　　　　　　　　　　　　D. 34

[解析] 当股票价格为 30 元时，获利最大。

[答案] C

考点 8　金融工程

一、金融工程的理解

（一）狭义概念

狭义的金融工程特指金融风险管理的方法、技术。

（二）广义概念

广义的金融工程包括设计、开发、实施新型工具和金融手段，以及解决金融问题。

（1）开发新的金融过程。

（2）创造新型金融工具。

（3）解决金融问题。

二、金融工程的基本分析方法

（一）套利定价法

（1）套利是指在不需要期初投资支出的条件下，交易者可以获得无风险报酬。

（2）套利的前提是金融市场可以无限制卖空。

（3）无套利模型的核心思想是市场不允许套利机会的存在，即市场价格将调整到使投资者无法在市场上通过套利活动获得超额利润。

【案例】当前黄金现货的价格为 1 000 元，市场预计 1 年后黄金将上涨至 2 000 元，则现在 1 年期黄金期货价格是 1 000 元还是 2 000 元？

如果 1 年期黄金期货价格是 2 000 元，市场存在套利空间，投资者可以进行如下的套利操作：

第一步，以 10% 的无风险利率借入 1 000 元，按照当前市场价格买入黄金现货持有。

第二步，卖出黄金期货，1 年后交割。

第三步，到期时，用黄金现货进行交割，了结期货头寸。

盈亏情况：无风险获利＝2 000－1 000－100＝900（元）。

由此可见，当现货与期货价格偏离一定程度时，即存在套利空间，投资者可以获得无风险报酬。套利是市场的"警察"，能够找到并消除市场中的不合理定价，因此无套利定价法建立在市场合理定价的基础上。

（二）积木分析法

积木分析法是指金融工程师运用"金融积木箱"中的积木（各种金融工具），将各类金融产品进行分解组合来解决金融问题。

（三）状态价格定价法

状态价格是指一段时间以后，某种有价证券的价值会出现向上或向下两种可能。状态价格定价法所要研究的问题是如何为证券确定当前的价格。状态价格定价法本质上运用的是无套利的分析方法。

（四）风险中性定价法

（1）假设：所有投资者对于标的资产的风险态度是中性的，而非风险偏好或风险厌恶。

（2）所有证券的预期收益等于无风险利率。

（3）使用无风险利率贴现求得现金流的现值。

三、金融产品定价的基本假设

（1）不考虑交易对手违约风险。

（2）不存在交易费用、税收；市场无摩擦。

（3）所有市场参与者借入和贷出资金均按照相同的无风险利率。

（4）不存在套利机会，理论价格即为无套利均衡价格。

（5）允许现货卖空。

（6）可以买卖任意数量的资产。

四、金融工程的应用领域

（1）资产定价：核心任务。

（2）金融产品创新。

（3）投融资策略设计。

（4）金融风险管理。

（5）套利。

五、金融工程与风险管理

（一）金融工程管理风险的方式

（1）分散风险：建立相关性较低的资产组合，从而降低非系统风险。

（2）转移风险：针对无法分散的风险而开发。

（二）金融工程的优势

（1）低成本。采用财务杠杆方式；降低信息成本。

（2）灵活性。不存在现货市场的卖空限制问题；"量身定制"新的金融产品。

（3）更高的准确性和时效性。

六、买空、卖空

（一）买空

（1）含义：买空是指投资者利用借入资金买入标的资产。

（2）时机：预测标的资产价格上涨时，执行买空操作。

（3）操作：借入资金→低价买入→待价格上涨、高价卖出平仓。

（二）卖空

（1）含义：卖空是指投资者借入标的资产卖出。

（2）时机：预测标的资产价格会下跌时，执行卖空操作。

（3）操作：借入标的资产→现价卖出→待价格下跌、低价买入平仓。

第六章　中央银行运行机制

大纲再现

（1）理解中央银行制度。

（2）理解中央银行的相对独立性、性质、职能、职务。

（3）分析金融宏观调控与货币政策体系。

大纲解读

本章历年考试分值在5～31分，分值占比较大，常以单选题、多选题出现，案例分析题中也曾有涉及。

本章属于宏观调控部分，系统介绍了中央银行的运行机制，从基础的央行产生、央行制度开始，到央行如何运用货币政策调节货币供求、实现货币供求均衡，进而调控宏观经济，其中，货币供给、货币需求、货币供求均衡属于理论部分，货币政策属于实践部分。高频考点包括货币供给理论、货币政策。近年来，本章命题趋势呈现以下两个特点：一是知识点考查较稳定、重点突出，因此建议结合历年真题进行梳理，重点掌握货币需求理论、货币供给理论以及货币政策；二是突出对细微知识点的考查，所以要求学习时扫清知识盲区，抓住微小知识点。

知识脉络

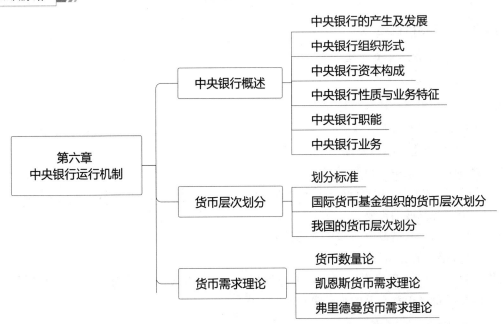

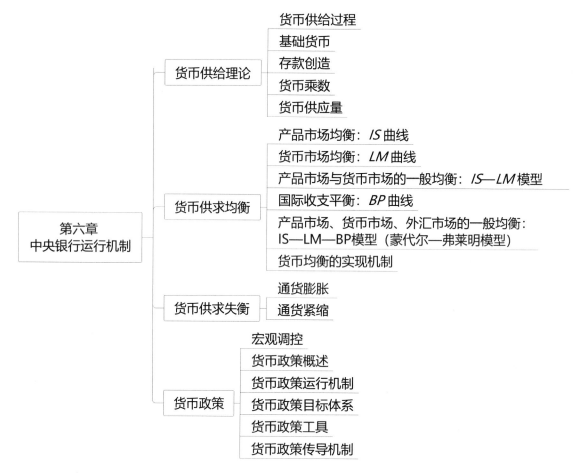

考点① 中央银行概述

一、中央银行的产生及发展

（一）产生的必然性

（1）商品经济发展到成熟阶段。

（2）金融业发展的客观需求。

（二）中央银行建立的必要性

（1）货币统一、集中货币发行权。

（2）金融管理的需要，由央行统一进行票据清算，充当商业银行的最后贷款人，维持金融稳定。

（3）干预经济发展的需要。

（4）代理国库、筹措政府所需资金的需要。

（三）中央银行的鼻祖

英格兰银行（1694年成立）被公认为是近代中央银行的鼻祖（设立最早的中央银行是瑞典银行，但并不是真正意义上的央行鼻祖）。

二、中央银行组织形式★★★

中央银行的组织形式见图6-1。

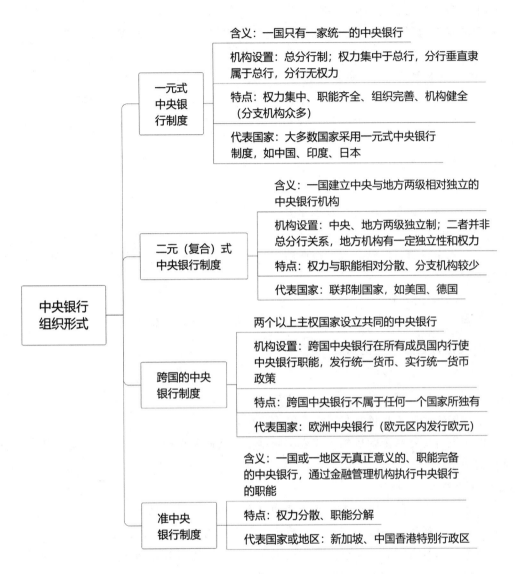

图 6-1 中央银行组织形式

三、中央银行资本构成★★

（一）全部资本为国家所有

（1）政府在央行成立时拨付全部资本或通过收购私人股份拥有全部股权。

（2）中央银行是国有化的中央银行。

（3）全部资本为国家所有，是中央银行资本构成的主要形式，代表国家有中国、英国、法国、德国、加拿大、印度和俄罗斯等。

（二）国家资本和民间资本混合所有

（1）资本金规定：法律规定国有资本占总额 50% 以上，实践中可能与民间资本各占 50%。

（2）国家权利归属：拥有经营管理权和决策权；私人股东只有获取分红权，且其股权转让也须经中央银行同意。

（3）代表国家：墨西哥、日本、卡塔尔、巴基斯坦、比利时等。

（三）全部股份非国家所有

只有美国、瑞士、意大利等少数国家是这种资本结构。

（四）无资本金

无资本金的中央银行经营利润归属政府；若发生亏损，在留存准备不足时，由政府拨付资金。代表国家：韩国。

（五）资本为多国共有

多出现在跨国中央银行制度下，货币联盟成员国按比例认缴资本、持有股权。

四、中央银行性质与业务特征

（一）性质

（1）中央银行在一国金融体系中处于主导地位。

（2）中央银行是国家最顶级货币金融管理机构。

（3）中央银行是特殊金融机构：代表国家制定并实施货币政策、实施金融业监管，对国民经济进行宏观调控。

（二）业务特征

（1）不以盈利为目的：中央银行业务活动是为实现宏观经济目标。

（2）不经营普通银行的业务：中央银行不是办理货币信用业务的经济实体。

（3）业务活动具有相对独立性。具体表现为：①中央银行制定和实施货币政策时具有相对独立性；②央行自行制定货币发行制度，稳定货币。

（4）相对独立性的模式：①独立性较大的模式。中央银行直接对国会负责，政府不得直接发布命令、指示，不得干涉货币政策，代表国家有美国、德国。②独立性稍次的模式。中央银行名义上隶属于政府，而实际上保持着一定的独立性，代表银行有英格兰银行、日本银行。③独立性较小的模式。中央银行接受政府的指令，货币政策的制定和执行需经政府批准，代表国家是意大利。

五、中央银行职能 ★★★

（一）银行的银行

中央银行是商业银行的银行。

（1）集中保管存款准备金。

（2）充当最后贷款人（再贴现、票据再抵押）。

（3）组织全国银行间的清算业务。

（4）组织外汇头寸抛补业务。

（二）政府的银行

政府的银行是指中央银行为政府提供服务，代替政府管理金融。

（1）经理、代理国库：央行作为政府的出纳，经办或代理政府财政预算收支。

（2）向政府提供融资：央行可以向政府提供信贷支持（我国央行除外）。

（3）代理政府金融事务：央行代理政府发行国债、兑付到期国债。

（4）作为政府金融政策顾问。

（5）代替政府保管外汇、黄金储备。

（6）执行金融行政管理职能。

（7）代表政府参加国际金融活动。

（三）发行的银行

发行的银行是指中央银行集中发行货币，垄断货币发行权。

（四）管理金融的银行

（1）制定金融法规、金融业务规章。

（2）制定和实施货币政策，调节经济。

（3）管理境内金融市场。

通过货币政策引导市场利率，影响融资成本，调节资金供求；维持金融体系稳定；确保资金往来的合法化。

•知识点拨•

"政府的银行"与"管理金融的银行"的区别："政府的银行"侧重于服务政府、代为处理政府的金融事务；"管理金融的银行"侧重于宏观经济，体现为颁布政策、制定法规、管理市场。

六、中央银行业务

（一）中央银行资产负债表

关于中央银行资产负债表，见表6-1。

表6-1　中央银行资产负债表

资产	负债
国外资产（外汇、黄金） 对金融机构债权（再贴现、再贷款） 政府债券 其他资产（固定资产等）	通货发行 商业银行等金融机构存款 其他负债 资本项目
资产项目合计	负债及资本项目合计

（二）中央银行业务分类

1. 负债业务

负债业务是指中央银行充当债务人的业务，负债业务是资产业务的基础。

（1）货币发行：货币发行是中央银行最主要的负债。

（2）集中存款准备金。

（3）经理和代理国库。

> **·知识拓展·**
>
> （1）货币发行：纸币本身没有价值，但市场主体需要用有价值的商品、劳务去换取中央银行发行的纸币，这种交换属于非等价交换，价值单方面转移给中央银行。因此纸币属于债务货币，中央银行的货币发行属于负债业务。
>
> （2）代理国库、集中存款准备金：同商业银行一样，中央银行吸收存款时也充当债务人，因此存款是中央银行的负债业务，代理国库即吸收财政存款，集中存款准备金即吸收商业银行的准备金存款，均属中央银行负债业务。
>
> （3）中央银行进行再贴现、再贷款、买入国债、买入外汇，导致资产增加；反之，导致其资产减少。

2. 资产业务

资产是指中央银行充当债权人的业务。

（1）管理国际储备：主要是指黄金、外汇储备。

（2）贷款：主要是指对商业银行、政府的贷款。

（3）证券买卖：央行通过公开市场操作，在金融市场买卖证券，调节货币量。

（4）再贴现。

（5）其他资产业务。

3. 中间业务

中间业务是指不形成资产或负债的业务。

（1）集中办理票据交换。

（2）办理异地资金转移。

（3）结清交换差额。

【**考点小贴士**】本知识点经常考查负债、资产业务的构成。

 ✐小试牛刀

[**单选题**] 由若干国家联合组建一家中央银行，并在其成员国范围内行使全部或部分中央银行职能，这种中央银行组织形式属于（　　）。

A. 准中央银行制度

B. 跨国中央银行制度

C. 一元式中央银行制度

D. 二元式中央银行制度

[**解析**] 本题考查中央银行的组织形式。跨国中央银行制度，即由若干国家联合组建一家中央银行，由这家中央银行在其成员国范围内行使全部或部分中央银行职能的中央银行制度。

[答案] B

[多选题] 一元式中央银行制度的主要特点有（　　　）。

A. 职能齐全

B. 组织完善

C. 分支机构较少

D. 机构健全

E. 权力分散

[解析] 一元式中央银行制度的特点：机构健全、组织完善、职能齐全、权力集中。C、E两项属于二元式中央银行的特点。

[答案] ABD

[单选题] 中央银行依法集中保管存款准备金，从职能上看，这体现了中央银行是（　　　）。

A. 管理金融的银行

B. 发行的银行

C. 银行的银行

D. 政府的银行

[解析] 中央银行作为"商业银行的银行"体现在以下几方面：①集中银行的存款准备金；②充当银行的最后贷款人；③组织全国银行间的清算；④进行外汇头寸抛补业务等。

[答案] C

[单选题] 下列中央银行职能中，属于"政府的银行"职能的是（　　　）。

A. 管理境内金融市场

B. 制定实施货币政策

C. 控制信用规模

D. 代理国债发行

[解析] 代理国债发行是中央银行代理政府的金融事务，属于"政府的银行"的职能。D项正确。A、B、C三项则属于"管理金融的银行"的职能。

[答案] D

[单选题] 下列中央银行业务中，不属于资产业务的是（　　　）。

A. 再贴现业务

B. 再贷款业务

C. 债券发行业务

D. 证券买卖业务

[解析] A、B、D三项均属于中央银行资产业务。C项，中央银行发行债券充当债务人，因此属于负债业务。

[答案] C

[多选题] 下列中央银行的货币政策操作中，可以使其资产增加的有（　　　）。

A. 卖出外汇

B. 买入外汇

C. 买入政府债券

D. 卖出政府债券

E. 对商业银行发放贴现贷款

［解析］持有外汇属于中央银行的资产业务，因此买入外汇导致中央银行资产增加，卖出外汇导致资产减少，A 项错误、B 项正确。政府债券属于中央银行资产，因此买入债券导致资产增加，卖出外汇导致资产减少，C 项正确、D 项错误。再贷款、再贴现属于央行资产业务，E 项正确。

［答案］BCE

考点 ② 货币层次划分

一、划分标准

（1）货币层次的划分标准是"流动性"。

（2）"流动性"是指金融资产能够及时变现、又不至遭受损失的能力。

二、国际货币基金组织的货币层次划分

M_0＝流通中的现金。

M_1＝M_0＋可转让本币存款和在国内可直接支付的外币存款。

M_2＝M_1＋单位定期存款和储蓄存款＋外汇存款＋大额可转让定期存单（CDs）。

M_3＝M_2＋外汇定期存款＋商业票据＋互助金存款＋旅行支票。

三、我国的货币层次划分

M_0＝流通中现金。

M_1＝M_0＋单位活期存款。

M_2＝M_1＋储蓄存款＋单位定期存款＋单位其他存款。

M_3＝M_2＋金融债券＋商业票据＋大额可转让定期存单等。

【注】

（1）2001 年 6 月，将证券公司客户保证金计入 M_2。

（2）2002 年年初，将外资、合资金融机构的人民币存款纳入货币供应量。

（3）2006 年，将信托投资公司和金融租赁公司的存款不计入货币供应量。

（4）2011 年 10 月，将住房公积金中心存款和非存款类金融机构在存款类金融机构的存款纳入 M_2。

【考点小贴士】本知识点经常考查 M_0、M_1、M_2 的构成。

.... 小试牛刀 ....

［单选题］中央银行确定货币供给统计口径的标准是金融资产的（　　）。

A. 稳定性　　　　　　　　　　　　　B. 收益性

C. 风险性　　　　　　　　　　　　　D. 流动性

［解析］中央银行确定货币供给统计口径的标准是金融资产的流动性。

［答案］D

［单选题］根据我国货币供应量层次的划分，M_1 包括流通中的现金和（　　）。

A. 单位定期存款

B. 单位活期存款

C. 大额可转让定期存单

D. 储蓄存款

[解析] M_1 是狭义的货币量，包括流通中的现金和单位活期存款，B 项正确。单位定期存款属于 M_2，A 项错误。大额可转让定期存单属于 M_3，C 项错误。储蓄存款属于 M_2，D 项错误。

[答案] B

[单选题] 在我国货币供应量层次划分中，未包括在 M_1 中，却包括在 M_2 中的是（   ）。

A. 支票存款

B. 流通中的现金

C. 单位活期存款

D. 单位定期存款

[解析] 单位定期存款属于 M_2，但不属于 M_1；A、B、C 三项均包含在 M_1 中。

[答案] D

[单选题] 根据我国货币统计口径划分标准，下列货币构成中，属于 M_3 与 M_2 差异项的是（   ）。

A. 单位定期存款   B. 通货

C. 储蓄存款   D. 商业票据

[解析] 我国的货币供应量划分为以下层次：M_0＝流通中的现金；M_1＝M_0＋单位活期存款；M_2＝M_1＋储蓄存款＋单位定期存款＋单位其他存款；M_3＝M_2＋金融债券＋商业票据＋大额可转让定期存单等。故 D 项"商业票据"属于 M_3 与 M_2 的差异项。

[答案] D

[多选题] 2011 年 10 月，中国人民银行再次修订货币供应量口径，新计入 M_2 的项目有（   ）。

A. 流通中的现金

B. 储蓄存款

C. 证券公司客户保证金

D. 住房公积金中心存款

E. 非存款类金融机构在存款类金融机构的存款

[解析] 2011 年 10 月，中国人民银行将住房公积金中心存款和非存款类金融机构在存款类金融机构的存款纳入 M_2。

[答案] DE

考点 3 货币需求理论

一、货币数量论

货币数量论的货币需求理论包括费雪方程式、剑桥方程式，其理论内容见图 6-2。

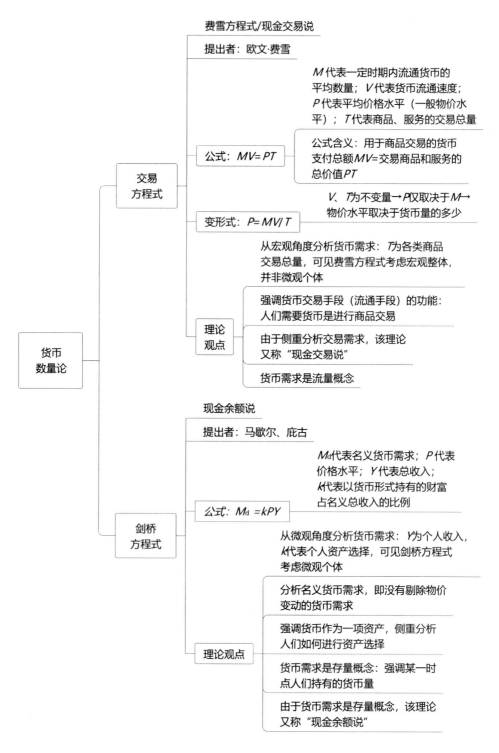

图 6-2　货币数量论

费雪方程式和剑桥方程式的区别见表 6-2。

表 6-2　费雪方程式和剑桥方程式的区别

区别	费雪方程式	剑桥方程式
对货币需求分析侧重点不同	费雪方程式强调货币的交易手段功能，着重分析商品交易量对货币的需求	剑桥方程式认为货币是一种资产，强调收入的需求
理论内容不同	费雪方程式将货币需求和支出流量联系在一起，重视货币支出的数量和速度，侧重货币流量分析，即"现金交易说"	剑桥方程式从用货币形式保有资产存量的角度考虑货币需求，重视存量占收入的比，即"现金余额说"
分析角度	宏观角度	微观角度

二、凯恩斯货币需求理论

凯恩斯货币需求理论的内容见图 6-3。

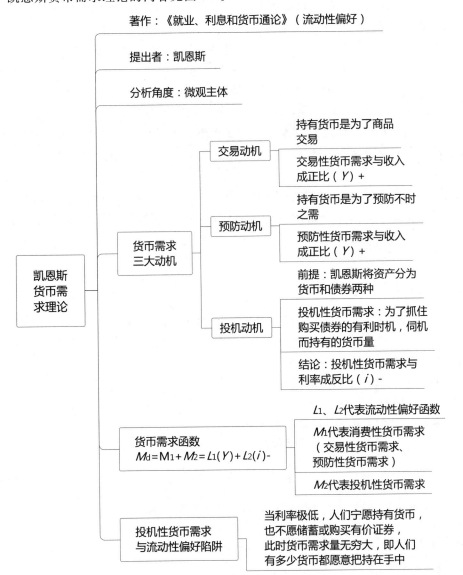

图 6-3　凯恩斯货币需求理论

三、弗里德曼货币需求理论

弗里德曼的货币需求理论融合、修正和吸收了剑桥学派和凯恩斯主义的理论，形成当代货币主义。

（一）货币需求函数

$$\frac{M_\mathrm{d}}{P} = f(y, w; r_\mathrm{m}, r_\mathrm{b}, r_\mathrm{e}, \frac{1}{P} \cdot \frac{dp}{dt}; u)$$

式中，$\dfrac{M_\mathrm{d}}{P}$ 代表剔除物价后的实际货币需求。

（二）货币需求影响因素

1. 第一组：y，w

（1）y：恒久收入，即能够稳定获得的因素（如工资、利息等），可理解为预期平均长期收入，区别于接受赠与、赌博所得的暂时性收入。

①y 与货币需求的关系：恒久收入多（y 大）→ 货币需求多 → 二者成正比。

②恒久收入对货币需求的影响：恒久收入相对稳定，不受短期经济波动的影响，而恒久收入是影响货币需求最主要的因素，因此货币需求也相对稳定。

（2）w：非人力财富占总财富的比重。个人的总财富包括人力财富和非人力财富。人力财富是指个人的谋生能力，属于无形财富，人力财富变现难、流动性差；非人力财富是指货币、债券、股票、不动产等有形财富，由于债券、股票等可以随时变现，因此流动性强。

w 与货币需求的关系：

①人力财富占比大→总财富的流动性差→个人需要持有更多货币以增加流动性→货币需求量大。

②非人力财富占比大（w 大）→总财富的流动性强→个人不需要持有更多货币→货币需求量小。

【结论】w 与货币需求量成反比。

2. 第二组：r_m，r_b，r_e，$\dfrac{1}{P} \cdot \dfrac{dp}{dt}$

第二组的四个因素统称为机会成本变量，可衡量持币的潜在损失或收益。

（1）r_m：货币的预期收益率。弗里德曼研究的货币需求为 M_2，持有这类货币是有收益的。r_m 大→持币收益率高→货币需求增加。

【结论】r_m 与货币需求成正比。

（2）r_b、r_e：r_b 是债券的预期收益率，r_e 是股票的预期收益率。r_b、r_e 高→债券、股票的预期收益率高→持有债券、股票→对货币需求减少。

【结论】r_b、r_e 与货币需求成反比。

（3）$\dfrac{1}{P} \cdot \dfrac{dp}{dt}$：预期物价的变动率，也被理解为保存实物的名义报酬率。（$\dfrac{1}{P} \cdot \dfrac{dp}{dt}$）大→预期物价上升→通货膨胀、货币贬值→提前减少手中货币→货币需求减少。

【结论】$\dfrac{1}{P} \cdot \dfrac{dp}{dt}$ 与货币需求成反比。

3. 第三组：u

u 代表影响货币需求的其他因素，是一个综合变量。

（三）弗里德曼货币需求理论与凯恩斯货币需求理论的区别

关于弗里德曼货币需求理论与凯恩斯货币需求理论的区别见表6-3。

表6-3　弗里德曼货币需求理论与凯恩斯货币需求理论的区别

项目	弗里德曼货币需求理论	凯恩斯货币需求理论
侧重点不同	强调恒久收入对货币需求的影响	强调利率对货币需求的影响
货币政策传导变量的选择	货币供应量	利率
货币政策措施	单一规则（货币供给量）	相机行事

小试牛刀

[单选题] 根据费雪方程式，如果一国货币总量为150，价格水平为2，各类商品交易数量为300，则该国货币流通速度是（　　）。

A. 0.25　　　　　　　　　　　　　　B. 1.00

C. 4.00　　　　　　　　　　　　　　D. 5.00

[解析] 根据费雪方程式，$MV=PT$，即 $V=\dfrac{MV}{P}=\dfrac{2\times300}{150}=4.00$。

[答案] C

[单选题] 从货币形式保有资产存量的角度分析货币需求，重视存量占收入比例的货币需求理论是（　　）。

A. 剑桥方程式　　　　　　　　　　　B. 费雪方程式

C. 现金交易说　　　　　　　　　　　D. 凯恩斯货币需求函数

[解析] 剑桥方程式又叫现金余额说，其货币需求函数为 $M_d=kPY$，其中 k 代表以货币形式持有的财富占总收入的比重，剑桥方程式认为货币需求是存量概念，A项正确。

[答案] A

[单选题] 有观点认为，当利率极低时，人们的货币需求量无限大，任何新增的货币都会被人们持有，此观点的代表人物是（　　）。

A. 费雪　　　　　　　　　　　　　　B. 马歇尔

C. 凯恩斯　　　　　　　　　　　　　D. 弗里德曼

[解析] 题干描述的是凯恩斯的流动性偏好陷阱，即利率极低时，人们的货币需求量无限大，此时宽松的货币政策失效。

[答案] C

[多选题] 根据弗里德曼的货币需求理论，与货币需求量成反比的因素有（　　）。

A. 恒常收入　　　　　　　　　　　　B. 存款预期收益率

C. 股票预期收益率　　　　　　　　　D. 人力资本占总财富的比重

E. 预期通货膨胀率

[解析] A项错误，恒久收入与货币需求成正比。B项错误，弗里德曼定义的货币是 M_2，持有这类货币是有收益的，如存款利息；存款的收益率越高，人们的货币需求越多，二者成正比。C项正确，股票的预期收益率高，人们越多持有股票，对货币需求减少，因此二者成反比。D项错误，人力财富占比大，则总财富的流动性差，个人需要持有更多货币以增加流动性，导致货币需求量大，因此二者成正比。E项正确，预期通货膨胀

率高，代表未来货币贬值，人们会提前减少手中货币，货币需求减少，因此二者成反比。

[答案] CE

考点 ④ 货币供给理论

一、货币供给过程

货币供给是指银行系统向经济体中投入、创造、扩张或收缩货币的过程。货币供给的参与者包括中央银行、存款机构和储户，具体过程见图 6-4。

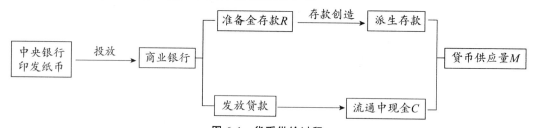

图 6-4　货币供给过程

在货币供给过程中，首先由中央银行印发纸币，再经由买外汇、再贴现、再贷款等形式将货币投放到商业银行。商业银行留足准备金，其余部分货币通过资产业务投放到企业、居民手中，这部分货币成为流通中的现金。因此可知，流通中的现金是由中央银行发行库经由商业银行业务库，最终进入流通中。此外，商业银行在吸收中央银行投放的纸币的基础上，通过其特有机制可以创造出更多的存款货币，最终流通中的货币就由两部分构成：一部分是中央银行印出的纸币，这部分纸币是商业银行创造存款货币的前提和基础，也是货币供给的基础，因此被称为基础货币；另一部分是商业银行在基础货币的基础上创造出的存款货币，也叫派生存款。

由上述过程可知，货币供给的过程从基础货币开始，到商业银行进行存款创造，最终形成货币供应量。下面将具体阐述这三个步骤。

> **·知识点拨·**
>
> 此部分是理解整个货币供给的核心，对于货币供给的流程图和文字介绍要深入理解，为学习后面的知识点奠定基础。

二、基础货币

（一）含义

（1）基础货币是中央银行向经济体中投放的货币量。

（2）中央银行投放一定量的基础货币被商业银行作为准备金而持有，经由商业银行的存款创造，可以派生出数倍的存款货币，因此基础货币又称高能货币、强力货币或储备货币。其中，高能货币的界定标准是随时能转化为存款准备金。

（3）基础货币是商业银行存款创造的基础。

（二）构成

关于基础货币的构成见图 6-5。

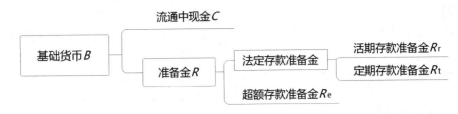

图 6-5　基础货币的构成

（三）特征

（1）基础货币的本质是中央银行发行的纸币，因此是中央银行的货币性负债，而不是中央银行资产或非货币性负债。

（2）从来源上看，中央银行投放基础货币的渠道主要是再贴现、贷款等资产业务，因此基础货币是通过中央银行的资产业务供给出来的。

（3）基础货币是商业银行信用创造（存款创造）的基础。

（4）在部分准备金制度下，商业银行通过基础货币进行存款创造，产生数倍于自身的量。

（5）央行通过对基础货币施加影响，进而实现调控供给量的目的。

（四）投放渠道及影响因素★★★

1. 公开市场业务（变动对政府的债权）

（1）买入政府债券、投放基础货币。

（2）卖出政府债券、回笼基础货币。

2. 再贴现、再贷款（变动对银行的债权）

（1）对商业银行提供再贴现、再贷款，基础货币增加。

（2）收回对金融机构的再贴现、再贷款，基础货币减少。

3. 在外汇市场买卖黄金外汇（变动储备资产）

（1）收购黄金外汇，基础货币增加。

（2）抛售黄金外汇，基础货币减少。

·知识点拨·

　　理解公开市场业务和买卖黄金外汇对基础货币的影响：买入＝放钱；卖出＝收钱。

三、存款创造

（一）存款创造的理解

存款创造是指商业银行以原始存款为基础，通过存款、转账、贷款等业务经营活动创造出数倍于原始存款的派生存款。

（二）简单的存款创造过程

【假设】

（1）商业银行只保留法定存款准备金，不保留超额存款准备金。

（2）客户不保留现金，没有现金从银行系统中漏出，且客户的一切收入均存入银行。

（3）没有从支票存款向定期或储蓄存款的转化。

（4）以活期存款的创造为例，假定活期存款法定存款准备金率为 20%。

【过程】

甲向中央银行出售证券获得 10 000 元，甲以活期存款的形式存入 A 银行，则会有如下过程：

A 银行接收 10 000 元活期存款→按 20% 缴存 2 000 元法定存款准备金→剩余 8 000 元放贷给客户乙→乙将 8 000 元以支票形式转账存入其开户行 B→B 接收 8 000 元存款→按 20% 缴存 1 600 元法定存款准备金→剩余 6 400 元放贷给客户丙→丙将 6 400 元以支票形式存入其开户行 C。上述过程见表 6-4。

表 6-4 简单的存款创造的过程

银行	活期存款（元）	法定存款准备金率	法定存款准备金（元）	贷款（元）	银行客户
A 银行	10 000	20%	2 000	8 000	客户乙
B 银行	8 000	20%	1 600	6 400	客户丙
C 银行	6 400	20%	1 280	5 120	客户丁
……	……	20%	……	……	……
总计	50 000	20%	10 000	—	—

上述过程会一直持续，直到最初的 10 000 元完全转化成法定存款准备金。通过各家商业银行的存款、贷款、转账结算业务，每家商业银行的活期存款均有增加，该过程即创造存款的过程。最后存款总额 $= 10\,000 + 10\,000 \times (1-20\%) + 10\,000 \times (1-20\%)^2 + \cdots = 50\,000$（元）。

【相关概念】

（1）原始存款：甲以现金形式存入 A 银行的 10 000 元为原始存款。原始存款的来源包括银行吸收的现金存款和中央银行投放的基础货币所形成的存款。

（2）存款总额：存款总额即存款创造的最终结果 50 000 元，是存款货币的最大扩张额。

（3）派生存款：派生存款是在原始存款的基础上新衍生出来的存款，即存款总额中扣除原始存款的部分，即 40 000 元。

（4）存款乘数/派生倍数。

甲以现金形式存入银行的 10 000 元原始存款最终扩张至 50 000 元，扩张倍数为 5 倍，这个倍数被称为存款乘数或派生倍数。

存款乘数是指存款总额与原始存款之比，其公式为：

$$\text{存款乘数 } K = \frac{1}{\text{法定存款准备金率 } r + \text{现金漏损率 } c + \text{超额存款准备金率 } e}$$

（5）派生存款、派生倍数的影响因素。

①原始存款：原始存款多→派生存款多→派生倍数大。

②法定存款准备金率 r：法定存款准备金率高→派生存款少→派生倍数小。

③超额存款准备金率 e：超额存款准备金率高→派生存款少→派生倍数小。

④现金漏损率 c：现金漏损率高→派生存款少→派生倍数小。

（三）存款创造的两个前提

1. 部分准备金制度

若银行实行 100% 全额准备金制度，则银行吸收的存款全部转化为准备金，无法发放贷款进行存款创造。

2. 非现金结算

非现金结算保证了银行体系无漏出现金，否则无法派生存款。

【考点小贴士】 本知识点经常考查计算题。

四、货币乘数

根据图6-4可知，经济体中总的货币供应量来源于两部分，一部分是中央银行发行并流通到市场中的现金，另一部分是商业银行派生出的存款货币。现金数量固定不变，则最终货币供应量只取决于存款货币的多少。由于商业银行会创造出数倍于原始存款的存款货币，因此，总的货币供应量也会在基础货币的基础上成倍扩张，扩张倍数＝货币供给量÷基础货币，被称为货币乘数。

（一）货币乘数的公式

$$m = \frac{1+c}{r+c+e}$$

式中，c 代表现金比率（现金漏损率），即 $\dfrac{客户愿意持有的现金水平}{支票存款}$；$r$ 代表法定存款准备金率，即 $\dfrac{法定存款准备金}{支票存款}$；e 代表超额存款准备金率，即 $\dfrac{超额存款准备金}{支票存款}$。

$$货币供应量\ M_2 = 基础货币\ MB \times \frac{1+c}{r+c+e}$$

式中，$\dfrac{1+c}{r+c+e}$ 代表基础货币增加一个单位，货币供给增加 $\dfrac{1+c}{r+c+e}$ 个单位。货币乘数反映了基础货币的变动所引起的货币供给变动的倍数，决定了货币供给扩张能力的大小。

【案例】 假定法定准备金率 $r=0.10$，流通中的现金为400亿元，存款为8 000亿元，超额存款准备金为160亿元。根据这些数值，计算现金比率 c 和超额存款准备金率 e：

$c=400\div 8\ 000=0.05$；$e=160\div 8\ 000=0.02$。货币乘数 $m = \dfrac{1+0.05}{0.10+0.05+0.02} \approx 6.18$。

（二）存款乘数（派生倍数）与货币乘数的区别★★

存款乘数与货币乘数的区别见表6-5。

表6-5 存款乘数与货币乘数的区别

项目	存款乘数	货币乘数
含义	存款乘数 $=\dfrac{存款总额}{原始存款}$	货币乘数 $=\dfrac{货币供给量}{基础货币}$
公式	$k=\dfrac{1}{r+c+e}$	$m=\dfrac{1+c}{r+c+e}$
应用场合	信用创造	货币供给
主体	商业银行（只有商业银行能够吸收活期存款，进行存款创造）	中央银行＋商业银行（二者均为货币供给主体）

五、货币供应量

（一）货币供应量公式

$$货币供应量＝基础货币×货币乘数$$

$$＝ B × \frac{1+c}{r+c+e}$$

（二）货币供应量的决定主体

货币供应量无法由中央银行完全控制，而是由中央银行、商业银行、非银行经济部门共同决定的，具体表现在以下几方面：

（1）中央银行决定法定存款准备金率 r，并通过调节法定存款准备金，进而对超额存款准备金率 e 施加影响。

（2）商业银行决定超额存款准备金率 e。

（3）储户决定现金漏损率 c。

✐ 小试牛刀

[单选题] 中央银行改变基础货币数量的主要途径不包括（   ）。

A. 变动对企业的债权   B. 变动对政府的债权

C. 变动对商业银行的债权   D. 变动储备资产

[解析] 中央银行改变基础货币主要有三种途径，即变动其储备资产、变动对政府的债权、变动对商业银行的债权。

[答案] A

[单选题] 一般来说，现金比率越低，货币乘数（   ）。

A. 不变   B. 越大

C. 无法确定   D. 越小

[解析] 货币乘数与现金比率呈反比。

[答案] B

[单选题] 在存款总额一定的情况下，法定存款准备金率越低，商业银行可用于发放贷款的资金数额（   ）。

A. 越多   B. 越少

C. 不变   D. 无法确定

[解析] 法定存款准备金率越低，商业银行缴存的准备金越少，可用于发放贷款的资金数额越多。

[答案] A

考点⑤ 货币供求均衡

此考点主要分析经济体均衡，整体经济的均衡包括封闭经济和开放经济两种形式，其逻辑架构见图 6-6。

图 6-6 经济体均衡

一、产品市场均衡：IS 曲线

（一）IS 曲线的含义

在两部门经济中（只存在家庭和企业），产品市场的总需求包括家庭部门的消费和企业部门的投资，表示为总需求 $AD=$ 消费 $C+$ 投资 I。产品市场的总供给（总供给 = 总产出 = 总收入）包括消费和储蓄（总供给 = 总收入 = 消费 + 储蓄），表示为总收入 $Y=$ 消费 $C+$ 储蓄 S。当总需求等于总供给时，产品市场实现均衡，表示为 $AD=Y$，即 $C+I=C+S$，化简得 $I=S$。

$I=S$，即投资 — 储蓄恒等式。I 来源于 AD，代表产品市场的需求；S 来源于 Y，代表产品市场的供给。当 $I=S$ 时，代表产品市场实现均衡。储蓄是收入的增函数，投资是利率的减函数。以利率 I 为纵坐标、总产出 Y 为横坐标，可以将均衡状况以曲线的形式呈现出来，由于 $I=S$ 代表产品市场均衡，该线即命名为 IS 曲线，见图 6-7。

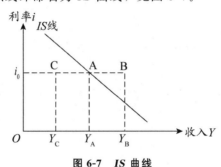

图 6-7 IS 曲线

IS 曲线上的每一点都代表一个利率和收入的组合，在每个利率与收入的组合点处，均代表着 $I=S$，即每个点都代表产品市场实现均衡。

（二）非均衡状态

1. IS 曲线上方（右侧）—— 超额供给

如图 6-7 中 B 点，在 i_0 的利率水平下，实际产出 Y_B 大于均衡产出 Y_A，代表超额供给。

产出过多→非计划存货增加→企业减少生产→产出下降→由 Y_B 回归到 Y_A →重新实现均衡。

2. IS 曲线下方（左侧）—— 超额需求

如图 6-7 中 C 点，在 i_0 的利率水平下，实际产出 Y_C 小于均衡产出 Y_A，代表超额需求。

产出过少→存货减少→企业增加生产→产出增加→由 Y_C 回归到 Y_A →重新实现均衡。

【结论】产出有向满足均衡条件的 IS 曲线上靠近的趋势。

【总结】IS 曲线的含义见图 6-8。

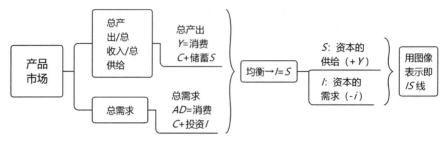

图 6-8　IS 曲线的含义

二、货币市场均衡：LM 曲线

（一）LM 曲线的含义

货币市场均衡要求货币需求等于货币供给，货币需求用 L 表示，货币供给用 M 表示，即当 $L=M$ 时，货币市场实现均衡。

货币需求中的投机性货币需求是利率的减函数，交易性货币需求、预防性货币需求是收入的增函数；因此用纵轴代表利率 i，横轴代表产出 Y，可以将均衡状况以曲线的形式刻画出来，由于 $L=M$ 代表货币市场均衡，该线即命名为 LM 曲线，见图 6-9。

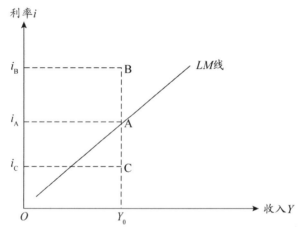

图 6-9　LM 曲线

LM 曲线上的每一点都代表一个利率和总产出的组合，每个组合对应的点都代表 $L=M$，即 LM 线上的每个点都代表货币市场均衡，如图 6-9 中 A 点。

（二）非均衡状态

1. LM 曲线上方（左侧）——超额供给

如图 6-9 中 B 点，在 Y_0 的产出水平下，实际利率 i_B 高于均衡时利率 i_A；利率高→货币需求低→货币需求小于均衡时的货币供给→超额货币供给。

货币需求低→投资者购买债券，减少持有货币量→对债券需求增加→债券价格上涨→债券利率下降→利率由 i_B 回归至 i_A→重新实现均衡。

2. LM 曲线下方（右侧）——超额需求

如图 6-9 中 C 点，在 Y_0 的产出水平下，实际利率 i_C 低于均衡时利率 i_A；利率低→货币需求高→货币需求大于均衡时的货币供给→超额货币需求。

货币需求高→投资者抛售债券，增加持有货币量→对债券需求减少→债券价格下降→债券利率上升→利率由 i_C 回归至 i_A→重新实现均衡。

【结论】利率有向满足均衡条件的 LM 曲线上靠近的趋势。

【总结】LM 曲线的含义见图 6-10。

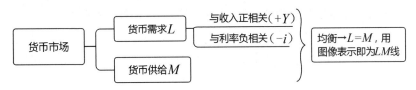

图 6-10　LM 曲线的含义

三、产品市场与货币市场的一般均衡：IS—LM 模型

当 IS 曲线与 LM 曲线相交于一点时，产品市场与货币市场实现一般均衡，见图 6-11。

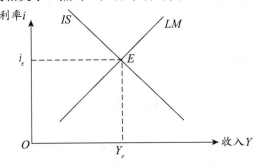

图 6-11　产品市场与货币市场的一般均衡

非均衡状态：除 E 点外，坐标系平面内的任何点均属于非均衡状态，见图 6-12。

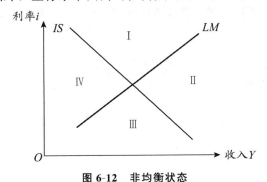

图 6-12　非均衡状态

•知识点拨•

非均衡状态的判断技巧："上供下需"。无论 IS 曲线还是 LM 曲线，只要在曲线上方，即代表"供给＞需求"；只要在曲线下方，即代表"需求＞供给"。（产品市场：I 为需求、S 为供给；货币市场：L 为需求、M 为供给）

区域Ⅰ：$S>I$、$M>L$；区域Ⅱ：$S>I$、$L>M$；区域Ⅲ：$I>S$、$L>M$；区域Ⅳ：$I>S$、$M>L$。

四、国际收支平衡：BP 曲线

封闭经济下的均衡用 IS—LM 模型表示，如果引入贸易和资本流动（引入外汇市场），即探讨在开放经济下的均衡。开放经济下的均衡用国际收支平衡表示。

（一）国际收支平衡的理解

国际收支平衡即经常项目和资本项目均实现平衡，经常项目的平衡反映贸易收支的平衡状况，用净出口表示；资本项目的平衡反映资本的流入和流出，用资本净流出表示。因此，国际收支整体平衡可以表示为净出口＋资本净流出＝0，用 BP 曲线表示。

（二）BP 曲线的含义

BP 曲线上的每一点均代表一个利率和总产出的组合，每个利率和总产出组合的点都代表国际收支平衡。

【总结】BP 曲线的含义见图 6-13。

图 6-13　BP 曲线的含义

（1）BP 是国际收支差额，当 $BP＝0$ 时，国际收支平衡。

（2）BP 曲线表示利率和收入的组合。

（3）BP 曲线上的每一点都代表国际收支平衡，BP 曲线是均衡点的轨迹。

（三）BP 曲线的斜率

由于各国的资本流动政策不同，因此可能出现资本完全不流动、资本不完全流动、资本完全流动三种形式，分别对应 BP 曲线为垂线、右上方倾斜、水平线。由此可知，BP 曲线的斜率在零和正无穷之间。

五、产品市场、货币市场、外汇市场的一般均衡：$IS—LM—BP$ 模型（蒙代尔—弗莱明模型）

（1）当 IS 曲线、LM 曲线、BP 曲线汇集于一点时，产品市场、货币市场、外汇市场都实现均衡，此时达到内外经济一致均衡。见图 6-14。

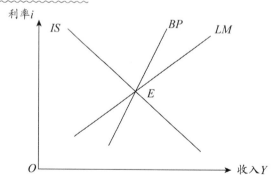

图 6-14　产品市场、货币市场、外汇市场的一般均衡

（2）蒙代尔—弗莱明模型研究小型开放经济下的总需求曲线。

【结论】

（1）货币政策与财政政策影响总收入的效力取决于汇率制度。

（2）固定汇率制下：货币政策无效，财政政策有效。

（3）浮动汇率制下：货币政策有效，财政政策无效。

【口诀】财政固定、货币浮动。

【总结】经济体均衡的逻辑框架见图6-15。

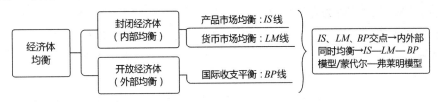

图6-15　经济体均衡的逻辑框架

六、货币均衡的实现机制

（一）健全的利率机制

利率是货币的"价格"，当货币市场出现非均衡状态时，利率可以通过"价格机制"调节货币供求，最终实现新的均衡。因此，利率不仅是货币供求是否均衡的重要信号，也是货币均衡最主要的实现机制。

1. 利率与货币供给成正比

（1）现金漏损角度：利率上升→持币机会成本上升→现金减少→货币乘数变大→货币供给增加。

（2）超额存款准备金角度：利率上升→银行贷款收益增加→减少超额存款准备金用于放贷→超额存款准备金率下降→货币乘数变大→货币供给增加。

2. 利率与货币需求成反比

利率上升→持币机会成本上升→货币需求减少。

> **·知识点拨·**
>
> 利率与货币供求的关系可以从经济学角度理解：将货币当做商品，则利率是货币的"价格"，价格上升，供给增加（正比）、需求减少（反比）。

3. 利率调节机制

（1）当出现超额货币供给：货币发行过多→利率下降→货币需求增加→实现新的均衡。

（2）当出现超额货币需求：货币供给不足→利率上涨→货币需求下降→实现新的均衡。

（二）发达的金融市场

中央银行通过在金融市场中进行公开市场操作来调节货币供求均衡。

（三）有效的中央银行调控机制

中央银行通过货币政策调节货币供应量，实现货币供求均衡。

·············· 小试牛刀 ··············

[单选题]分析市场供求关系时，如果经济活动处于 LM 曲线的右侧区域，说明市场存在（　　）。

A. 超额货币需求　　　　B. 超额产品供给　　　C. 超额产品需求　　　D. 超额货币供给

[解析]LM 曲线研究货币市场均衡，并非是产品市场，B、C 两项排除。根据"上供下需"的技巧，LM 曲线向右上方倾斜，右侧属于 LM 下方，因此货币需求大于货币供给，A 项

正确。

[答案] A

[单选题] LM 曲线左侧的点代表（　　）。

A. 超额产品供给

B. 超额货币需求

C. 超额产品需求

D. 超额货币供给

[解析] LM 曲线研究货币市场均衡，并非是产品市场，A、C 两项排除。根据"上供下需"的技巧，LM 曲线向右上方倾斜，左侧属于 LM 上方，因此货币供给大于货币需求，D 项正确。

[答案] D

[单选题] 某国的 LM 曲线为 $Y=500+2\,000i$，如果某一时期总产出 $Y=600$，利率为 10%，表明该时期存在（　　）。

A. 超额产品供给

B. 超额产品需求

C. 超额货币供给

D. 超额货币需求

[解析] 将 $Y=600$ 带入方程式 $Y=500+2\,000i$ 中，解得均衡的利率为 5%，而现实中利率为 10%，大于 5%，可知利率与收入的组合点（10%，600）位于均衡点（5%，600）上方，根据"上供下需"的原则，此时处于超额货币供给的非均衡状态。

[答案] C

考点 ⑥ 货币供求失衡

一、通货膨胀

（一）概念理解

通货膨胀是指货币数量过多导致的纸币贬值、一般物价水平普遍性、持续性上涨的现象。

（1）普遍性：通货膨胀是指一般物价水平上涨，并非个别商品或劳务价格的上涨。

（2）持续性：物价水平上涨需持续一段时间。季节性、暂时性物价上涨不属于通货膨胀，经济复苏时期的物价正常上涨也不属于通货膨胀。

（3）物价上涨需超过一定的幅度（2%）。

（二）类型

通货膨胀的类型见表 6-6。

表 6-6　通货膨胀的类型

类型	内容
按照成因划分	（1）需求拉上型通货膨胀 （2）成本推进型通货膨胀 （3）结构型通货膨胀
按照程度划分	（1）爬行式通货膨胀：物价上涨的年率不超过 $2\%\sim3\%$ （2）温和式通货膨胀 （3）奔腾式通货膨胀：物价上涨率在 2 位数以上 （4）恶性通货膨胀：物价上升猛烈，且呈加速趋势；价值贮藏功能完全丧失，交易媒介功能部分丧失；货币成为"烫手山芋"

（三）成因

通货膨胀的成因见图 6-16。

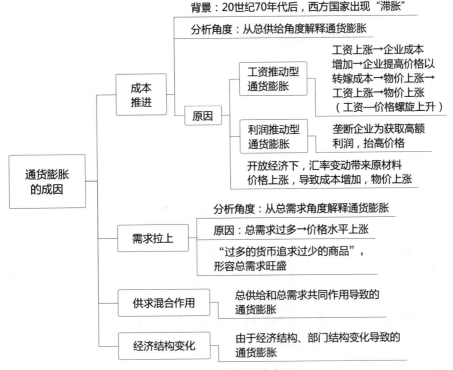

图 6-16 通货膨胀的成因

（四）对策

通货膨胀的根源是总需求超过总供给，因此通胀的主要治理措施是从抑制总需求、增加总供给着手，见图 6-17。

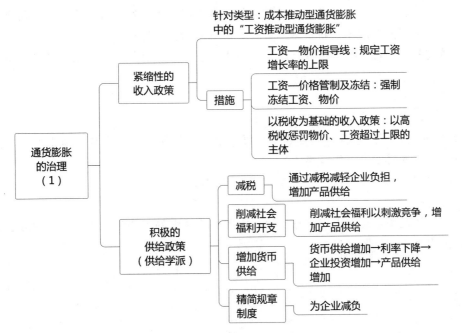

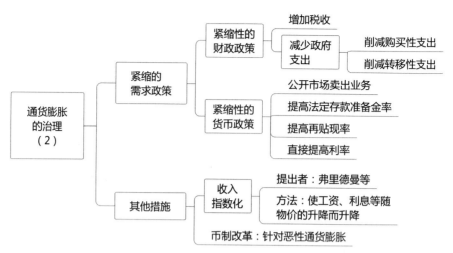

图 6-17 通货膨胀的治理

•知识点拨•

（1）紧缩性的需求政策和积极的供给政策调整的均是产品的总需求和产品的总供给，而非货币的供求。需要注意的是，在紧缩性的需求政策中，通过货币政策调整货币供给量，进而影响投资消费，最终也是为了实现调整总需求的目的。

（2）紧缩性的需求政策和积极的供给政策在政策实施上会有冲突，因此在实际操作中央银行和财政部门会根据不同的通货膨胀类型，采取不同的措施。

二、通货紧缩

（一）概念理解

（1）狭义的通货紧缩：通货紧缩从狭义上看仅指货币因素，即货币供应量不足导致总需求小于总供给，从而使得物价总水平下降。

（2）广义的通货紧缩：广义的通货紧缩包括货币因素和非货币因素，如有效需求不足、生产能力过剩、资产泡沫破坏、新技术的普及、市场开放程度加快等。

（3）通货紧缩表现为物价持续下跌、货币供应量下降、有效需求不足、经济衰退、失业率上升等。

（二）标志

（1）基本标志：物价总水平的持续下降。

【注】判断物价下降是否是通货紧缩的两个指标：①通货膨胀率是否由正变负；②物价下降是否持续一定的时期（一年或半年）。

（2）经济增长率持续下跌。

（三）治理

通货紧缩的根源是总需求小于总供给，因此通货紧缩的主要治理措施是从刺激总需求、提供有效总供给着手，见图 6-18。

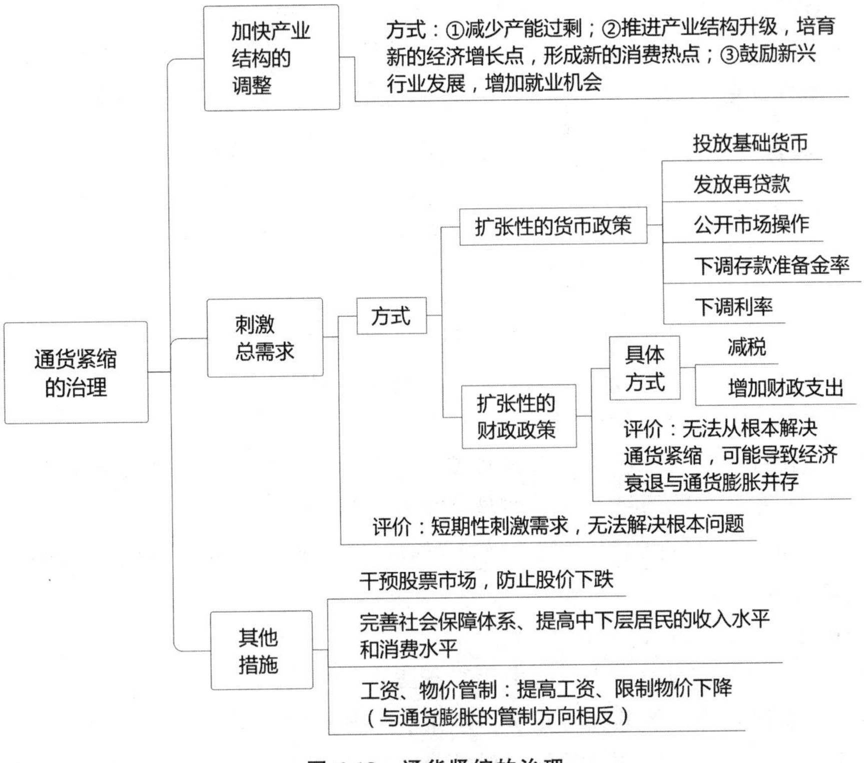

图 6-18　通货紧缩的治理

小试牛刀

[单选题] 石油危机、资源枯竭等造成原材料、能源价格上升，从而导致一般物价水平上涨，这种通货膨胀属于（　　）。

A. 需求拉上型　　B. 成本推动型　　C. 结构型　　D. 隐蔽型

[解析] 原材料、能源价格上升会引起企业生产成本增加，企业为获利会提高销售价格，从而导致物价提高，因此属于成本推动型通货膨胀。

[答案] B

[多选题] 中央银行为降低通货膨胀率可采取的措施有（　　）。

A. 降低再贴现率、再贷款率　　B. 在公开市场出售政府债券

C. 提高法定存款准备金率　　D. 提高利率水平

E. 在公开市场上购买政府债券

[解析] 治理通货膨胀可以采用紧缩性的货币政策来减少社会需求。紧缩性的货币政策主要包括：①提高法定存款准备金率；②提高再贷款率、再贴现率；③公开市场卖出业务；④直接提高利率。

[答案] BCD

[多选题] 在治理通货紧缩时，可以采取的政策措施有（　　）。

A. 增加对基础设施的投资　　B. 增加技术改造投资

C. 增加对金融机构的再贷款　　D. 增加税收

E. 提高法定存款准备金率

[解析] D、E 两项属于通货膨胀时期要采取的紧缩性政策，而通货紧缩时期需要采取扩张性政策刺激总需求。

[答案] ABC

考点 7 货币政策

一、宏观调控

（一）宏观调控的理解

（1）宏观调控侧重于调节短期经济运行。

（2）宏观调控主要解决经济周期性波动。

（3）宏观调控的目的是实现总供求的平衡。

（4）宏观调控是为解决市场失灵问题，并非与市场对立。

（5）宏观调控与政府管制的区别：

①政策手段不同：宏观调控运用财政政策、货币政策、宏观审慎政策等手段；政府管制通过行政权力，如价格管制、自然垄断、数量管制等。

②调节方式不同：宏观调控是间接影响微观主体的行为；政府管制是直接限制微观主体的行为。

（二）金融宏观调控

1. 金融宏观调控的理解

（1）主体：金融宏观调控的主体是中央银行或货币当局。

（2）核心：金融宏观调控的核心是货币政策和宏观审慎政策。

（3）作用对象：金融宏观调控的作用对象是社会总需求。

（4）目的：金融宏观调控目的是实现社会总供求均衡，促进金融与经济协调稳定发展。

（5）前提：金融宏观调控的前提是商业银行是实行二级银行体制（中央银行—商业银行），商业银行是独立的市场主体。

2. 金融宏观调控的类型

（1）计划经济体制下：计划调控、行政调控。

（2）市场经济体制下：政策调控、法律调控。

二、货币政策概述

（1）货币政策是宏观经济政策，其制定者和执行者是中央银行。

（2）货币政策是为实现特定的经济目标而采取的调节社会总需求的措施。

（3）货币政策是由货币政策目标、货币政策工具、货币政策效果三部分构成。

（4）货币政策是一种间接调控、长期连续的调节方式。

（5）货币政策的类型：货币政策包括宽松的货币政策、紧缩的货币政策和稳健的货币政策三种。

①宽松的货币政策：中央银行增加货币供应量、降低利率，以刺激投资、增加总需求。具体措施包括降低法定存款准备金率、降低再贴现率、公开市场买入证券。

②紧缩的货币政策：中央银行减少货币供应量、提高利率，以抑制投资、减少总需求。具体措施包括提高法定存款准备金率、提高再贴现率、公开市场卖出证券。

③稳健的货币政策：保持货币信贷增长与国民经济的协调性。

三、货币政策运行机制 ★★

货币政策运行机制是：中央银行通过实施货币政策对操作目标施加影响，进而调控中介指标，通过中介指标影响企业的投资和居民的消费，最终调节总需求，实现最终目标。整个运行机制涉及七个要素、两个领域、三个阶段，完整的运行机制见图 6-19。

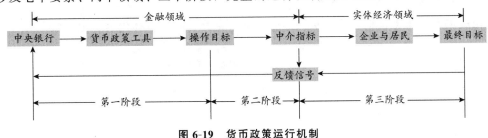

图 6-19　货币政策运行机制

（一）七个要素

（1）中央银行：中央银行是调控主体。

（2）货币政策工具：货币政策工具是调控工具。

（3）操作目标：操作目标是货币政策直接作用的指标。

（4）中介指标：利率和货币供应量中介指标是介于操作目标和最终目标之间的指标，中介指标能够承接操作目标的影响，进而影响最终目标。

（5）调控客体：企业和居民。货币政策的最终调节对象是总需求，货币政策通过调节企业的投资和居民的消费来调节总需求。

（6）调控目标：调控目标包括总需求（总供给）、最终目标。

（7）反馈信号：中央银行通过市场反馈的信号制定有针对性的政策。

①市场利率：市场利率是金融市场的信号。货币供给大于货币需求，利率下降；货币供给小于货币需求，利率上涨。

②市场价格：市场价格是产品市场的信号。总供给大于总需求，市场价格下降；总供给小于总需求，市场价格上涨。

（二）两个领域

1. 金融领域

中央银行通过货币政策调节操作目标中的基础货币，进而影响中介指标中货币供应量。这个过程是在金融领域完成的。

2. 实体经济领域

货币供应量的改变影响企业、居民的投资消费，进而影响总需求，实现最终目标，这个过程是在实体经济领域完成的。

（三）三个阶段

1. 第一阶段

中央银行通过货币政策调节操作目标中的基础货币。基础货币是中央银行直接调节的变量，属于一阶变量。

2. 第二阶段

通过操作目标中的基础货币影响中介指标中的货币供应量。货币供应量是间接调节的对象，属于二阶变量。

3. 第三阶段

通过中介目标中的货币供应量影响微观主体（企业、居民）的投资消费行为以调节需求，实现最终目标。

四、货币政策目标体系★★★

货币政策目标体系包括操作目标、中介目标、最终目标，具体内容见图6-20。

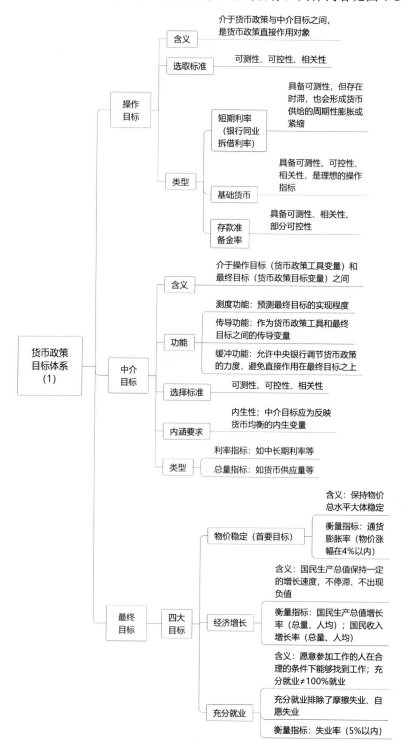

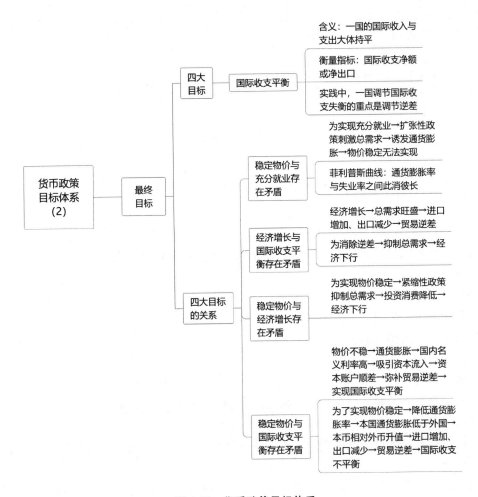

图 6-20　货币政策目标体系

　　我国货币政策的目标是"保持货币币值的稳定，并以此促进经济增长"，其实质是以防通货膨胀为主的多目标制。

五、货币政策工具★★★

（一）一般性货币政策工具

　　一般性货币政策工具属于总量调节工具，包括公开市场操作、再贴现政策、存款准备金率政策。

　　1. 公开市场操作

　　（1）作用机制。

　　①中央银行买卖证券→基础货币变动→货币供应量变动。

　　②中央银行买卖商业银行证券→超额存款准备金变动→基础货币变动→货币供应量变动。

　　（2）实施条件：金融市场发达；信用制度健全；中央银行和商业银行有充足的证券。

　　（3）评价。

　　关于公开市场操作的评价见表6-7。

表 6-7　公开市场操作的评价

优点	缺点
①中央银行拥有主动权 ②弹性大，可以微调或较大调整货币 ③买卖证券同时进行，可逆向修正货币政策 ④业务操作可连续进行 ⑤通过买卖证券稳定证券市场 ⑥最常用的政策工具	①时滞性长 ②干扰因素多，政策效果不确定

2. 再贴现政策

（1）含义：商业银行持有未到期票据向中央银行贴现，以获取资金。

（2）内容。

①调节再贴现率，影响商业银行融资成本。

②规定再贴现的申请资格，区别对待再贴现票据的种类和申请机构，引导资金流向。

（3）前提条件。

①再贴现率比市场利率低。

②商业银行向中央银行借款采取再贴现方式。

③以票据业务为融资的主要方式之一。

（4）作用机制。

①借款成本效果。

调节再贴现率→影响金融机构融资成本→影响金融机构借款数量→改变基础货币投放量→调节货币供给量。

调节再贴现率→影响金融机构融资成本→改变金融机构信贷利率→调节客户信贷需求→影响货币供应量。

②结构调节效果。规定再贴现票据种类，不同行业区别对待。实行差别再贴现率，影响再贴现数额。

③宣示效果。再贴现率的变动影响市场利率，引导微观主体改变信贷需求。

（5）评价。

①优点。有利于中央银行发挥最后贷款人的作用；机动、灵活，总量和结构均可调节；票据融资，风险小。

②缺点：中央银行无主动权。

3. 存款准备金率政策

（1）作用机制。

①调节法定存款准备金率→影响货币乘数→改变货币供应量。

②调节法定存款准备金率→影响超额存款准备金数量→改变信贷资金数量→调节信贷规模。

③宣示作用：存款准备金率上升→信用收缩→利率上涨。

（2）内容：规定存款准备金的计提基础、构成、提取时间、法定存款准备金率。

（3）评价。

①优点：中央银行有绝对自主权；操作简单，容易实施；迅速调节货币量；公平，对所有金融机构同等要求。

②缺点：作用猛烈，存款准备金率微小变动会对货币供应量产生巨大影响；缺乏弹性，无法日常性频繁使用；政策效果受超额存款准备金影响，银行可通过超额存款准备金对抗货币政策效果。

【考点小贴士】本知识点主要理解 3 种政策工具的优缺点。

（二）其他货币政策工具

其他货币政策工具包括选择性货币政策工具、直接信用控制的货币政策工具、间接信用指导的货币政策工具，具体内容见图 6-21。

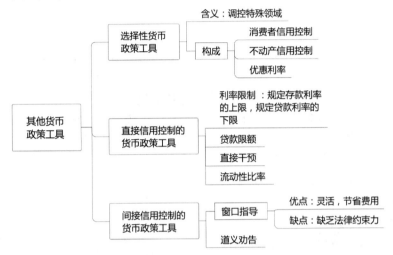

图 6-21 其他货币政策工具

（三）我国货币政策工具

1. 我国货币政策工具概述

（1）公开市场操作。

公开市场操作的内容见表 6-8。

表 6-8 公开市场操作

常规操作	内容
回购交易	正回购（先卖后买）包括：①正回购实行：回笼货币；②正回购到期：投放货币
	逆回购（先买后卖）包括：①逆回购实行：投放货币；②逆回购到期：回笼货币
现券交易	含义：中央银行单向行为，无逆向操作
	方式：①现券买断：中央银行买入证券、投放货币；②现券卖断：中央银行卖出证券、回笼货币
发行中央银行票据	①中央银行票据的发行：回笼货币；②中央银行票据的到期：投放货币
短期流动性调节工具（SLO）	公开市场常规操作的必要补充

（2）常备借贷便利（SLF）。

①目的：满足金融机构较长期限、大额流动性需求。

②对象：政策性银行和全国性商业银行。

③期限：1～3 个月。

④特点：a. 覆盖面广，通常覆盖存款金融机构；b. 金融机构主动发起；c. 针对性强，中央银行与金融机构"一对一"交易。

（3）中期借贷便利（MLF）。

①对象：符合宏观审慎管理要求的商业银行、政策性银行。

②发放方式：质押（合格质押品：中央银行票据、国债、政策性金融债、高等级信用债）。

（4）定向中期借贷便利。

①期限：3年。

②支持民营企业、小微企业。

③操作利率比中期借贷便利利率优惠15个基点。

（5）民营企业债券融资支持工具。

支持暂时遇到困难，但有市场、有前景、技术有竞争力的民营企业债券融资。

（6）抵押补充贷款（PSL）。

①目的：支持小微、三农、棚户区改造等重点领域和薄弱环节。

②发放方式：质押（合格质押品：高等级债券资产、优质信贷资产）。

（7）临时流动性便利（TLF）。

①目的：应对季节性的（春节）集中现金投放需求。

②对象：现金投放占比高的大型商业银行。

③期限：28天。

（8）临时准备金动用安排。

①对象：现金投放占比高的全国性银行。

②目的：保障春节前集中性现金投放的需求。

③操作方式：允许银行使用不超过两个百分点的法定存款准备金。

④期限：30天。

（9）专项再贷款。

①为应对新型冠状病毒肺炎疫情提供优惠利率的信贷支持。

②专项再贷款资金投向实行重点企业名单制管理。

③专项再贷款发放采取"先贷后借"的报销制。

2. 我国货币政策的特点

我国货币政策的特点见图6-22。

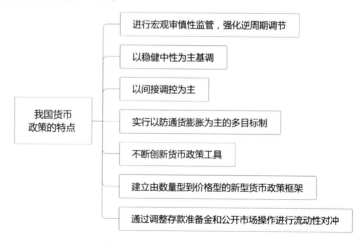

图6-22 我国货币政策的特点

六、货币政策传导机制

（一）凯恩斯学派的货币政策传导机制理论

（1）传导机制：$M \rightarrow r \rightarrow I \rightarrow E \rightarrow Y$。货币供应量增加→利率下降→投资增加→总支出增加→总收入增加。

（2）关键环节：利率。

（3）评价：

①凯恩斯传导机制属于局部均衡分析，仅分析货币市场对产品市场的影响。

②货币政策的效果取决于投资的利率弹性和货币需求的利率弹性。①投资的利率弹性大：利率稍一变动，投资即有较大变动，因此引起总收入有较大变动；②货币需求的利率弹性小：中央银行增加货币供给，利率下降，而利率下降会导致货币需求增加，增加的货币需求会冲销货币供给的效果，那么即便利率有较大变动，货币需求可能也不变动，因此货币政策效果明显。

（4）修正后的传导机制。

凯恩斯学派修正后的传导机制侧重于一般均衡分析，强调产品市场与货币市场的相互作用：

①货币市场对产品市场的影响：货币供应量增加→利率下降→投资增加→总需求增加→总产出、总收入增加。

②产品市场对货币市场的影响：总产出、总收入增加→货币需求增加→利率上涨。

③产品市场与货币市场相互作用：利率上涨→总需求下降→总产出、总收入下降。

④由上述三条可见，产品市场与货币市场之间相互作用、循环往复，最终结果是产品市场和货币市场都实现均衡。

（二）货币学派的货币政策传导机制理论

（1）提出者：弗里德曼。

（2）传导机制：$M \rightarrow E \rightarrow I \rightarrow y$。

货币供给增加→总支出增加→增加的支出用于投资→引起收入增加。

（3）关键环节：货币供应量。

━━━━━━━━━━ 小试牛刀 ━━━━━━━━━━

[单选题] 作为中央银行实行金融宏观调控的重要变量，货币供应量属于（　　）。

A. 二阶变量　　　　　　　　　　　B. 三阶变量

C. 随机变量　　　　　　　　　　　D. 一阶变量

[解析] 基础货币是货币政策工具直接调控的变量，属于一阶变量。货币供应量属于货币政策工具间接调控的目标，是二阶变量。

[答案] A

[单选题] 货币政策中介目标必须能够被迅速、准确地观测，这反应了中介目标的（　　）。

A. 内生性　　　　　　　　　　　　B. 可测性

C. 可控性　　　　　　　　　　　　D. 相关性

[解析] 可测性是指中介目标能够被中央银行迅速、准确地观测，B项正确。内生性是指中介目标必须是反映货币均衡状况或均衡水平的内生变量，是内涵要求，A项错误。可控性是

指中介目标能够被中央银行控制，C项错误。相关性是指中介目标与最终目标相关，D项错误。

[答案] B

[单选题] 2014 年 4 月，为开发性金融支持棚改提供长期稳定、成本适当的资金来源，中国人民银行决定创设（　　　）。

　A. 中期借贷便利　　　　　　　　　　　B. 临时流动性便利

　C. 抵押补充贷款　　　　　　　　　　　D. 常备借贷便利

[解析] 2014 年 4 月 25 日，中国人民银行创设抵押补充贷款（PSL），为开发性金融支持棚改提供长期稳定、成本适当的资金来源。

[答案] C

[单选题] 关于货币政策的说法，正确的是（　　　）。

　A. 货币政策主要是直接调控政策

　B. 货币政策是微观经济政策

　C. 货币政策是调节社会总需求的政策

　D. 货币政策无法调节信用总量

[解析] 货币政策主要是间接调控政策，A项错误。货币政策是宏观经济政策，B项错误。货币政策一般涉及国民经济运行中的货币供应量、信用总量、利率、汇率等宏观经济总量问题，而不是银行或厂商等微观经济个量问题，D项错误。

[答案] C

[单选题] 下列货币政策工具中，属于直接信用控制类的货币政策工具是（　　　）。

　A. 优惠利率　　　　　　　　　　　　　B. 再贴现利率

　C. 准备金率　　　　　　　　　　　　　D. 流动性比率

[解析] 直接信用控制的货币政策工具包括贷款限额、利率限制、流动性比率、直接干预。A项属于选择性货币政策工具；B、C两项属于一般性货币政策工具。

[答案] D

[单选题] 中期借贷便利作为人民银行新创设的货币政策工具，其发放方式是（　　　）。

　A. 担保方式　　　　　　　　　　　　　B. 质押方式

　C. 信用方式　　　　　　　　　　　　　D. 抵押方式

[解析] 中期借贷便利以质押方式发放，合格质押品包括国债、中央银行票据、政策性金融债、高等级信用债等优质债券。

[答案] B

第七章 金融风险与金融监管

大纲再现

（1）进行商业银行风险管理。

（2）理解全面风险管理，设计金融风险管理的流程，进行各类风险管理。

（3）分析我国的金融风险管理。

（4）理解金融监管的基本原则和主要理论，分析我国金融监管的发展演进，分析我国金融监管的框架和内容。

大纲解读

本章历年考试分值在3～7分，常以单选题、多选题出现。

本章属于宏观调控部分，包括金融风险与金融监管两部分内容，系统介绍了金融风险的分类、金融风险的管理以及金融监管理论，高频考点包括金融风险管理、银行业监管。近年来，本章的命题趋势呈现以下特点：一是考查银行监管中的"数字类"内容；二是考查措施、特点、原则类知识点的记忆。本章思维导图较多，应充分利用导图来梳理知识结构，记忆导图中的考点，加强对琐碎知识点的掌握。

知识脉络

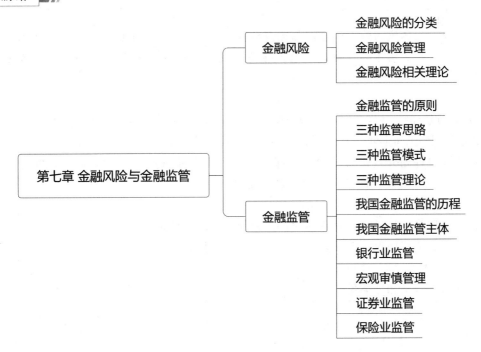

考点 1 金融风险

一、金融风险的分类

（一）根据金融风险的成因划分

1. 信用风险

（1）狭义：违约风险。

（2）广义：由于信用因素导致实际收益与目标发生背离，可能带来额外收益或损失。

2. 操作风险

（1）含义。

由内部程序、人员、系统、外部事件所造成损失的可能性，包括法律风险，不包括策略风险、声誉风险。

（2）分类：①操作性杠杆风险为外部因素；②操作性失误风险为内部因素。

3. 流动性风险

（1）商业银行无法以合理成本及时获得充足资金。

（2）资产在不蒙受损失的情况下，无法迅速变现。

4. 法律风险

（1）属于特殊操作风险。

（2）金融机构签署文件违规、文件条款不具备可行性、未能履行职责，使其遭受损失的可能性。

5. 合规风险

银行未能遵守法律、法规、规章、制度等，使其遭受法律制裁或监管处罚、重大财务损失或声誉损失的风险。

6. 国家风险

（1）含义。①国家风险发生在国际经济金融活动中，在一国范围内经济金融活动不存在国家风险；②发生在经济主体与异国交易对手进行交易时；③每一个主体都有可能遭受国家风险，包括政府、企业、个人。

（2）分类

①按引发风险的主体划分：a. 主权风险，即指他国的政府或货币当局不能清偿债务；b. 转移风险，即指他国的民间主体由于外汇管制、罚没、国有化等不能清偿债务。

②按风险事件划分：a. 经济风险，即经济因素引发的风险；b. 政治风险，即政治因素引发的风险；c. 社会风险，即社会环境因素引发的风险。

7. 声誉风险

（1）声誉风险是指遭受公众负面评价而蒙受损失的可能性。

（2）在《新资本协议（征求意见稿）》中，声誉风险属于第二支柱。

8. 市场风险

市场风险的含义和分类见表7-1。

表 7-1　市场风险的含义和分类

项目		具体内容
含义		市场价格的不利变动所带来的可能性损失
分类	汇率风险	（1）交易风险：①在经济交易中（贸易）由于汇率变动造成损失的可能性；②发生在交易时，是实际的经济损失 （2）折算风险（会计风险）：①合并母子公司报表时，需将外币记账的子公司报表转为本国货币重新做账，由于汇率变动导致报表合并后账面出现损失；②发生在交易后，是账面损失 （3）经济风险：①由于汇率变动对未来现金流造成的影响；②是三种汇率风险中最复杂的汇率风险
	利率风险	（1）借方利率风险：①固定利率借入长期资金，利率下降，不能享受低利息成本；②浮动利率借入长期资金，利率上升，借款成本随之上升；③连续借入短期资金，利率不断上升，新借入成本不断上升 （2）贷方利率风险：①固定利率贷出长期资金，利率上升，不能享受高利息收益；②浮动利率贷出长期资金，利率下降，利息收益随之下降；③连续贷出短期资金，利率不断下降，新贷出收益不断下降 （3）借贷双方共同利率风险：①利率不匹配——借入资金采用浮动利率贷出资金采用固定利率，利率上涨；贷出资金采用浮动利率借入资金采用固定利率，利率下降。②期限不匹配——借短放长，利率上升；借长放短，利率下降
	投资风险	（1）股票投资的风险：购买股票后价格下降 （2）金融期货投资的风险：①多头，期货价格下降；②空头，期货价格上升 （3）金融期权投资的风险：①期权买方（买方的风险来自于标的资产价格变动造成期权费的损失）：买入看涨期权，价格下降；买入看跌期权，价格上涨。②期权卖方：卖出看涨期权，价格上涨；卖出看跌期权，价格下跌

【考点小贴士】主要考查八大风险的构成。

（二）根据金融市场主体对风险的认知划分

（1）主观风险。

（2）客观风险。

（三）根据金融风险能否分散（风险发生范围）划分

（1）系统性风险：全局性风险，不可通过组合投资分散。

（2）非系统性风险：局部风险，能够通过组合投资分散。

（四）根据风险来源划分

（1）外部风险：商业银行以外的因素导致的风险。

（2）内部风险：商业银行内部因素导致的风险。

（五）巴塞尔委员会对风险类型的划分

1. 标准

划分标准是业务特征和风险诱发原因。

2. 分类

金融风险包括信用风险、市场风险、操作风险、流动性风险、国家风险、声誉风险、法律风险和战略风险。

二、金融风险管理

（一）风险管理流程

1. 金融风险管理流程★★★

完整的金融风险管理流程包括以下步骤：风险识别→风险评估→风险分类→风险控制→风险监控→风险报告。其具体内容见图 7-1。

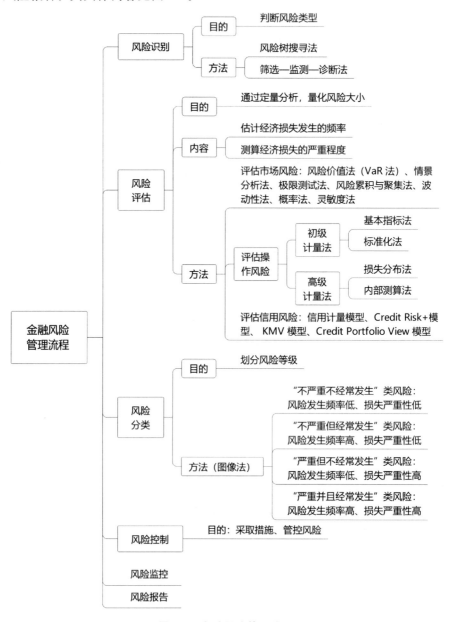

图 7-1　金融风险管理流程

2. 商业银行风险管理流程

（1）风险识别。风险识别包含识别风险和分析风险两部分。

（2）风险计量。风险计量是指定量分析风险发生的概率和可能的损失大小。

（3）风险监测。风险监测是指监控风险指标，判断其是否已达到引起关注的水平或超过阈值。

（4）风险控制。风险控制是指通过分散、对冲、转移、规避、控制等措施管控风险。

（二）风险管理措施

1. 风险管理策略

（1）风险预防。风险预防措施包括：①自有资本充足（抵御风险的最终防线）；②准备金适当。

（2）风险对冲。

①含义：投资与标的资产收益负相关的资产或衍生品，以冲销潜在损失的一种风险管理策略。

②应用：主要应用于信用风险管理中。

（3）风险分散。

①措施：组合投资、资产结构多样化、投资负相关或不相关的资产。

②局限：风险分散只能分散非系统性风险，无法分散系统性风险。

（4）风险补偿。

①合同补偿：风险计价。

②保险补偿：存款保险制度。

③法律补偿：提起诉讼。

（5）风险转移。

①保险转移：出口信贷保险。

②非保险转移：担保。

（6）风险抑制。承担风险之后，采取措施防止风险恶化，减少损失。

2. 信用风险管理★★

信用风险管理的具体内容见图 7-2。

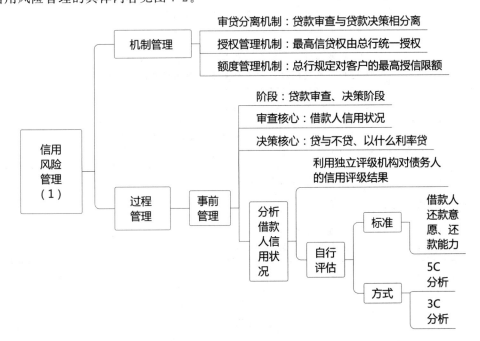

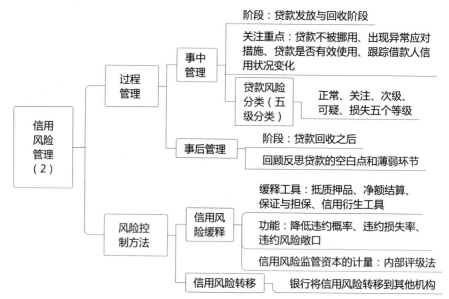

图 7-2　信用风险管理

【提示】5C 分析法即从偿还能力（Capacity）、资本（Capital）、品格（Character）、担保品（Collateral）、经营环境（Conditions）五个方面进行全面分析。3C 分析法即从现金流（Cash）、管理（Control）、事业的连续性（Continuity）三个方面进行分析。

3. 市场风险管理★★

市场风险管理的内容见表 7-2。

表 7-2　市场风险管理

项目	具体说明	
市场风险管理方法	市场风险对冲	（1）表内对冲：配对管理，有效搭配资产负债结构 （2）表外对冲（市场对冲）：利用金融衍生品对冲
	限额管理	（1）交易限额：限定总交易头寸或净交易头寸 （2）敏感度限额：对单个要素的影响程度设定限额 （3）止损限额：限定的最大损失额 （4）风险限额：设定市场风险限额
	经济资本配置	（1）自上而下法：制定市场风险管理战略规划 （2）自下而上法：当期绩效考核
市场风险管理内容	汇率风险的管理	（1）提前或推迟收付外币 （2）选择有利的货币 （3）做远期外汇交易 （4）进行结构性套期保值 （5）做货币衍生产品交易

续表

项目		具体说明
市场风险管理内容	利率风险的管理	(1) 选择有利的利率 (2) 缺口管理 (3) 久期管理 (4) 调整借贷期限 (5) 利用利率衍生品交易
	投资风险的管理	(1) 股票投资：①预测涨价，买入；预测降价，卖出；②风险分散、组合投资；③以股指期货交易或股指期权交易代替个股投资，规避相对集中的风险；④购买股票基金，不进行个股投资 (2) 金融衍生品：①限额管理；②风险敞口对冲与套期保值

4. 操作风险管理

操作风险管理的具体内容见表 7-3。

表 7-3　操作风险管理

项目	具体内容
操作风险管理框架	(1) 适当的组织架构 (2) 董事会的监督控制 (3) 高级管理层的职责 (4) 计提操作风险所需资本的规定 (5) 操作风险管理政策、方法和程序
风险管理战略	(1) 操作风险管理政策（总纲领） (2) 风险容忍度（核心内容，体现风险承受水平） (3) 业务目标

5. 其他风险管理

其他风险管理包括流动性风险管理、法律与合规风险管理、国家风险管理、声誉风险管理，具体内容见表 7-4。

表 7-4　其他风险管理

其他风险管理		具体内容
国家风险的管理	企业层面	(1) 针对国家风险投保 (2) 将国际债权转让 (3) 针对国家风险建立预警机制 (4) 以跨国联合的股份化投资方式，发展当地重要的战略投资者 (5) 在全面风险管理体系中纳入国家风险 (6) 建立国家风险报告与评级制度 (7) 实行多样化的交易国别 (8) 通过辛迪加贷款（银团贷款）、国别限额管理、国别差异化的信贷政策、寻求第三者保证等方式保证国际贷款 (9) 严设国际贷款审贷程序、严格评估借款人的国家风险 (10) 与东道国政府签订特许协定
	国家层面	(1) 将对外投资保护纳入国际保护体系，通过谈判参与国际组织、区域性组织的多边投资保护协定活动 (2) 商业银行对有关国家的债权需要建立最低准备金，以符合监管层要求 (3) 设立官方保险或担保公司对国家风险提供保险或担保 (4) 经贸活动中给予外交援助 (5) 与别国订立双边投资促进与保护协定

续表

其他风险管理	具体内容
流动性风险的管理	（1）保持资产和负债的流动性 （2）使资产和负债在期限、流动性上匹配（资产和负债流动性综合管理）
法律风险与 合规风险的管理	（1）建立合规风险管理体系 （2）管理方法： ①进行合规考核、建立问责机制 ②建立预警与整改机制 ③建立合规文化、确立合规基调 ④识别、评估、报告合规风险

声誉风险的管理	管理方式	完善公司治理结构、树立全面风险管理理念、做好防范危机准备工作、正确识别和管理各类风险
	具体方法	（1）管理合规风险、操作风险 （2）使金融机构的发展战略符合多数利益持有者的期望，统一社会责任感与经营目标 （3）管理培训声誉风险 （4）规划危机管理、及时处理投诉和批评、与媒体保持良好沟通

（三）全面风险管理理念

1. 提出

COSO 在《企业风险管理——整合框架》中提出的。

2. 含义

（1）全面风险管理是由董事会、管理层、其他人员实施的过程。

（2）要求识别和管理风险，以使其在风险偏好之内。

3. 三个维度

（1）企业层级：包括整个企业、各职能部门、各条业务线及下属子公司。

（2）企业目标：包括经营目标、报告目标、战略目标和合规目标。

（3）风险管理要素：包括事件识别、控制活动、内部环境、风险对策、目标设定、风险评估、信息与沟通和监控。

4. 全面风险管理的基本框架

全面风险管理的基本框架见表7-5。

表 7-5　全面风险管理的基本框架

项目	具体内容
第一支柱	信用风险、市场风险、操作风险
第二支柱	（1）第一支柱涉及但没有完全覆盖的风险：集中度风险、剩余操作风险 （2）第一支柱未涉及的风险：银行账户利率风险、流动性风险、声誉风险、战略风险 （3）对商业银行有实质性影响的其他风险

5. 全面风险管理的规定

全面风险管理的规定见表7-6。

表 7-6 全面风险管理的规定

项目	规定
全面风险管理框架	巴塞尔协议和《企业风险管理——整合框架》
全面风险管理逻辑	以经济价值、风险调整后的资本回报率为核心
管理架构	业务、风险、资本为一体；战略、执行、操作三个层次
风险管理体系	全员、全行、全方位、全程

（四）我国的风险管理

我国风险管理的措施见图 7-3。

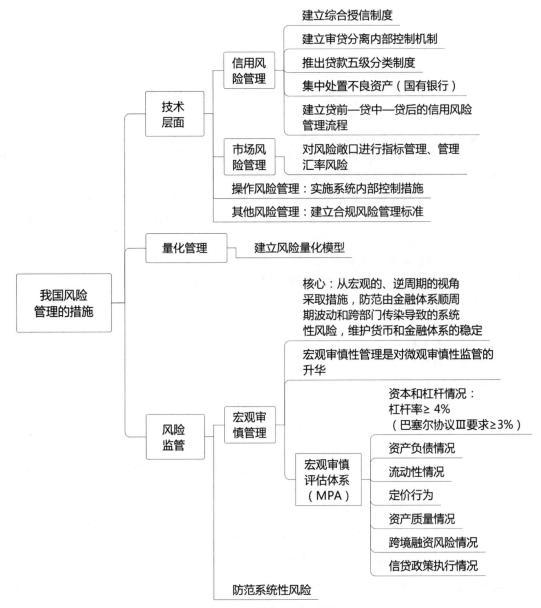

图 7-3 我国风险管理的措施

> **·知识拓展·**
>
> （1）国务院金融稳定发展委员会的办公室设在中国人民银行。
>
> （2）宏观审慎管理局的职责：牵头建立宏观审慎政策框架和基本制度，建立系统重要性银行的识别、评估与处置机制。

三、金融风险相关理论

（一）金融不稳定理论

（1）理论：金融不稳定理论认为金融体系具有天然的内在不稳定性。

（2）海曼·明斯基和查尔斯·金德尔伯格从周期性视角解释了金融体系不稳定的孕育和发展。

（3）弗里德曼和施瓦茨认为货币过度供给造成了金融体系的动荡，货币政策的失误引发了金融不稳定的产生和积累。

（二）信息不对称理论

（1）信息不对称理论认为各类人员对有关信息的了解有差异，市场中的人因获得信息渠道的不同、信息量的多寡而承担不同的风险。

（2）信息不对称会产生逆向选择和道德风险。

①逆向选择：交易之前的信息不对称。旧车市场模型（阿克洛夫提出）开创了逆向选择理论。斯蒂格利茨、韦斯将这一模型引入金融市场。

②道德风险：交易之后的信息不对称。包括三种情况：违反借款协议，私自改变资金用途；借款人隐瞒投资收益，逃避偿付义务；借款人对借入资金的使用效益漠不关心，不负责任，不努力工作，致使借入资金发生损失。

（三）金融资产价格的剧烈波动理论

金融资产价格的剧烈波动理论认为波动原因有以下几点：

（1）过度投机的存在。

（2）大量信用和杠杆交易。

（3）宏观经济的不稳定性。

（4）市场操纵机制的作用。

（四）金融风险的国际传播理论

（1）重要载体：大规模资本在全球范围内无限制地自由流动。

（2）技术支撑：金融交易电子化、网络化使国际巨额投机资本能够迅速地从一国转移到另一国。

（3）金融衍生品增加国际投机资本的工具，杠杆作用放大了国际投机资本的冲击效应。

（4）各国宏观经济政策出现"溢入溢出效应"，国外货币政策影响国内，国内货币政策没有或只有一小部分作用于国内经济变量，对本国的金融风险的作用弱化，一国的金融风险会影响另一国的经济变量和金融市场环境，从而引致国际金融风险。

······ ◆小试牛刀 ······

[单选题] 某公司与其新加坡分公司的资产负债表进行合并时，由于新币编制，折算出的资产金额比预期减少，该公司由此面临的风险属于汇率风险中的（　　）。

A. 交易风险　　　　　　　　　　　　B. 操作风险

C. 估值风险　　　　　　　　　　　　　　D. 折算风险

[解析] 折算风险是指为了合并母子公司的财务报表，在用外币记账的外国子公司的财务报表转变为用母公司所在国货币重新做账时，导致账户上股东权益项目的潜在变化所造成的风险。因此题干所述符合折算风险的概念，D项正确。

[答案] D

[单选题] A银行依据层级和管理水平高低，给予所属职能部门下属分支机构不同的最高信贷权限，这是银行信用风险管理中的（　　）。

A. 过程管理　　　　　　　　　　　　　　B. 事前管理

C. 机制管理　　　　　　　　　　　　　　D. 市场管理

[解析] 题干所述为信用风险机制管理中的授权管理机制，C项正确。

[答案] C

[多选题] 金融风险管理中，控制市场风险的基本方法有（　　）。

A. 经济资本配置　　　　　　　　　　　　B. 表外对冲

C. 资产证券化　　　　　　　　　　　　　D. 表内对冲

E. 限额管理

[解析] 市场风险控制的基本方法包括限额管理、市场风险对冲及经济资本配置。其中，市场风险对冲包括：表内对冲和表外对冲。因此，A、B、C、D四项均正确。

[答案] ABDE

[单选题] 某企业采取跨国联合的股份化投资方式向海外投资，从风险防范的角度看，这样做的主要目的在于规避（　　）。

A. 国家风险　　　　　　　　　　　　　　B. 声誉风险

C. 合规风险　　　　　　　　　　　　　　D. 操作风险

[解析] 根据题干可知，采取跨国联合的股份化投资方式向海外投资，属于从企业方面管理国家风险，A项正确。

[答案] A

[单选题] 2017年11月成立的国务院金融稳定发展委员会的主要职能是（　　）。

A. 监管执法　　　　　　　　　　　　　　B. 机构监管

C. 监管协调　　　　　　　　　　　　　　D. 行为监管

[解析] 2017年，经党中央、国务院批准，国务院金融稳定发展委员会成立，旨在加强金融监管协调、补齐监管短板。

[答案] C

考点② 金融监管

一、金融监管的原则

（1）监管主体独立性原则（基本前提）。

（2）外部监管与自律并重原则。

（3）统一性原则。统一国内金融和国际金融，统一微观金融和宏观金融。

（4）安全稳健与经营效率结合原则。

金融监管不是消极的防范风险，应当促使银行将积极防范风险同提高金融经营效率相协调。

（5）依法监管原则。

①金融监管机构的地位、职责必须以法律形式确定。

②金融监管机构必须依法监管。

③金融机构依法接受监管，保证监管的有效性。

（6）适度竞争原则。

二、三种监管思路★★★

三种监管思路的对比见表7-7。

表7-7　三种监管思路的对比

项目	机构监管	功能监管	目标监管
监管方式	以机构区分监管主体，不同类型的金融机构的所有业务由不同监管机构监管	以业务类型区分监管主体，不同业务类型由不同监管机构监管	以监管目标区分监管主体，按照审慎监管目标和市场行为监管目标设立两类监管部门，两个部门对所有机构统一监管，但侧重点不同
问题	监管重叠、监管缺位、监管套利；与混业经营的趋势背离	重业务监管、轻公司监管，多个监管部门监管同一个机构，监管成本上升	多个监管部门监管同一个机构，监管成本上升、监管效率下降

三、三种监管模式★★★

（1）分业监管。分业监管对应机构监管，不同监管部门监管不同金融机构。

（2）统一监管。统一监管对应目标监管，按照监管目的的不同设立几类监管机构，对所有金融机构进行统一监管，但侧重点不同。代表国家是澳大利亚，其采用的是双峰式监管模式。

（3）超级监管模式。超级监管模式是极端化的统一监管，所有监管目的均由一个监管机构负责。代表国家有韩国、英国、新加坡。

四、三种监管理论★★

（一）公共利益论

（1）起源：20世纪30年代美国经济危机。

（2）理论主张：市场机制可能造成资源配置效率低下，政府需要代表社会公共利益，通过监管纠正社会不公正等现象，进行经济干预。

（二）社会选择论

（1）政府管制是特殊的商品，存在需求和供给。

（2）由公共选择决定是否进行政府管制。

（三）特殊利益论

政府管制仅能保护特殊利益集团，出现"猫鼠追逐"的腐败现象，对整个社会没有利益。

五、我国金融监管的历程

（1）第一阶段：1983年以前；建立"大一统"的国家金融体系；中国人民银行充当国家

的银行。

（2）第二阶段：1983 年—1991 年；中国人民银行专门进行金融管理、制定和执行货币政策，用经济办法管理金融机构；中国人民银行是管理全国金融事业的国家机关。

（3）第三阶段：1992 年—1997 年；1992 年，中国证监会成立，形成分业经营、分业监管的雏形。

（4）第四阶段：1998 年—2002 年；确立分业监管体制，由人民银行负责银行业、信托业；中国证监会负责证券业；中国保险监督管理委员会（简称中国保监会）分管保险业。

（5）第五阶段：2003 年至今；2003 年，中国银监会成立；2017 年，金融稳定发展委员会成立，其办公室设在中国人民银行。2018 年，中国银保监会成立。

六、我国金融监管主体★★★

我国金融监管主体的具体内容见图 7-4。

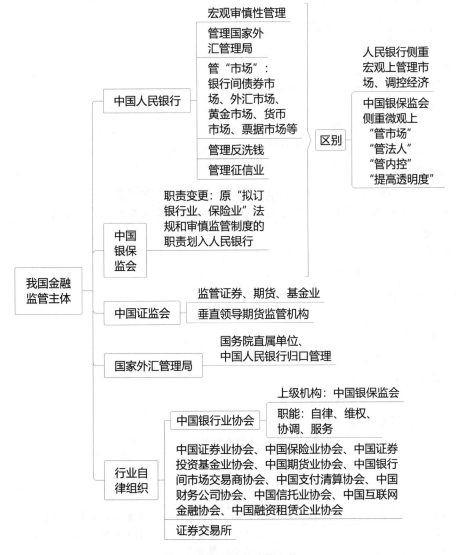

图 7-4　我国金融监管主体

【考点小贴士】每个机构的监管范围是考查的重点，上图中内容需全部掌握。

•知识点拨•

1. 中国银保监会与中国人民银行的职责区分

（1）法律、法规、制度。

①中国银保监会不能拟定：银行业和保险业重要法律法规草案、审慎监管基本制度。

②中国银保监会可以参与起草：银行业和保险业重要法律法规草案、审慎监管基本制度、金融消费者保护基本制度。

③中国银保监会可以起草：银行业和保险业其他法律法规草案。

④中国银保监会可以参与拟订：金融业改革发展战略规划。

（2）银行业、保险业重要法律法规草案和审慎监管基本制度。

①中国人民银行：拟订。

②中国银保监会：不能拟定，但可以参与起草。

（3）金融业改革开放和发展规划。

①中国人民银行：拟定。

②中国银保监会：参与拟订。

2. 国家外汇管理局与中国人民银行的职责区分

（1）人民币汇率政策。

①中国人民银行：制定和实施。

②国家外汇管理局：向中国人民银行提供建议和依据。

（2）国际储备。

①中国人民银行：持有、管理、经营国家外汇储备和黄金储备。

②国家外汇管理局：承担国家外汇储备、黄金储备和其他外汇资产经营管理的责任。

七、银行业监管

（一）银行业监管内容

1. 市场准入监管

（1）审批注册机构。

（2）审批注册资本。

（3）审批高级管理人员的任职资格。

（4）审批业务范围。

2. 处理有问题银行及市场退出监管

处理有问题银行及市场退出监管的内容见表7-8。

表7-8　处理有问题银行及市场退出监管

项目	具体内容	
处理有问题银行	有问题银行	（1）含义：经营管理恶化、发生突发事件，有支付危机、倒闭或破产危险 （2）特征：内部控制制度失效；资产急剧扩张和质量低下；资产过于集中；财务状况严重恶化；流动性不足；涉嫌犯罪和从事内部交易

续表

项目		具体内容
处理有问题银行	处理措施	(1) 督促有问题银行采取有效措施，制订整改计划，改善内部控制，提高资本比例，增强支付能力 (2) 采取必要的管制措施 (3) 协调银行同业对有问题银行进行救助 (4) 中央银行进行救助 (5) 重组 (6) 接管
处置倒闭银行	倒闭情形	(1) 资不抵债 (2) 法院宣告破产
	处置措施	(1) 收购或兼并 (2) 依法清算

3. 市场运营监管

（1）资本充足性。

①最低资本要求。a. 核心一级资本充足率：不低于 5％；b. 一级资本充足率：不低于 6％；c.（总）资本充足率不低于 8％。

②储备资本要求：为风险加权资产的 2.5％，由核心一级资本满足。

③逆周期资本要求：为风险加权资产的 0～2.5％，由核心一级资本满足。

④系统重要性银行附加资本要求：为风险加权资产的 1％，由核心一级资本满足。

⑤商业银行杠杆率要求：不低于 4％。

（2）资产安全性。★★★

资产安全性的具体内容见表7-9。

表 7-9　资产安全性

项目		具体内容
贷款五级分类		正常贷款、关注贷款、次级贷款、可疑贷款、损失贷款，其中后三类贷款为不良贷款
风险水平类指标（静态）		①不良资产率：≤4％ ②不良贷款率：≤5％ ③单一集团客户授信集中度：≤15％ ④单一客户贷款集中度：≤10％ ⑤全部关联度：≤50％
风险迁徙类指标（动态）	正常贷款迁徙率	①正常类贷款迁徙率 ②关注类贷款迁徙率
	不良贷款迁徙率	①次级类贷款迁徙率 ②可疑类贷款迁徙率
贷款损失准备充足性		①贷款拨备率＝贷款损失准备/各项贷款余额；基本标准：1.5％～2.5％ ②拨备覆盖率＝贷款损失准备/不良贷款余额；基本标准：120％～150％

（3）流动适度性。

流动适度性的具体内容见表7-10。

表7-10　流动适度性

监管项目	具体内容	
流动性适度水平	流动性风险指标	流动性覆盖率：≥100%
		净稳定资金比例：≥100%
		流动性匹配率：≥100%
		优质流动性资产充足率：≥100%
		流动性比例：≥25%
		核心负债比：≥60%
		流动性缺口率：≥−10%
资产负债期限匹配	—	
资产变化	—	

（4）收益合理性。

①盈利能力指标。a. 成本收入比：≤45%；b. 资产利润率：≥0.6%；c. 资本利润率：≥11%。

②监管内容：a. 分析收入的来源和结构；b. 分析支出的去向和结构；c. 分析收益的真实状况。

（5）内控有效性。内控目标如下：①保证国家有关法律规定及规章的贯彻执行；②保证商业银行发展战略和经营目标的实现；③保证商业银行风险管理的有效性；④保证商业银行业务记录、会计信息、财务信息和其他管理信息的真实、准确、完整和及时。

（二）银行业监管方法★

银行业监管的"三驾马车"：市场准入监管（银行业监管第一关）、非现场监管、现场检查。

1. 非现场监督

（1）方式：审查、分析报告和统计报表。

（2）目的：①评估银行机构的总体状况；②比较同组银行机构，关注整个银行业经营，促进银行业安全稳健运行；③跟踪问题银行，防止系统和区域金融危机。

2. 现场检查

（1）方式：现场进行实地审核、察看、取证、谈话。

（2）内容：合规性和风险性检查。

（3）合规性检查是现场检查的基础。

3. 并表监管

并表监管一方面是指银行监管部门要了解银行及集团的整体结构，另一方面是指银行监管部门与其他监管部门的协调能力。

监管内容包括本外币业务、表内外业务、境内外业务。

4. 监管评级〔骆驼评级制度（CAMELS）〕

CAMELS 分别指：资本充足性、资产质量、经营管理能力、盈利水平、流动性、市场敏感性。

八、宏观审慎管理

（一）宏观审慎政策概述

（1）"宏观审慎政策"主要是指利用审慎性工具防范系统性金融风险，避免实体经济遭受冲击。

（2）宏观审慎政策的目的是防范系统性风险，维护货币和金融体系的整体稳定。

（3）宏观审慎政策的目标和范围。

①通过增加缓冲资本，增强金融体系的弹性和韧性。

②通过降低资产价格和信贷投放之间的顺周期性，控制杠杆、债务等的不可持续增长，防范时间维度上的系统性风险。

③降低金融系统的脆弱性，防范由存在高度关联、有共同的风险暴露以及大型机构引起的系统性风险。

（二）我国宏观审慎政策的构建与完善

（1）"十二五"规划纲要首次提出要"构建逆周期的金融宏观审慎管理制度框架。

（2）2017 年 7 月，全国金融工作会议宣布设立国务院金融稳定发展委员会，其办公室设在中国人民银行。这是党中央、国务院为加强金融监管协调、保障金融安全稳定作出的重要制度性安排。

（3）我国建立了货币政策和宏观审慎政策双支柱调控框架作为国家金融政策的新框架。

（4）宏观审慎管理局负责牵头建立宏观审慎管理框架，拟订金融业重大法律法规和其他有关法律法规草案，制定审慎监管基本制度。

（5）2017 年，国务院金融稳定发展委员会成立，中国人民银行履行国务院金融稳定发展委员会办公室职责，使宏观审慎管理在人事和组织上有了明确的保证。

（6）差别准备金动态调整机制的正式实施，标志着我国宏观审慎管理有了具体的指标依托，宏观审慎的指标体系初步建立起来。

（7）从 2016 年起，将已执行五年的差别准备金动态调整和合意贷款管理机制"升级"为"宏观审慎评估体系"（MPA），标志着我国宏观审慎框架体系的构建进入了实质推进期和快速完善期。

（8）资本充足率为宏观审慎评估体系的核心。

（9）将表外理财纳入宏观审慎评估体系广义信贷指标范围。

（10）将绿色金融纳入宏观审慎评估体系信贷政策执行情况之列。

（11）继续加强房地产市场的宏观审慎管理，形成了以"因城施策"差别化住房信贷政策为主要内容的住房金融宏观审慎政策框架。

（12）把同业存单纳入宏观审慎评估体系同业负债占比指标进行考核。

九、证券业监管

证券业监管的主要内容：

（1）中国证监会及其派出机构、证券交易所按照分工协作的原则监管证券交易。

（2）上市公司监管包括上市公司信息披露、上市公司治理、并购重组三个方面。上市公司披露的信息包括证券募集说明书（发行信息）、定期报告、临时报告三类。

（3）市场准入监管。

①证券公司的股东应当用货币或者证券公司经营必需的非货币财产出资，证券公司股东的非货币财产出资总额不得超过证券公司注册资本的 30％。

②有因故意犯罪被判处刑罚，刑罚执行完毕未逾 3 年以及不能清偿到期债务等情形之一的单位或者个人，不得成为证券公司持股 5％以上的股东或者实际控制人。

③未经中国证监会批准，任何单位或者个人不得委托他人或者接受他人委托，持有或者管理证券公司的股权。证券公司的股东不得违反国家规定，约定不按照出资比例行使表决权。

④证券公司应当有 3 名以上在证券业担任高级管理人员满 2 年的高级管理人员。

（4）证券公司的分类监管。

根据证券公司评价计分的高低，证券公司分为 5 大类 11 个级别，即 A（AAA、AA、A）、B（BBB、BB、B）、C（CCC、CC、C）、D、E。针对不同类别的证券公司，实施扶优限劣、区别对待的监管政策。

（5）高管人员监管。

①证券公司不得聘任、选任未取得任职资格的人员担任证券公司的董事、监事、高级管理人员、境内分支机构负责人；已经聘任、选任的，有关聘任、选任的决议、决定无效。

②任何人未取得任职资格，实际行使证券公司董事、监事、高级管理人员或者境内分支机构负责人职权的，国务院证券监督管理机构应当责令其停止行使职权，予以公告，并可以按照规定对其实施证券市场禁入。

③证券公司董事、监事、高级管理人员或者境内分支机构负责人不再具备任职资格条件的，证券公司应当解除其职务并向国务院证券监督管理机构报告；证券公司未解除的，国务院证券监督管理机构应当责令证券公司解除。

（6）证券公司市场退出监管。

①证券公司停业、解散或者破产的，应当经国务院证券监督管理机构批准，并按照有关规定安置客户、处理未了结的业务。

②证券公司停止全部证券业务、解散、破产或者撤销境内分支机构的，应当在国务院证券监督管理机构指定的报刊上公告，并按照规定将经营证券业务许可证交国务院证券监督管理机

构注销。

（7）证券公司股东分类：控股股东、主要股东、持有证券公司5％以上股权的股东、持有证券公司5％以下股权的股东。

（8）证券公司增加注册资本且股权结构发生重大调整、减少注册资本，变更持有5％以上股权的股东、实际控制人，应当依法报中国证监会批准。

（9）投资者通过证券交易所购买证券公司股份达到5％的，应当依法举牌并报中国证监会批准，获批前，投资者不得继续增持该公司股份。

（10）证券公司股东以及股东的控股股东、实际控制人参股证券公司的数量不得超过2家，其中控制证券公司的数量不得超过1家。

（11）证券公司股东在股权锁定期内不得质押所持证券公司股权；股权锁定期满后，证券公司股东质押所持证券公司的股权比例不得超过所持该证券公司股权比例的50％。

（12）证券公司董事长是证券公司股权管理事务的第一责任人。证券公司董事会秘书协助董事长工作，是证券公司股权管理事务的直接责任人。

（13）中国证监会及其派出机构遵循审慎监管原则，依法对证券公司股权实施穿透式监管和分类监管。

十、保险业监管

保险业监管的具体内容见图7-5。

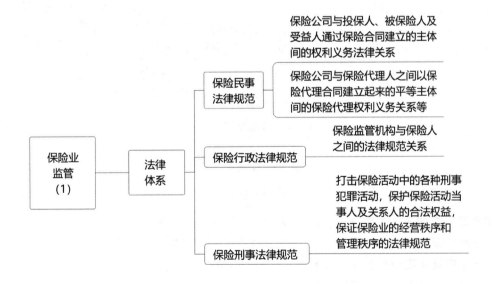

图7-5

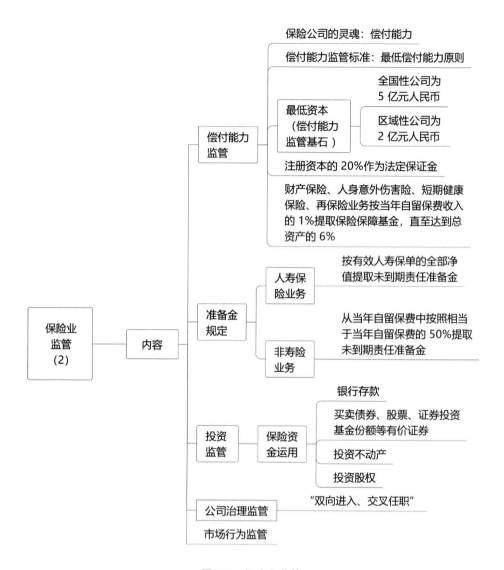

图 7-5　保险业监管

小试牛刀

[单选题] 党的十九大明确提出的"双支柱"调控框架政策是（　　　）。

A. 金融政策和货币政策

B. 宏观审慎政策和微观审慎政策

C. 健全货币政策和宏观审慎政策

D. 财政政策和货币政策

[解析] 中国共产党第十九次全国代表大会明确发出"健全货币政策和宏观审慎政策双支柱调控框架"的政策号令，这是我国首次以党中央文件的形式把"双支柱"调控框架正式确立为国家金融政策的新框架。

[答案] C

[单选题] 下列机构中，负责监督管理票据市场的是（　　）。

A. 中国人民银行

B. 中国银行业协会

C. 中国银行保险监督管理委员会

D. 中国证券监督管理委员会

[解析]"管市场"是中国人民银行的职责，中国人民银行负责监督管理银行间债券市场、货币市场、外汇市场、票据市场、黄金市场等。

[答案] A

[单选题] 根据《商业银行杠杆率管理办法（修订）》，商业银行并表和未并表的杠杆率均不得低于（　　）。

A. 8%

B. 3%

C. 25%

D. 4%

[解析]《商业银行杠杆率管理办法（修订）》规定，商业银行并表和未并表的杠杆率均不得低于4%。

[答案] D

[多选题] 在银行业监管中，监管当局对即将倒闭银行的处置措施有（　　）。

A. 收购

B. 兼并

C. 依法清算

D. 注册入股

E. 接管

[解析] 监管当局对即将倒闭银行的处置措施有收购、兼并、依法清算，A、B、C三项正确。处理有问题银行采取接管方式，E项错误。

[答案] ABC

第八章　国际金融

大纲再现

（1）分析汇率及其决定的基础与因素，理解汇率变动的影响。

（2）掌握汇率制度的类型和划分，分析我国人民币汇率制度改革。

（3）掌握国际收支平衡表，理解国际收支不平衡及调节措施。

（4）理解国际储备及管理，分析我国国际储备及管理措施。

（5）理解国际货币体系，理解外汇管理与外债管理，提出我国外汇管理与外债管理的改革措施。

大纲解读

本章历年考试分值在 9～19 分，常以单选题、多选题出现，并且连续三年考查案例分析题。

国际金融是一门独立的学科，其以国际收支、汇率等作为变量，研究开放经济下的金融问题。其中，外汇与汇率、国际储备与国际货币体系是重点内容。近年来，本章命题趋势呈现以下特点：一是倾向于考查案例分析题，且以计算题为主，出题点包括铸币平价的计算、黄金输送点的计算、测度国际储备总量的经验指标、测度外债总量管理的指标等，既考查公式的计算又考查指标值的记忆；二是倾向于考查我国的汇率制度、我国的外债管理、我国的外汇管理等，出题点包括"数字类"的记忆题、细节类题目，需要对细小知识点着重掌握。

知识脉络

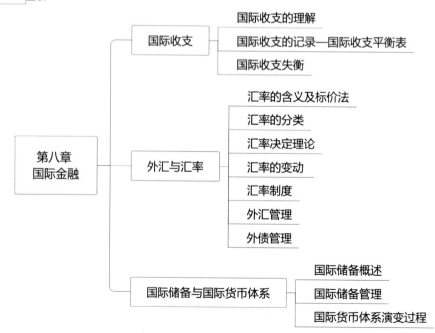

考点 ① 国际收支

一、国际收支的理解

(一) 国际收支的定义辨析

(1) 狭义的国际收支。狭义的国际收支以支付为基础，包括全部货币或外汇的收支。

(2) 广义的国际收支。广义的国际收支以交易为基础，包括全部经济交易系统的货币记录。

二者区别：狭义的国际收支以支付来界定，判断是否发生国际收支标准是看有无货币或外汇的支付；广义的国际收支以交易来界定，判断是否发生国际收支的标准是看有无经济交易。

(二) 国际收支的特点

1. 国际概念

国际收支的交易主体是一国居民和非居民。

2. 流量概念

国际收支是记录一段时间内发生的收入与支出。

3. 总量概念

国际收支衡量的是一定时期内一国的收入和支出总量。

4. 收支概念

国际收支衡量的是以货币计值的收入和支出量。

二、国际收支的记录—国际收支平衡表

(一) 复式记账法

国际收支平衡表按照复式记账法编制，在表中分设借方和贷方。

(1) 借方：以"－"号表示，记录支出科目（资金占用）。

借记—货物和服务进口，应付收入，资产增加，或负债减少。

(2) 贷方：以"＋"号表示，记录收入科目（资金来源）。

贷记—货物和服务出口，应收收入，资产减少，或负债增加。

(二) 账户内容

国际收支平衡表的账户内容见图 8-1。

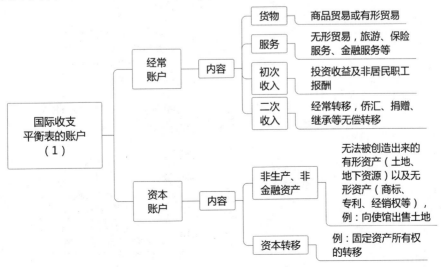

图 8-1 国际收支平衡表的账户

【考点小贴士】账户内容需记忆；经常账户中货物、服务、初次收入和二次收入中的例子仅供理解，不在考纲要求范围内。

三、国际收支失衡

（一）判断标准

国际收支失衡的判断标准是自主性交易的收入支出差额，顺差即自主性交易的收入大于支出，逆差即自主性交易的收入小于支出。

按照经济交易的动机不同，可将经济交易分为自主性交易和补偿性交易。

1. 自主性交易

（1）特点：事前交易；经济主体主动、分散进行的交易。

（2）交易动机：获取利润、利息等。

2. 补偿性交易

（1）特点：事后交易；政府集中的、被动的交易，体现政府意志。

（2）交易动机：一国政府使自主性交易发生的收支差额得到平衡。

（二）国际收支失衡的类型★★

国际收支失衡的类型见图 8-2。

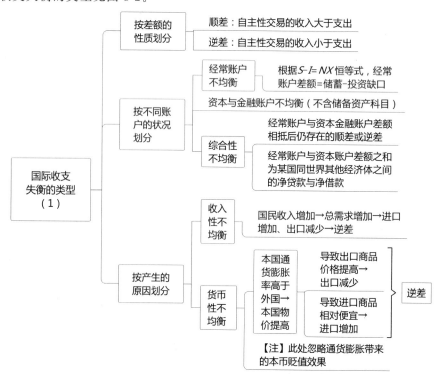

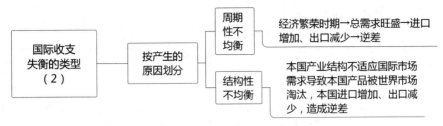

图8-2 国际收支失衡的类型

（三）国际收支失衡的影响★★

1．物价

（1）逆差：国际收支逆差→外汇减少→央行投放外汇、回笼本币→流通中货币量减少→通货紧缩。

（2）顺差：国际收支顺差→外汇增加→央行收购外汇、投放本币→流通中货币量增加→通货膨胀。

2．汇率

（1）逆差：国际收支逆差→外汇减少→外币升值→外汇汇率上涨→本币汇率下跌。

（2）顺差：国际收支顺差→外汇增加→外币贬值→外汇汇率下跌→本币汇率上涨。

3．国际储备

（1）逆差：国际收支逆差→外汇减少→央行动用外汇储备，向市场中抛售外汇、弥补不足→外汇储备减少。

（2）顺差：国际收支顺差→外汇增多→央行从市场中收购外汇作为储备→外汇储备增加。

（四）国际收支失衡的调节★★★

1．微观调节措施

（1）外贸管制、外汇管制：①逆差时：加强外贸管制和外汇管制；②顺差：放宽或取消外贸管制和外汇管制。

（2）短期信用融资（向国际货币基金组织、其他国家争取）。

（3）动用本国国际储备。

2．宏观调节措施★★★

（1）货币政策的具体内容见表8-1。

表8-1 货币政策

项目		具体内容
调节对象	经常账户收支；资本账户收支	
调节机制	需求效应	（1）经常账户逆差：紧的货币政策→进口需求减少→进口下降→缓解逆差
		（2）经常账户顺差：松的货币政策→进口需求扩大→进口增加→缓解顺差
	价格效应	（1）经常账户逆差：紧的货币政策→总需求下降→价格下跌→刺激出口、限制进口→缓解逆差
		（2）经常账户顺差：松的货币政策→总需求增加→价格上涨→刺激进口、限制出口→缓解顺差
	利率效应	（1）资本账户逆差：紧的货币政策→货币量减少→利率上升→刺激资本流入、阻碍资本流出→缓解逆差
		（2）资本账户顺差：松的货币政策→货币量增加→利率下降→阻碍资本流入、刺激资本流出→缓解顺差

（2）财政政策的具体内容见表 8-2。

表 8-2　财政政策

项目		具体内容
调节对象		经常账户收支
调节机制	需求效应	（1）经常账户逆差：紧缩的财政政策→进口需求减少→进口下降→缓解逆差 （2）经常账户顺差：宽松的财政政策→进口需求增加→进口增加→缓解顺差
	价格效应	（1）经常账户逆差：紧缩的财政政策→总需求降低→价格下跌→刺激出口、限制进口→缓解逆差 （2）经常账户顺差：宽松的财政政策→总需求增加→价格上涨→限制出口、刺激进口→缓解顺差

（3）汇率政策的具体内容见表 8-3。

表 8-3　汇率政策

项目		具体内容
调节对象		经常账户收支
调节机制	相对价格效应	（1）经常账户逆差：本币法定贬值或贬值→以外币标价的本国出口价格下降、以本币标价的本国进口价格上涨→刺激出口、限制进口→缓解逆差 （2）经常账户顺差：本币法定升值或升值→以外币标价的本国出口价格上涨、以本币标价的本国进口价格下跌→限制出口、刺激进口→缓解顺差

🖊 小试牛刀

[多选题] 国际收支具有的本质特征有（　　）。

A. 国际收支是一个流量概念

B. 国际收支是一个总量概念

C. 国际收支是一个存量概念

D. 国际收支是一个成本概念

E. 国际收支是一个收支概念

[解析] 本题考查国际收支的特点，国际收支是个国际概念、流量概念、总量概念、收支概念。

[答案] ABE

[单选题] 某国居民 1 万美元外汇存款购买外国某公司的股票，该笔交易在国际收支平衡表上应计入（　　）借方。

A. 经常账户　　　　　　　　　　　　B. 收入账户

C. 金融账户　　　　　　　　　　　　D. 错误与遗漏账户

[解析] 股票投资属于证券投资，应计入金融账户中。

[答案] C

[多选题] 按照不同账户的状况，国际收支不均衡分为（　　）。

A. 综合性账户不均衡　　　　　　　　B. 经常账户不均衡

C. 资产与负债账户不均衡　　　　　　D. 资本与金融账户不均衡

E. 国际投资头寸账户不均衡

[解析] 按不同账户的状况划分，国际收支不均衡可分为经常账户不均衡、资本与金融账户不均衡、综合性不均衡。

[答案] ABD

[单选题] 一国出现国际收支逆差时，可以采用（   ）。

A. 紧缩的财政政策

B. 宽松的货币政策

C. 中性财政政策

D. 混合财政政策

[解析] 国际收支逆差时，应采用紧缩性的财政政策和货币政策抑制总需求，减少进口、增加出口，从而缓解逆差。

[答案] A

考点 2 外汇与汇率

一、汇率的含义及标价法

（一）汇率的含义

汇率是指两种货币之间的兑换比率，即一种货币用另一种货币所表示的价格，又称汇价。

（二）汇率标价法★★

1. 直接标价法

（1）举例：对中国来说，$1＝¥6。

（2）表示方式：外币在前、本币在后；即一单位外币能折算多少单位本币，又叫应付标价法。

（3）实质：直接标价法以本币表示外币的价格，又叫外汇汇率。

（4）外币数值固定不变，汇率的涨跌以本国货币数额的变动体现。

①汇率值变大→外币升值→外汇汇率上涨。

②汇率值变小→外币贬值→外汇汇率下降。

（5）代表国家：大多数国家使用直接标价法，例如中国。

2. 间接标价法

（1）举例：对中国来说，¥1＝$0.125。

（2）表示方式：本币在前、外币在后；即一单位本币能折算多少单位外币，又叫应收标价法。

（3）实质：间接标价法以外币表示本币的价格，又叫本币汇率。

（4）本币数值固定不变，汇率的涨跌以外币数额的变动体现。

①汇率值变大→本币升值→本币汇率上涨。

②汇率值变小→本币贬值→本币汇率下降。

（5）代表国家：英国、美国。

二、汇率的分类★★★

汇率的分类见表8-4。

表 8-4　汇率的分类

划分依据	分类
外汇交易的交割期限	远期汇率、即期汇率
汇率的制定方法	基本汇率、套算汇率
外汇交易的支付通知方式	信汇汇率、票汇汇率、电汇汇率
商业银行对外汇的买卖	买入汇率、卖出汇率
汇率制度的性质	浮动汇率、固定汇率
商业银行报出汇率的时间	开盘汇率、收盘汇率
衡量货币价值的需要	名义汇率、有效汇率、实际汇率
汇率形成机制	官方汇率、市场汇率

【考点小贴士】考试常以多选题形式出现，需记住划分依据及具体分类。

三、汇率决定理论★★

（一）金本位制下汇率决定基础

1. 金本位制的特点

（1）黄金可以自由输出和输入。

（2）金币是本位货币，有含金量。

2. 汇率决定基础

（1）本质上：汇率决定基础是各国单位货币所具有的价值量。

（2）现象上：汇率决定基础是各国单位货币的含金量。

3. 汇率的标准

汇率的标准是两国单位货币的含金量之比，即铸币平价。

4. 汇率波动的规则

金本位制度下，两国汇率以铸币平价为基础，受供求关系的影响上下波动，上限为黄金输出点，下限为黄金输入点。

（1）黄金输出点＝铸币平价＋运送黄金费用。

（2）黄金输入点＝铸币平价－运送黄金费用。

（二）纸币制度下汇率的决定基础

1. 纸币制度的特点

（1）纸币是本位货币。

（2）纸币本身无价值，仅作为价值符号。

2. 汇率决定基础

汇率决定基础本质上是各国单位货币所代表的价值量；现象上是各国单位货币的购买力或法定含金量。

3. 汇率的标准

汇率的标准是一国货币的法定含金量与另一国货币法定含金量之比，即购买力平价（法定平价）。

•知识拓展•

购买力平价的理解：如果 1 美元能买到的商品和 6 元人民币买到的商品相同，那么 1 美元的购买力等于 6 元人民币的购买力，则均衡的汇率为 ＄1＝￥6。

四、汇率的变动★★★

（一）汇率的变动形式

1. 官方汇率的变动

官方汇率的变动是指一国货币当局人为地调高或调低币值，即法定升值或法定贬值。

（1）法定升值：货币当局宣布提高本国货币的币值，即提高本币汇率，降低外汇汇率。

（2）法定贬值：货币当局宣布降低本国货币的币值，即降低本币汇率，提高外汇汇率。

2. 市场汇率的变动

市场汇率的变动是指汇率受外汇市场供求关系的影响而变动，由市场自发调节。

（1）升值（上浮）：外汇供过于求→外汇汇率下浮→本币汇率上浮→本币升值。

（2）贬值（下浮）：外汇供不应求→外汇汇率上浮→本币汇率下浮→本币贬值。

（二）影响汇率变动的因素

1. 国际收支差额变化

（1）逆差：国际收支逆差→外汇减少→外币升值→外汇汇率上涨→本币汇率下降。

（2）顺差：国际收支顺差→外汇增加→外币贬值→外汇汇率下降→本币汇率上升。

2. 物价的相对变动

（1）传导机制（商品劳务机制）。

本国物价相对外国上涨→本国产品价格相对较高、外国产品价格相对较低→进口增加、出口减少→外汇需求增加→外汇汇率上涨→本币汇率下降。

由上述过程可知，物价的相对变动对汇率的影响，是通过经常账户（贸易）、以商品劳务的传导机制实现的。

（2）物价变动对汇率的影响要通过层层的传导变量，经过一段时间才显现。因此，物价变动对汇率的影响属于长期因素，物价变动是决定汇率长期变动的根本因素。

3. 政府干预汇率

（1）外汇汇率大幅上涨、本币汇率大幅下跌→央行向外汇市场投放外汇→外汇增加→外汇汇率下降→本币汇率上涨。

（2）外汇汇率大幅下跌、本币汇率大幅上涨→央行从外汇市场回笼外币→外汇减少→外汇汇率上涨→本币汇率下降。

【提示】货币当局还会采取其他措施直接管制：外汇管制。

4. 市场预期

（1）人们预期本币贬值→抛售本币→本币需求下降→本币实际贬值。

（2）人们预期本币升值→持有本币→本币需求上涨→本币实际升值。

（三）汇率变动对经济的影响

1. 直接经济影响

（1）影响外汇储备。

①本币与外币之间的汇率变动：a. 本币相对外币升值→外汇储备价值缩水；b. 本币相对

外币贬值→外汇储备价值增加。

②储备货币之间的汇率变动（美元储备、欧元储备）：a. 美元升值、欧元相对贬值→欧元外汇兑换的美元减少→欧元外汇储备的美元价值缩水；b. 美元贬值、欧元相对升值→欧元外汇兑换的美元增加→欧元外汇储备的美元价值增加。

（2）影响国际收支。

影响国际收支的内容见表8-5。

表 8-5　影响国际收支的内容

影响项目		具体内容
经常项目		①本币汇率下降时：本币汇率下降→本币贬值、外币升值→以外币计价的本国出口产品价格下降、以本币计价的进口产品价格上涨→出口增加、进口减少→顺差 ②本币汇率上涨时：本币汇率上涨→本币升值、外币贬值→以外币计价的本国出口产品价格上涨、以本币计价的进口产品价格下降→出口减少、进口增加→逆差
资本与金融项目	借贷资本渠道	①本币汇率下降时：本币汇率下降→本币贬值、外币升值→本国偿还外债负担加重、外国偿还本币负担减轻→减少对外债务、增加对外债权→减少借贷资本流入、增加借贷资本流出→逆差 ②本币汇率上涨时：本币汇率上涨→本币升值、外币贬值→本国偿还外债负担减轻、外国偿还本币负担加重→增加对外债务、减少对外债权→增加借贷资本流入、减少借贷资本流出→顺差
	直接投资、证券投资渠道	①本币汇率下降时：本币汇率下降→本币贬值、外币升值→外币投资收益兑换更多本币→投资的利润增加→直接投资、证券投资增多→资本流出增加、资本流入减少→逆差 ②本币汇率上涨时：本币汇率上涨→本币升值、外币贬值→外币投资收益兑换更少本币→投资的利润下降→直接投资、证券投资减少→资本流出减少、资本流入增加→顺差

2. 间接经济影响

间接经济影响的内容见表8-6。

表 8-6　间接经济影响的内容

影响项目	具体内容
经济增长	（1）资本流动渠道：本币升值→资本流入增加、资本流出减少→刺激经济增长；本币贬值→资本流入减少、资本流出增加→抑制经济增长 （2）贸易渠道：本币贬值→出口增加、进口减少→净出口增加→国民收入增加；本币升值→出口减少、进口增加→净出口减少→国民收入减少
产业竞争力和产业结构	本币贬值→出口增加、进口减少→出口部门经济增长、进口替代部门经济增长→两部门的竞争力提高→在整个产业中占比提高→产业结构发生变化

五、汇率制度

（一）汇率制度的类别

汇率制度是指货币当局对本国汇率水平的确定、汇率变动方式等所作的一系列安排和规定。汇率制度包括确定干预汇率变动的机制、确定中心汇率水平、确定汇率的波动幅度。汇率制度的分类见表8-7。

表 8-7　汇率制度的分类

划分标准	具体内容		
按汇率变动幅度划分	固定汇率制	汇率平价固定、保持汇率波动在狭小的界限内	
		（1）国际金本位制下的固定汇率制。①汇率固定的基础：铸币平价；②汇率波动的界限：黄金输送点；③黄金输送点区间狭小、汇率小幅波动（黄金运输费用低廉）；④自发实现、非人为干预的汇率稳定	
		（2）布雷顿森林体系下的固定汇率制。①汇率固定的基础：双挂钩机制（双挂钩：美元与黄金挂钩、其他货币与美元挂钩）；②其他货币与美元保持法定平价，法定平价固定不变；③汇率波动的界限是人为规定的上下限（为 1％，后调整为 2.25％）；④人为实现的汇率稳定	
	浮动汇率制	不设汇率平价、对波动幅度不加以约束；汇率随市场供求的变化自由波动	
		（1）按官方是否干预分为：①自由浮动。官方不干预汇率，汇率完全由市场供求自由决定。②管理浮动。官方或明或暗地干预汇率，使汇率保持稳定	
		（2）按汇率是否结成国际联合分为：①单独浮动。本币不与外币建立固定汇率，汇率单独进行浮动。②联合浮动。几个国家货币彼此之间固定汇率，对其他国家汇率共同浮动	
国际货币基金组织的划分	按照汇率弹性由小到大分为： （1）货币局制：官方规定本币与某一关键货币保持固定汇率，且对本币发行作特殊限制，以确保履行法定义务 （2）传统的盯住汇率制：本币按固定汇率盯住主要国际货币或一篮子货币，汇率波动幅度不超过±1％ （3）水平区间内盯住汇率制：在传统的盯住汇率制基础上，波动幅度大于±1％ （4）爬行盯住汇率制：货币当局定期小幅度调整汇率 （5）爬行区间盯住汇率制：水平区间盯住与爬行盯住汇率制的结合，但汇率波动幅度大于爬行盯住汇率制 （6）事先不公布汇率目标的管理浮动：官方在不特别指明或事先承诺汇率目标的情况下，通过积极干预外汇市场来影响汇率变动 （7）单独浮动：汇率由市场决定，官方的干预措施只是防止汇率过度波动，而不是确立一个汇率水平		

（二）汇率制度选择的影响因素

1．"经济论"

（1）经济规模的大小。

（2）经济开放的程度。

（3）相对通货膨胀率。

（4）国内金融市场是否发达，以及国内金融市场与国际金融市场的一体化程度。

（5）进出口贸易的地域分布和商品结构。

【结论】

（1）实行固定汇率制或盯住汇率制：经济规模小、经济开放程度高、相对较低的通货膨胀率、金融国际化程度低、进出口商品结构和地域分布单一化。

（2）实行浮动汇率制或弹性汇率制：经济开放程度低、进出口商品结构和地域分布多元化、金融国际化高度发展、资本流动频繁、相对较高的通货膨胀率。

2. "依附论"

"依附论"主要探讨发展中国家的汇率制度选择，认为一国汇率制度主要取决于其对外经济、政治、军事等诸多方面联系的特征。

（三）我国汇率制度

（1）我国于1981年起实行官方汇率与贸易体系内部结算汇率并存的双重汇率制度。官方汇率适用于非贸易部门，贸易体系内部结算汇率适用于贸易部门结算。

（2）我国实行以市场供求为基础、参考一篮子货币调节、有管理的浮动汇率制度。人民币汇率不再盯住单一美元，而是根据我国对外经济发展状况参考一篮子货币进行汇率调节。

（3）人民币汇率中间价的形成参考上一交易日的收盘价，人民币对其他货币的买卖价格围绕中间价在一定幅度内浮动。

（4）增加外汇交易品种，扩大外汇交易主体，改进人民币汇率中间价形成机制，引入询价模式和做市商制度。

（5）人民币对美元汇率中间价形成机制：上一交易日收盘价＋一篮子货币汇率变化＋逆周期因子。

六、外汇管理

（一）外汇管理的含义

（1）狭义的外汇管理，即外汇管制，是对外汇兑换进行直接限制，主要限制外汇的可得性和汇价。

（2）广义的外汇管理，包括外汇管制及其他配套措施。

（二）外汇管理的利弊

1. 积极意义

（1）防止资本外逃。

（2）减少投机性资本冲击，维护金融市场稳定。

（3）稳定本币汇率，减少汇率风险。

（4）增加外汇储备。

（5）实现国际收支平衡。

（6）利用外汇资金发展国内重点产业。

（7）提高本国产品国际竞争力。

2. 消极影响

（1）扭曲汇率，价格信号失真，导致资源配置低效率。

（2）不利于经济的长远发展。

（3）诱发非法地下经济。

（4）引发腐败和寻租行为。

（5）引发收入分配不公平。

（三）货币可兑换

1. 货币可兑换的含义

货币可兑换即货币自由兑换，是指一国或一货币区的居民不受官方的限制，将其所持有的本国货币兑换成外币，用于国际支付或作为资产持有。

2. 货币可兑换的类型

货币可兑换的类型见图 8-3。

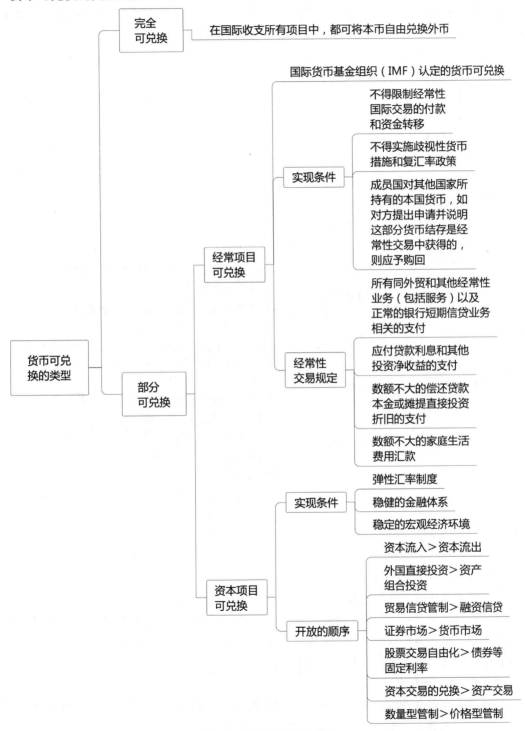

图 8-3 货币可兑换的类型

【注意】部分可兑换通常指经常项目可兑换；经常项目可兑换早于资本项目可兑换。

（四）我国的外汇管理

1. 实现经常项目可兑换

1996年，我国实现了人民币经常项目可兑换，但仍然对经常项目外汇管理实行真实性审核。

（1）经常项目外汇收入可以保留或卖给经营结汇、售汇业务的金融机构。

（2）经常项目外汇收支要以合法真实的交易为基础。

（3）境内机构经常项目用汇，可直接按照市场汇率购买，个别项目需经真实性审核。

（4）进行进出口收付汇核销制度。

2. 逐步实现资本项目可兑换

（1）我国资本项目尚未实现可兑换，资本项目外汇收入均调回境内。

（2）改革原则：循序渐进、统筹规划、先易后难、留有余地。

（3）直接投资实现完全可兑换。

（4）证券投资管理措施，其具体内容见图8-4。

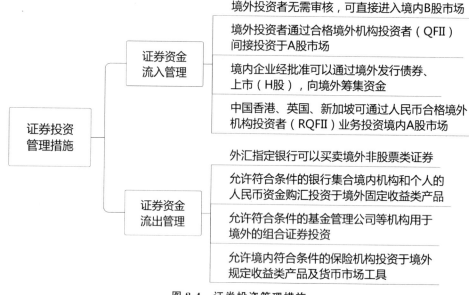

图 8-4　证券投资管理措施

（5）其他投资。

①对外债实行计划管理。

②允许个人合法财产对外转移。

③允许境内居民（法人和自然人）以特殊目的的公司的形式设立境外融资平台，通过反向并购、股权置换、可转债等资本运作方式在国际资本市场上从事各类股权融资活动。

④允许跨国公司在集团内部开展外汇资金运营。

3. 外汇管理体制改革

（1）将单个或多个外国投资者直接或间接投资证券、基金管理、期货公司的投资比例限制放宽至51%。上述措施实施3年后，投资比例不受限制。

（2）银行业股权投资比例规则：内外一致。

我国将取消对中资银行和金融资产管理公司的外资单一持股不超过 20％、合计持股不超过 25％ 的持股比例限制。

（3）3 年后将单个或多个外国投资者投资设立经营人身保险业务的保险公司的投资比例放宽至 51％，5 年后投资比例不受限制。

七、外债管理

（一）外债管理内容

外债管理的具体内容见图 8-5。

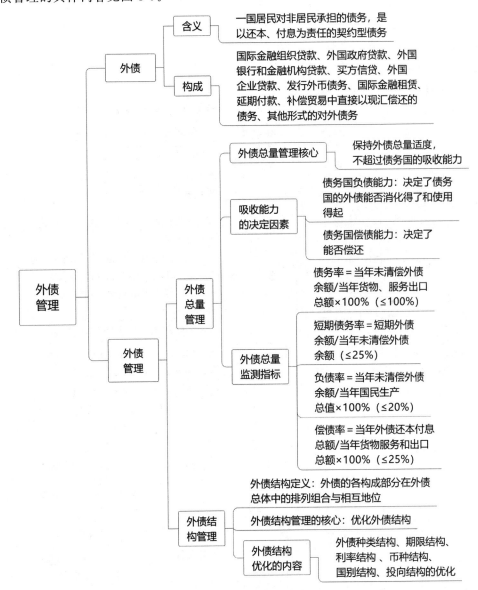

图 8-5　外债管理

【考点小贴士】重点掌握指标，考试常以计算题形式出现，需记住指标标准值。

·知识点拨·

外债总量监测指标的理解：

1. 负债率与债务率的分母不同

（1）负债率是衡量一国的经济规模（国民生产总值）能否负担得起当前累计的外债余额。

（2）债务率是衡量出口创汇收入（货物、服务出口总额）能否支撑当前累计的外债余额。

2. 债务率与偿债率的分子不同

（1）债务率是所有累计的债务占出口创汇收入的比重。

（2）"偿"即偿还；偿债率是当年已经偿还的债务占出口创汇收入的比重。

3. 短期债务率

短期债务率，即总债务余额中有多少是短期债务。

（二）我国的外债管理制度

我国的外债管理制度见图 8-6。

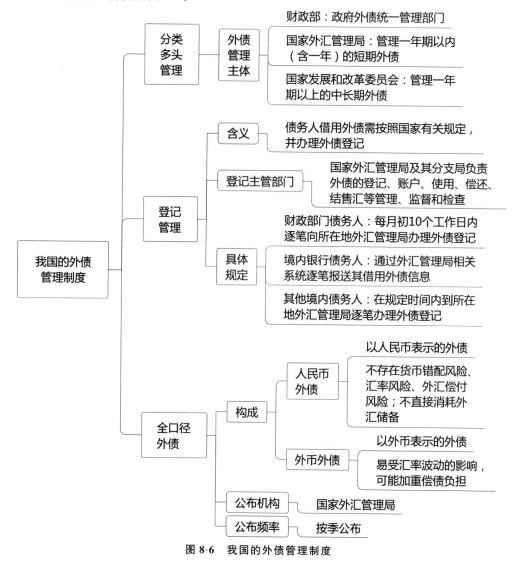

图 8-6 我国的外债管理制度

小试牛刀

[单选题] 在传统的盯住汇率制下，汇率波动幅度一般不超过（　　）。

A. ±2.25%　　　　　　　　　　　B. ±0.5%

C. ±1.0%　　　　　　　　　　　D. ±0.25%

[解析] 传统的盯住汇率下，官方将本币实际或公开地按照固定汇率盯住一种主要国际货币或一篮子货币，汇率波动幅度不超过±1.0%。

[答案] C

[单选题] 现实中，部分可兑换一般指（　　）。

A. 经常项目可兑换　　　　　　　　B. 资本项目可兑换

C. 货物可兑换　　　　　　　　　　D. 服务可兑换

[解析] 部分可兑换通常是指经常项目可兑换，因为经常项目可兑换的难度小于资本项目的可兑换。

[答案] A

[单选题] 依照2017年11月我国公布的金融业开放路线图，3年后，我国将实施的银行业股权投资比例规则是（　　）。

A. 内外一致　　　　　　　　　　　B. 区别对待

C. 一浮到顶　　　　　　　　　　　D. 间接调配

[解析] 我国将取消对中资银行和金融资产管理公司的外资单一持股不超过20%、合计持股不超过25%的持股比例限制，实施内外一致的银行业股权投资比例规则。

[答案] A

[多选题] 国家外汇管理局按季对外公布的全口径外债包括（　　）。

A. 以黄金表示的外债　　　　　　　B. 以一篮子货币表示的外债

C. 以普通提款权形式存在的外债　　D. 以外币表示的外债

E. 以人民币形式存在的外债

[解析] 本题考查我国的外债管理体制。全口径外债指的是将人民币外债计入我国外债统计的范围之内的外债。全口径外债包含两个部分：第一部分是以外币表示的对外债务；第二部分是直接以人民币形式存在的外债。

[答案] DE

[案例分析题] 2015年年末，某国未清偿外债余额为2 000亿美元。其中，1年及1年以下短期债务为400亿美元。当年该国需要还本付息的外债总额为500亿美元。该国2015年国民生产总值为8 000亿美元，国内生产总值为10 000亿美元，货物出口总额为1 600亿美元，服务出口总额为900亿美元。

根据以上资料，回答下列问题：

1. 2015年该国的债务率为（　　）。

A. 20%　　　　　　B. 25%　　　　　　C. 80%　　　　　　D. 125%

[解析] 债务率＝当年未清偿外债余额÷当年货物和服务出口总额×100%＝2 000÷（1 600＋900）×100%＝80%。

[答案] C

2. 2015 年该国的负债率为（　　）。

A. 20％　　　　　　　B. 25％　　　　　　　C. 80％　　　　　　　D. 125％

［解析］负债率＝当年未清偿外债余额÷当年国民生产总值×100％＝2 000÷8 000×100％＝25％。

［答案］B

3. 2015 年该国的偿债率为（　　）。

A. 20％　　　　　　　B. 25％　　　　　　　C. 80％　　　　　　　D. 125％

［解析］偿债率＝当年外债还本付息额÷当年货物和服务出口总额×100％＝500÷（1 600＋900）×100％＝20％。

［答案］A

4. 假设该国法定货币为克朗，若美元对克朗的汇率由 1 美元＝100 克朗变动至 1 美元＝120 克朗，则该国（　　）。

A. 本币贬值，加重偿还外债的本币负担

B. 本币升值，加重偿还外债的本币负担

C. 本币贬值，减轻偿还外债的本币负担

D. 本币升值，减轻偿还外债的本币负担

［解析］由题干可知，1 美元能兑换更多的克朗，美元升值，则克朗相对贬值；由于克朗贬值，偿还外债时，需要更多的克朗才能兑换一单位外币，因此债务负担加重。

［答案］A

考点 3 国际储备与国际货币体系

一、国际储备概述

（一）国际储备的含义

国际储备是指一国货币当局所持有的、用于稳定汇率、平衡国际收支的国际间普遍接受的一切资产。

（1）国际储备是货币资产，不包括实物资产。

（2）国际储备需具备普遍接受性，不可兑换货币不能作为国际储备。

（3）国际储备是官方储备，不包括民间的黄金、外汇。

（4）国际储备是存量概念，统计某一时点上的余额。

（二）国际储备的构成

（1）黄金储备。

（2）外汇储备。

（3）在国际货币基金组织的储备头寸（IMF 成员方持有）。

（4）特别提款权（SDR）（IMF 成员方持有）。

（三）国际储备的功能

（1）弥补国际收支逆差（基本功能）。

（2）维持国际资信与投资环境。

（3）稳定本币汇率。

二、国际储备管理

（一）国际储备管理的内容

国际储备管理的内容见图 8-7。

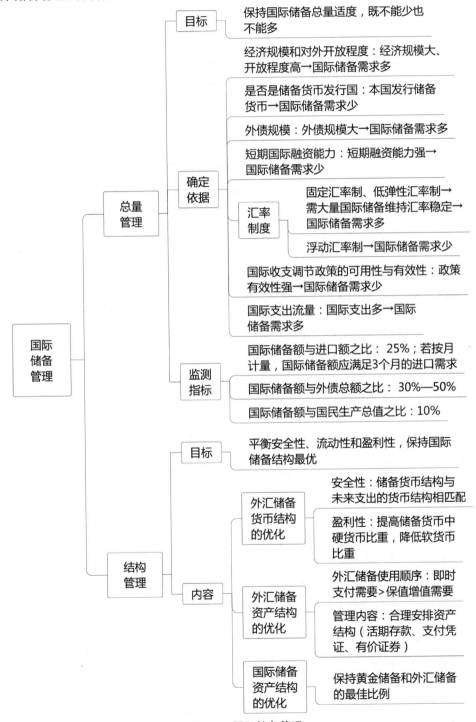

图 8-7 国际储备管理

【考点小贴士】监测指标值、公式需记牢，常以计算题形式出现。

·知识拓展·

国际储备与进口额之比应为25%，即国际储备25%的占比能满足3个月的进口需求。

（二）我国的国际储备管理

我国的国际储备管理见图8-8。

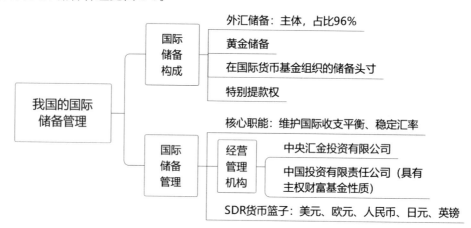

图 8-8　我国的国际储备管理

三、国际货币体系演变过程

国际货币体系的演变过程为：国际金本位制→布雷顿森林体系→牙买加体系。

（一）国际金本位制

1. 背景

19世纪中后期形成，英国最早采用。

2. 内容

（1）银行券代替黄金流通，银行券和黄金自由兑换，二者都可对外支付。

（2）中心汇率：铸币平价（两国货币含金量之比）。

（3）市场汇率以铸币平价为中心，受外汇市场供求关系的影响上下波动，波动幅度为黄金输送点；上限为黄金输出点，下限为黄金输入点。

（4）汇率制度：自发形成的固定汇率制。

3. 特征

（1）国际储备资产是黄金。

（2）固定汇率制，避免汇率风险。

（3）国际收支不平衡的调节机制：物价与现金流动机制（自动调节机制）。

4. 制度崩溃

第一次世界大战的爆发导致了国际金本位制瓦解。

（二）布雷顿森林体系

1. 背景

第二次世界大战后，通过"布雷顿森林协定"建立该体系。

2. 内容

(1) "双挂钩"制度：①美元与黄金挂钩，一盎司黄金＝35 美元；②其他国家货币与美元挂钩：人为规定本国货币与美元的法定比价，市场汇率围绕法定比价上下浮动 1%。

(2) 固定汇率：①人为可调整；②有明确波动幅度。

(3) 成立国际货币基金组织：①永久性的国际金融机构；②目的：加强国际货币合作。

(4) 对经常账户交易取消外汇管制，但是限制国际资金流动。

3. 特征

(1) 美元等同于黄金，国际储备货币主要是美元。

(2) 实行以美元为中心、可调整的固定汇率制度；美国以外的国家需保持本国货币与美元汇率稳定。

(3) 国际货币体系的核心：国际货币基金组织。

4. 体系崩溃

美元作为主要储备货币而被其他国家大量需求，美元不足造成美元荒；为缓解美元不足，美国通过马歇尔计划放钱，造成美元投放过多，美元贬值，1∶35 的官价无法维持，最终体系崩溃。

(三) 牙买加体系

1. 背景

布雷顿森林体系瓦解后建立该体系。

2. 内容

(1) 浮动汇率合法化。

(2) 黄金非货币化。

(3) 扩大特别提款权的作用。

(4) 扩大发展中国家的资金融通，增加会员国的基金份额。

3. 特征

(1) 国际储备多样化：美元为主，多种储备货币并存。

(2) 汇率制度安排多元化：允许浮动汇率制度和固定汇率制度暂时并存。

(3) 黄金非货币化。

(4) 国际收支调节机制多样化。

4. 缺陷

(1) 政策的不协调加大了实现内外均衡的难度。

(2) 发展中国家在国际货币基金组织的话语权较弱。

⚫⚫⚫⚫⚫⚫⚫⚫⚫⚫⚫⚫⚫⚫ ✎小试牛刀 ⚫⚫⚫⚫⚫⚫⚫⚫⚫⚫⚫⚫⚫⚫

[案例分析题] 在实行金本位制度时，英国货币 1 英镑的含金量为 113.001 6 格令，美国货币 1 美元的含金量为 23.22 格令。假设美国和英国之间运送 1 英镑所含黄金需要 0.02 美元的费用。二战后，根据 IMF 的规定，每个会员国都应规定本国单位纸币所代表的含金量。所以，金平价即两国单位纸币所代表的含金量之比，就成为了决定汇率的基础。这里设定 1 英镑所代表的含金量为 3.581 34 克黄金，1 美元所代表的含金量为 0.888 671 克黄金。后来在金块本位制和金汇兑本位制下，金平价表现为法定平价。

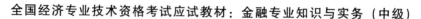

根据以上资料，回答下列问题：

1. 英币与美元的铸币平价是（　　）。

A. 4.856 5

B. 4.866 6

C. 4.876 7

D. 4.886 8

[解析] 铸币平价是两国货币的含金量之比。由题干可知，英国货币 1 英镑的含金量为 113.001 6 格令，美国货币 1 美元的含金量为 23.22 格令；因此，铸币平价＝113.001 6÷23.22≈4.866 6。

[答案] B

2. 本案例中，美国对英国的黄金输送点是（　　）。

A. 4.844 6

B. 4.886 6

C. 4.887 7

D. 4.927 7

[解析] 美国对英国的黄金输送点即黄金从美国输出的临界点；黄金输出点＝铸币平价＋黄金运输费＝4.866 6＋0.02＝4.886 6。

[答案] B

3. 二战后，英镑和美元之间的平价是（　　）。

A. 1.34

B. 2.69

C. 3.11

D. 4.03

[解析] 根据题干可知，二战后 1 英镑所代表的含金量为 3.581 34 克黄金，1 美元所代表的含金量为 0.888 671 克黄金，铸币平价＝3.581 34÷0.888 671≈4.03。

[答案] D

4. 铸币平价和法定平价均产生于（　　）。

A. 固定汇率制

B. 浮动汇率制

C. 爬行盯住汇率制

D. 联系汇率制

[解析] 铸币平价是国际金本位制度下的中心汇率，法定平价是布雷顿森林体系下的中心汇率，二者都属于固定汇率制。国际金本位制度下实行自发的固定汇率制，布雷顿森林体系下实行人为可调整的固定汇率制。

[答案] A

[案例分析题] 某国对外开放程度和外贸依存度都较高，国际融资尤其是短期融资规模相对较大。该国货币波动比较频繁，长期实行干预外汇市场等比较强烈的汇率制度。最新数据显示，2017 年年底，该国的国际储备为 7 000 亿美元，国民生产总值为 23 000 亿美元，外债总额为 8 800 亿美元，当年进口额为 6 000 亿美元。

根据以上资料，回答下列问题：

1. 决定该国国际储备总量的主要因素是（　　）。

A. 利率制度以及市场化程度

B. 汇率制度以及外汇干预情况

C. 外债规模与短期融资能力

D. 经济规模与对外开放程度

[解析] 决定一国国际储备总量的因素有：经济规模与对外开放程度、汇率制度以及外汇干预情况、外债规模、短期融资能力、是否为储备货币发行国、国际支出的流量、国际收支调节措施的有效性。因此 B、C、D 三项正确。

[答案] BCD

2. 该国国际储备额与国民生产总值之比（　　）。

　A. 远低于经验指标　　　　　　　　B. 略低于经验指标

　C. 高于经验指标　　　　　　　　　D. 等于经验指标

[解析] 国际储备额与国民生产总值之比一般为 10%，该国的比值为 7 000÷23 000≈30%，因此高于经验指标。

[答案] C

3. 该国的国际储备额与外债总额之比是（　　）。

　A. 61.82%　　　　　　　　　　　B. 79.55%

　C. 35.69%　　　　　　　　　　　D. 48.33%

[解析] 该国的国际储备为 7 000 亿美元，外债总额为 8 800 亿美元，比值＝7 000÷8 800≈79.55%。

[答案] B

4. 该国 7 000 亿美元国际储备额能够满足（　　）。

　A. 13 个月的进口需求　　　　　　B. 14 个月的进口需求

　C. 16 个月的进口需求　　　　　　D. 15 个月的进口需求

[解析] 该国的国际储备与进口额之比＝7 000÷6 000＝$\frac{7}{6}$；国际储备与进口额之比的经验指标为 25%，能满足 3 个月的进口需求，则该国的国际储备能满足的进口需求月数＝$\frac{7}{6}$÷（25%÷3）＝14（个）。

[答案] B

金融专业知识与实务（中级）模拟卷

一、单项选择题（共 60 题，每题 1 分。每题的备选项中，只有一个最符合题意）

1. 在我国金融市场中，基金托管人是由取得基金托管资格的（　　）担任。

    A. 商业银行   B. 信托公司

    C. 基金公司   D. 证券公司

2. 新中国成立以来，在国内发行第一笔外币债券的金融机构是（　　）。

    A. 国家开发银行   B. 中国人民银行

    C. 中国进出口银行   D. 中国农业发展银行

3. 在信托公司客户关系管理中处于核心地位的是（　　）。

    A. 客户需求管理   B. 客户供给管理

    C. 客户资源管理   D. 客户稳定管理

4. 2016 年 6 月 6 日起，中国人民银行将个人投资认购大额存单的起点金额由 30 万元调整到（　　）万元。

    A. 50   B. 20

    C. 40   D. 10

5. 按照我国《绿色债券发行指引》规定，债券募集资金占项目总投资比例放宽至（　　）。

    A. 90%   B. 40%

    C. 80%   D. 70%

6. 以汇率形成机制为标准，汇率可分为（　　）。

    A. 即期汇率和远期汇率   B. 官方汇率和市场汇率

    C. 双边汇率和多边汇率   D. 基本汇率和套算汇率

7. 某美式看跌期权标的资产现价为 65 美元，期权的执行价格为 62 美元，则期权费的合理范围在（　　）。

    A. 3～62 美元之间   B. 0～65 美元之间

    C. 0～62 美元之间   D. 3～65 美元之间

8. 金融衍生品市场上重要的套期保值主体是（　　）。

    A. 企业   B. 家庭

    C. 政府   D. 金融机构

9. 下列货币政策工具中，属于直接信用控制类的货币政策工具是（　　）。

    A. 优惠利率   B. 再贴现利率

    C. 准备金率   D. 流动性比率

10. 政策性金融机构通过直接或者间接资金投放，吸引商业银行金融机构或民间资金从事符合经济政策意图的投资，从而发挥引导资金流向的作用。政策性金融机构的这种职能属于（　　）。

    A. 补充性职能   B. 倡导性职能

C. 选择性职能   D. 服务性职能

11. 中央银行依法集中保管存款准备金，从职能上看，这体现了中央银行是（　　）。

     A. 管理金融的银行   B. 发行的银行

     C. 银行的银行   D. 政府的银行

12. 在信托当事人中，有权承认信托最终结算结果的是（　　）。

     A. 管理人   B. 委托人

     C. 受益人   D. 受托人

13. 2017 年 12 月底，某国当年未清偿外债余额为 14 320 亿美元，短期债务率是 62%，则该国的短期外债余额是（　　）亿美元。

     A. 6 105   B. 8 878

     C. 5 643   D. 7 359

14. 目前，我国外债管理主要实行（　　）。

     A. 计划管理   B. 指标管理

     C. 注册管理   D. 登记管理

15. 货币政策中介目标必须能够被迅速、准确地观测，这体现了中介目标的（　　）。

     A. 内生性   B. 可测性

     C. 可控性   D. 相关性

16. 目前，我国同业拆借市场的主要交易品种是（　　）。

     A. 7 天拆借   B. 14 天拆借

     C. 1 个月拆借   D. 隔夜拆借

17. 我国负责制定和实施人民币汇率政策的机构是（　　）。

     A. 中国银行业协会   B. 中国证券监督管理委员会

     C. 中国人民银行   D. 国家外汇管理局

18. 某企业采取跨国联合的股份化投资方式向海外投资，从风险防范的角度看，这样做主要在于规避（　　）。

     A. 国家风险   B. 声誉风险

     C. 合规风险   D. 操作风险

19. 下列融资租赁机构中，主要为中小企业提供融资的是（　　）。

     A. 保险系金融租赁公司   B. 银行系金融租赁公司

     C. 厂商系融资租赁公司   D. 独立第三方融资租赁公司

20. 下列关于远期利率协议的说法中，正确的是（　　）。

     A. 买方是名义贷款人   B. 双方需要交换本金

     C. 在交割日交割的是利息差的折现值   D. 到期日即为交割日

21. 下列商业银行费用支出中，属于补偿性支出的是（　　）。

     A. 保险费   B. 电子设备运转费

     C. 研究开发费   D. 递延资产摊销

22. 中央银行制定和实施货币政策主要关注宏观经济的（　　）。

     A. 效率问题   B. 总量问题

     C. 秩序问题   D. 结构问题

23. 发起人发起设立信托的前提条件是必须要有（　　　）。

    A. 固定的信托要件

    B. 合法的信托目的

    C. 巨额的信托财产

    D. 确定的信托收益

24. 某商业银行结合设定的各种可能情景的发生概率，研究分析多种因素同时作用对其资产负债管理可能产生的影响，这种分析方法是（　　　）。

    A. 久期分析　　　　　　　　　　　B. 流动性压力测试

    C. 缺口分析　　　　　　　　　　　D. 情景模拟

25. 按照目前的通行做法，我国金融租赁公司负债方确定利率的基准是（　　　）。

    A. 金融租赁当事人协议利率

    B. 央行确定的存款基准利率

    C. 央行确定的贷款基准利率

    D. 上海银行间同业拆放利率

26. 目前世界上绝大多数国家在统计国际收支交易以及相应的头寸变化都遵循（　　　）。

    A. 《国际收支和国际投资头寸手册》

    B. 《国际收支和国际投资头寸汇编》

    C. 《国际收支和国际投资头寸指南》

    D. 《国际收支和国际投资头寸指引》

27. 依照《短期融资券管理办法》，目前我国短期融资券的最长期限为（　　　）天。

    A. 90　　　　　　　　　　　　　　B. 180

    C. 270　　　　　　　　　　　　　D. 365

28. 预计某股票年末每股税后利润为 0.5 元，若此时市场的平均市盈率为 20 倍，则该股票的发行价格理论上为（　　　）元。

    A. 40　　　　　　　　　　　　　　B. 30

    C. 20　　　　　　　　　　　　　D. 10

29. 某债券的收益率为 0.12，风险系数 β 为 1.3，假定无风险收益率为 0.07，市场期望收益率为 0.15，此时投资者最佳决策是（　　　）。

    A. 买入该证券，因为证券价格被低估了

    B. 买入该证券，因为证券价格被高估了

    C. 卖出该证券，因为证券价格为低估了

    D. 卖出该证券，因为证券价格被高估了

30. 短期利率作为货币政策的操作指标，在运用中存在的主要问题是（　　　）。

    A. 有逆周期性

    B. 有时滞效应

    C. 灵活性不够

    D. 可测性不强

31. 在我国利率市场化改革进程中，最早放开的利率是（　　　）。

    A. 同业拆借利率　　　　　　　　　B. 存贷款利率

C. 国债利率 D. 金融债利率

32. 某客户购买 A 银行的理财产品时，A 银行的下列做法中，正确的是（　　）。
    A. 遵循风险匹配原则销售理财产品
    B. 不披露理财产品的投资组合信息
    C. 向客户推荐收益最高的理财产品
    D. 在销售赚取实施"单录"管理

33. 同业拆借活动都是在金融机构之间进行，对参与者要求严格，因此，其拆借活动基本上都是（　　）拆借。
    A. 质押 B. 抵押
    C. 担保 D. 信用

34. 熊猫债券指的是在中国发行的（　　）。
    A. 点心债券 B. 扬基债券
    C. 欧洲债券 D. 外国债券

35. 作为中央银行，实行金融宏观调控的重要变量，货币供应量属于（　　）。
    A. 二阶变量 B. 三阶变量
    C. 随机变量 D. 一阶变量

36. 按照金融交易是否有固定场所，金融市场可划分为（　　）。
    A. 场内市场和场外市场
    B. 货币市场和资本市场
    C. 发行市场和流通市场
    D. 公益市场和私募市场

37. 通过派生存款机制向流通领域供给货币的金融机构是（　　）。
    A. 中央银行 B. 投资公司
    C. 商业银行 D. 证券公司

38. 假定现金漏损率为 0.38，法定存款准备金率为 0.18，超额存款准备金率为 0，若增加基础货币投放 100 亿美元，则货币供给增加（　　）亿美元。
    A. 363 B. 246
    C. 767 D. 179

39. 依照我国《商业银行内部控制指引》，不属于内部控制参与主体的是（　　）。
    A. 全体股东 B. 监事会
    C. 董事会 D. 全体员工

40. 在传统的盯住汇率制下，汇率波动幅度一般不超过（　　）。
    A. ±2.25% B. ±0.5%
    C. ±1.0% D. ±0.25%

41. 在租赁经营中，租金的支付方式一般采取（　　）。
    A. 一次性支付
    B. 期初一次性支付
    C. 期中一次性支付
    D. 分期回流支付

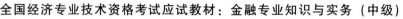

42. 关于 β 系数，说法正确的是（　　）。

　　A. 它是评估证券非系统风险的工具

　　B. β 系数高的证券是防卫型的

　　C. $\beta=0$，证券无风险

　　D. 证券无风险，β 一定为 0

43. 如果某商业银行的活期存款准备金为 12 万元，定期存款准备金为 5 万元，超额存款准备金为 3 万元，则该商业银行实际缴存的准备金为（　　）万元。

　　A. 12　　　　　　　　　　　　　　　B. 17

　　C. 8　　　　　　　　　　　　　　　D. 20

44. 某证券 β 值为 1.1，且市场投资组合的实际收益率比预期收益率高 10％，则该证券实际收益率比预期收益率高（　　）。

　　A. 5％　　　　　　　　　　　　　　B. 10％

　　C. 11％　　　　　　　　　　　　　　D. 85％

45. 下列关于第四市场特征的说法，正确的是（　　）。

　　A. 交易成本高　　　　　　　　　　　B. 必须参加

　　C. 成交速度快　　　　　　　　　　　D. 保密性差

46. 分析市场供求关系时，如果经济活动处于 LM 曲线的右侧区域，说明市场存在（　　）。

　　A. 超额货币需求　　　　　　　　　　B. 超额产品供给

　　C. 超额产品需求　　　　　　　　　　D. 超额货币供给

47. 由若干国家联合组建一家中央银行，并在其成员国范围内行使全部或部分中央银行职能，这种中央银行组织形式属于（　　）。

　　A. 准中央银行制度

　　B. 跨国中央银行制度

　　C. 一元式中央银行制度

　　D. 二元式中央银行制度

48. 我国证券交易所通常采用的组织形式是（　　）。

　　A. 合伙制　　　　　　　　　　　　　B. 会员制

　　C. 股份有限公司　　　　　　　　　　D. 有限责任公司

49. 关于债券基金的说法，正确的是（　　）。

　　A. 债券基金不存在通货膨胀风险

　　B. 债券基金没有确定的到期日

　　C. 债券基金的收益比债权的利息固定

　　D. 债券基金主要以 H 股作为投资对象

50. 按照我国《货币市场基金监督管理办法》，货币市场基金可以投资的债券是（　　）。

　　A. 期限在 1 年内的债券回购　　　　　B. 可交换债券

　　C. 可转换债券　　　　　　　　　　　D. 信用等级在 AA＋以下的债券

51. 某信托公司净资产为 10 亿元，根据我国《信托公司净资本管理办法》，该公司净资本应不少于（　　）亿元。

　　A. 2　　　　　　　B. 3　　　　　　　C. 4　　　　　　　D. 5

52. 某公司与其新加坡分公司的资产负债表进行合并时，由于新币编制，折算出的资产金额比预期减少，该公司由此面临的风险属于汇率风险中的（   ）。

    A. 交易风险   B. 操作风险

    C. 估值风险   D. 折算风险

53. A 银行依据层级和管理水平高低，给予所属职能部门、下属分支机构不同的最高信贷权限，这是银行信用风险管理中的（   ）。

    A. 过程管理   B. 事前管理

    C. 机制管理   D. 市场管理

54. 在持币动机中，凯恩斯认为对利率反应最为敏感的是（   ）。

    A. 投机动机   B. 交易动机

    C. 预防动机   D. 贮藏动机

55. 关于基础货币构成的说法，正确的是（   ）。

    A. 流通中的现金加上储蓄存款   B. 流通中的现金加上定期存款

    C. 流通中的现金加上活期存款   D. 流通中的现金加上银行准备金

56. 在影响货币乘数的因素中，现金漏损率的变动主要取决于（   ）。

    A. 非银行金融机构   B. 中央银行

    C. 储户   D. 商业银行

57. 中期借贷便利作为人民银行新创设的货币政策工具，其发放方式是（   ）。

    A. 担保方式   B. 质押方式

    C. 信用方式   D. 抵押方式

58. 2017 年 11 月成立的国务院金融稳定发展委员会的主要职能是（   ）。

    A. 监管执法   B. 机构监管

    C. 监管协调   D. 行为监管

59. 依照 2017 年 11 月我国公布的金融业开放路线图，3 年后，我国将实施的银行业股权投资比例规则是（   ）。

    A. 内外一致   B. 区别对待

    C. 一浮到顶   D. 间接调配

60. 短期市场利率能够反映市场资金供求状况，且变动灵活，因此通常将其作为中央银行货币政策的（   ）。

    A. 最终目标   B. 中介目标

    C. 传统工具   D. 特殊工具

二、多项选择题（共 20 题，每题 2 分。每题的备选项中，有 2 个或 2 个以上符合题意，至少有 1 个错项。错选，本题不得分；少选，所选的每个选项得 0.5 分）

61. 金融工具的基本分析方法包括（   ）。

    A. 积木分析法   B. 套利定价法

    C. 风险中性定价法   D. 状态价格定价法

    E. 风险分析定价法

62. 根据规定，我国小额贷款公司的主要资金来源包括（   ）。

    A. 股东缴纳的资本金

B. 股东缴纳的捐赠资金

C. 不超过 2 个银行金融机构的融入资金

D. 吸收的公众存款

E. 存款准备金

63. 目前，我国境内外资银行的类型主要有（　　）。

    A. 外国银行代表处　　　　　　　　　　B. 外国银行分行

    C. 外商联合银行　　　　　　　　　　　D. 外商独资银行

    E. 中外合资银行

64. 一元式中央银行制度的主要特点有（　　）。

    A. 职能齐全　　　　　　　　　　　　　B. 组织完善

    C. 分支机构较少　　　　　　　　　　　D. 机构健全

    E. 权力分散

65. 下列中央银行的货币政策操作中，可以使其资产增加的有（　　）。

    A. 卖出外汇　　　　　　　　　　　　　B. 买入外汇

    C. 买入政府债券　　　　　　　　　　　D. 卖出政府债券

    E. 对商业银行发放贴现贷款

66. 证券发行人及其承销商在实施超额配售选择权时，应遵守（　　）等机构的相关规定。

    A. 证券投资资金协会　　　　　　　　　B. 中国证券业协会

    C. 证券登记结算机构　　　　　　　　　D. 证券交易所

    E. 中国证监会

67. 按照不同账户的状况，国际收支不均衡分为（　　）。

    A. 综合性不均衡　　　　　　　　　　　B. 经常账户不均衡

    C. 资产与负债账户不均衡　　　　　　　D. 资本与金融账户不均衡

    E. 国际投资头寸账户不均衡

68. 按照利息支付方式的不同，债券可分为（　　）。

    A. 贴现债券　　　　　　　　　　　　　B. 附息债券

    C. 担保债券　　　　　　　　　　　　　D. 息票累积债券

    E. 抵押债券

69. 在股份公司中，普通股股东依法享有的权利包括（　　）。

    A. 获取资产收益　　　　　　　　　　　B. 参与董事会选举

    C. 直接支配公司财产　　　　　　　　　D. 参与修改公司章程

    E. 参与批准发行新股

70. 影响债券在二级市场上的"理论价格"的因素主要有（　　）。

    A. 实际持有期限　　　　　　　　　　　B. 票面金额

    C. 发行数量　　　　　　　　　　　　　D. 票面利率

    E. 发行价格

71. 我国政策性金融机构的经营原则有（　　）。

    A. 安全性原则　　　　　　　　　　　　B. 盈利性原则

    C. 流动性原则　　　　　　　　　　　　D. 保本微利原则

E. 政策性原则

72. 从目前的趋势看，商业银行理财业务转型的方向包括（   ）。

    A. 服务范围从单一理财服务向全面财富管理转变

    B. 投资类型从权益型向债务型转变

    C. 投资策略从被动投资组合向主动投资组合转变

    D. 管理方式从动态流动性管理向静态流动性管理转变

    E. 产品形态从预期收益型向净值收益型转变

73. 从融资功能上看，信托公司融通资金体现了（   ）。

    A. 银行信用与商业信用的结合　　　　　B. 政府信用与民间信用的结合

    C. 融资与融券的结合　　　　　　　　　D. 融资与融物的结合

    E. 直接融资与间接融资的结合

74. 信托公司的终止，通常意味着信托公司（   ）。

    A. 经营活动终止　　　　　　　　　　　B. 注册资本冻结

    C. 公司章程变更　　　　　　　　　　　D. 法律主体资格丧失

    E. 组织形态解体

75. 投资者利用金融期货进行套期保值时，必须考虑的因素有（   ）。

    A. 合适的标的资产　　　　　　　　　　B. 最优套期保值比率

    C. 基差风险　　　　　　　　　　　　　D. 合约的交割月份

    E. 合约的标准化程度

76. 金融风险管理中，控制市场风险的基本方法有（   ）。

    A. 经济资本配置　　　　　　　　　　　B. 表外对冲

    C. 资产证券化　　　　　　　　　　　　D. 表内对冲

    E. 限额管理

77. 商业银行经营管理的原则包括（   ）。

    A. 效益性　　　　　　　　　　　　　　B. 流动性

    C. 安全性　　　　　　　　　　　　　　D. 效率性

    E. 风险分散性

78. 关于商业银行合规性检查的说法，正确的有（   ）。

    A. 合规性检查是银行业监管的基本方法

    B. 检查目的在于遏制银行的违规或恶意经营活动

    C. 合规性检查永远是非现场检查的基础

    D. 主要检查银行执行政策、法律的情况

    E. 检查内容包括银行资本金的构成状况

79. 按照我国《证券公司分类监管规定》，中国证监会对证券公司进行综合评价和分类的主要依据有（   ）。

    A. 风险管理能力　　　　　　　　　　　B. 经营扩张能力

    C. 市场竞争能力　　　　　　　　　　　D. 资本构成状况

    E. 持续合规状况

80. 国家外汇管理局按季对外公布的全口径外债包括（　　）。

A. 以黄金表示的外债

B. 以一篮子货币表示的外债

C. 以普通提款权形式存在的外债

D. 以外币表示的外债

E. 以人民币形式存在的外债

三、案例分析题（共 20 题，每题 2 分。由单选和多选组成。错选，本题不得分；少选，所选的每个选项得 0.5 分）

（一）

某商业银行收到一笔 200 万元的原始存款，法定存款准备金率为 5%，并且该银行持有 5% 的超额准备金，流通中现金漏损率为 10%。

81. 根据存款创造规则，存款乘数为（　　）。

A. 25　　　　　　　　　　　　　　　B. 4

C. 5　　　　　　　　　　　　　　　D. 5.5

82. 根据存款创造的基本原理，上述原始存款通过该商业银行创造的存款总和为（　　）万元。

A. 1 000　　　　　　　　　　　　　B. 950

C. 550　　　　　　　　　　　　　　D. 650

83. 根据我国的货币层次划分标准，M_2 不包括（　　）。

A. 商业票据　　　　　　　　　　　　B. 流通中的现金

C. 单位定期存款　　　　　　　　　　D. 储蓄存款

84. 如果中央银行希望增加货币供给量，可以采取的措施是（　　）。

A. 提高再贴现率　　　　　　　　　　B. 提高法定存款准备金率

C. 降低法定存款准备金率　　　　　　D. 降低再贴现率

（二）

张先生需要借款 10 000 元，借款期限为 2 年，当前市场年利率为 6%。他向 3 家银行进行咨询，A 银行给予张先生单利计算的借款条件；B 银行给予张先生按年计算复利的借款条件；C 银行给予张先生半年计算复利的借款条件。

根据以上资料，回答下列问题：

85. 如果张先生从 A 银行借款，到期应付利息为（　　）元。

A. 1 000　　　　B. 1 200　　　　C. 1 400　　　　D. 1 500

86. 张先生如果从 B 银行借款，到期时的本息和为（　　）元。

A. 11 210　　　　　　　　　　　　　B. 11 216

C. 11 236　　　　　　　　　　　　　D. 11 240

87. 如果张先生从 C 银行借款，到期时的本息和为（　　）元。

A. 11 245　　　　　　　　　　　　　B. 11 246

C. 11 252　　　　　　　　　　　　　D. 11 255

88. 通过咨询，张先生发现，在银行借款，如果按复利计算，则（　　）。

A. 每年的计息次数越多，最终的本息和越大

B. 随着计息间隔的缩短，本息和以递减的速度增加

C. 每年的计息次数越多，最终的本息和越小

D. 随着计息间隔的缩短，本息和以递增的速度增加

（三）

2016 年年底，A 银行资产规模为 600 亿元，负债规模为 700 亿元，房地产贷款是该银行业务的重要组成部分。资产平均到期日为 300 天，负债平均到期日为 360 天。

89. 银行进行资产负债管理的理论依据为（　　）。

　　A. 规模对称原理

　　B. 汇率管理原理

　　C. 目标互补原理

　　D. 利率管理原理

90. 运用资产负债管理方法分析，A 银行的资产运用情况属于（　　）。

　　A. 过度

　　B. 不足

　　C. 合适

　　D. 不确定

91. 分析 2016 年 A 银行的资产负债状况，在市场利率下降的环境中，该银行的利润差（　　）。

　　A. 减少

　　B. 先减后增

　　C. 增加

　　D. 先增后减

92. 2017 年房地产市场调控措施不断出台，A 银行开始测算，如果房价大幅下跌，银行是否可以承受房价下跌造成的损失。这一测算方法是指（　　）。

　　A. 缺口分析

　　B. 久期分析

　　C. 敏感性分析

　　D. 流动性压力测试

（四）

某国对外开放程度和外贸依存度都较高，国际融资尤其是短期融资规模相对较大。该国货币波动比较频繁，长期实行干预外汇市场等比较强烈的汇率制度。最新数据显示，2017 年年底，该国的国际储备为 7 000 亿美元，国民生产总值为 23 000 亿美元，外债总额为 8 800 亿美元，当年的进口额为 6 000 亿美元。

根据以上资料，回答下列问题：

93. 决定该国国际储备总量的主要因素是（　　）。

　　A. 利率制度以及市场化程度

　　B. 汇率制度及外汇干预情况

　　C. 外债规模与短期融资能力

　　D. 经济规模与对外开放程度

94. 该国的国际储备额与国民生产总值之比（　　）。

　　A. 远低于经验指标

　　B. 略低于经验指标

　　C. 高于经验指标

　　D. 等于经验指标

95. 该国的国际储备额与外债总额之比是（　　）。

　　A. 61.82%

　　B. 79.55%

　　C. 35.69%

　　D. 48.33%

96. 该国 7 000 亿美元国际储备额能够满足（　　）。

　　A. 13 个月的进口需求

　　B. 14 个月的进口需求

　　C. 16 个月的进口需求

　　D. 15 个月的进口需求

（五）

A、B 两家公司都想借入 3 年期的 500 万美元借款，A 公司想借入固定利率借款，B 公司想借入浮动利率借款。因两家公司信用等级不同，市场向他们提供的利率也不同，具体情况见下表。

市场提供给 A、B 两家公司的借款利率

	固定利率	浮动利率
A 公司	5.1%	6 个月 Libor+0.5%
B 公司	4.5%	6 个月 Libor+0.3%

注：表中的利率平均为一年计一次复利的年利率。

根据以上资料，回答下列问题：

97. 下列关于 A、B 公司的说法，正确的是（　　　）。

　　A. B 公司在浮动利率市场上存在风险敞口

　　B. A 公司在浮动利率市场上存在比较优势

　　C. B 公司在固定利率市场上存在比较优势

　　D. A 公司在固定利率市场上存在竞争优势

98. 两家公司总的套利利润是（　　　）。

　　A. 0.4%　　　　　　　　　　　B. 0.2%

　　C. 0.6%　　　　　　　　　　　D. 0.8%

99. 两家公司可以选择的套利方案是（　　　）。

　　A. 利率远期协议　　　　　　　B. 货币互换

　　C. 跨期套利　　　　　　　　　D. 利率互换

100. A 公司最终的融资利率是（　　　）。

　　A. 4.3%　　　　　B. 4.5%　　　　　C. 4.9%　　　　　D. 4.7%

金融专业知识与实务（中级）模拟卷
参考答案及解析

一、单项选择题

1. A【解析】本题考查基金当事人的相关知识。在我国，基金托管人只能由依法设立并取得基金托管资格的商业银行担任。

2. A【解析】本题考查我国的资本市场及其工具的相关知识。2003 年国家开发银行在国内发行了 5 亿美元的金融债券，这是中华人民共和国成立以来在国内发行的第一笔外币债券。

3. A【解析】本题考查信托产品管理与客户关系管理的相关知识。信托公司客户关系管理的核心是客户需求的管理，因此，了解、分析和满足客户的需求应始终作为信托公司客户关系管理的重中之重。

4. B【解析】2016 年 6 月 6 日起，中国人民银行进一步将个人投资认购大额存单的起点金额由 30 万元调整到 20 万元。

5. C【解析】本题考查债券发行的相关知识。国家发展和改革委员会发布的《绿色债券发行指引》规定，债券募集资金占项目总投资比例放宽至 80%。

6. B【解析】本题考查汇率的概念。根据汇率的形成机制，可以将汇率划分为官方汇率和市场汇率。

7. C【解析】本题考查金融期权。美式看跌期权价值的合理范围是：$\max\ [X-S_t,\ 0]\leqslant P\leqslant X$，$X$ 是期权的执行价格，S_t 是标的资产的现价。

8. A【解析】企业通过套期保值规避交易风险，A 项正确。套期保值通常进行实物交割，而家庭主要是进行以平仓交易为主的投机交易，B 项错误。政府与金融机构不属于套期保值的主要参与者，C、D 两项错误。

9. D【解析】本题考查货币政策工具的相关知识。直接信用控制的货币政策工具包括：贷款限额；利率限制；流动性比率；直接干预。

10. B【解析】本题考查政策性金融机构的职能。倡导性职能又称诱导性职能，是指政策性金融机构以直接或间接的资金投放，吸引商业性金融机构或民间资金从事符合经济政策意图的投资和贷款，以发挥其首倡、引导功能，引导资金的流向。

11. C【解析】银行的银行，指中央银行通过办理存、放、汇等项业务，充当商业银行与其他金融机构的最后贷款人。履行以下几项职责：集中保管存款准备金；充当最后贷款人（票据再贴现、票据再抵押）；组织全国银行间的清算业务；组织外汇头寸抛补业务。

12. C【解析】本题考查信托的设立及管理。受益人的权利包括：承享委托人所享有的各种权利；依法转让和继承信托收益权；将信托受益权用于清偿到期不能偿还的债务；信托终止时，信托文件未规定信托财产归属的，受益人最先取得信托财产；当信托结束时，有承认最终决算的权利。

13. B【解析】本题考查外债管理概述。短期债务率＝短期外债余额÷当年未清偿外债余额×100%，短期外债余额＝14 320×62%≈8 878（亿美元）。

14. D【解析】我国对外债实行登记管理，债务人按照国家有关规定借用外债，并办理外债登记。我国对外债实行分类多头管理，财政部、国家发展和改革委员会和国家外汇管理局为外债管理主体。

15. B【解析】本题考查货币政策中介目标选择的标准。内生性：必须是反映货币均衡状况或均衡水平的内生变量，是内涵要求；可控性：能够被央行控制；可测性：能被央行迅速准确地观测；相关性：前后相关。

16. D【解析】目前，我国同业拆借市场主要以隔夜拆借为主。

17. C【解析】中国人民银行负责制定和实施人民币汇率政策，推动人民币跨境使用和国际使用，维护国际收支平衡，实施外汇管理。

18. A【解析】本题考查金融风险的管理。金融机构及其他企业管理国家风险的主要方法有：将国家风险管理纳入全面风险管理体系；建立国家风险评级与报告制度；建立国家风险预警机制；设定科学的国际贷款审贷程序，在贷款决策中必须评估借款人的国家风险；对国际贷款实行国别限额管理、国别差异化的信贷政策、辛迪加形式的联合贷款和寻求第三者保证等；在二级市场上转让国际债权；实行经济金融交易的国别多样化；与东道国政府签订"特许协定"；投保国家风险保险；实行跨国联合的股份化投资，发展当地举足轻重的战略投资者或合作者等。

19. D【解析】独立第三方融资租赁公司以为中小企业服务为主，优势是受监管约束少、灵活性高、创新能力强，劣势是融资成本相对较高、企业信用信息量较少。

20. C【解析】远期利率协议在交割日根据协议利率和参考利率之间的差额，交割利息差的折现值。

21. D【解析】本题考查商业银行财务管理的内容。在成本构成中，补偿性支出包括固定资产折旧、无形资产摊销、递延资产摊销等。

22. B【解析】本题考查金融宏观调控与货币政策概述。货币政策是宏观经济政策。货币政策一般涉及的是国民经济运行中的货币供应量、信用总量、利率、汇率等宏观经济总量问题，而不是银行或厂商等微观经济个量问题。

23. B【解析】本题考查设立信托的条件。设立信托应具备以下四个条件：合法的信托目的，这是信托能否成立的前提条件；信托财产应当明确合法，这是信托能否设立的基本条件之一；应当采取书面形式；要依法办理信托登记。

24. D【解析】本题考查资产负债管理的方法和工具。三种基础管理方法包括：缺口分析、久期分析、外汇敞口与敏感性分析。两种前瞻性动态管理方法包括：情景模拟、流动性压力测试。情景模拟是商业银行结合设定的各种可能情景的发生概率，研究多种因素同时作用可能产生的影响。

25. D【解析】本题考查金融租赁公司的风险与监管。按照目前通行的做法，金融租赁公司的资产方（主要是应收融资租赁款）与中央银行确定的贷款基准利率挂钩，而负债方（主要是银行借款）则是基于上海银行间同业拆放利率加点确定。

26. A【解析】本题考查国际收支与国际收支平衡表。目前，世界上绝大多数国家和经济体都遵循国际货币基金组织（IMF）编制的《国际收支手册》（《国际收支和国际投资头寸手册》），对国际收支交易以及相应的头寸变化进行统计。

27. D【解析】本题考查我国的货币市场及其工具。短期融资券是指中华人民共和国境内具有法人资格的非金融企业，依照《短期融资券管理办法》规定的条件和程序，在银行间债券市场发行并约定在一定期限内还本付息的有价证券，最长期限不超过365天。

28. D【解析】本题考查利率与金融资产定价。市盈率＝股票价格÷每股税后盈利，股票价格＝市盈率×每股税后盈利＝0.5×20＝10（元）。

29. D【解析】本题考查资本资产定价模型。根据CAPM模型，投资的必要收益率＝无风险收益＋风险报酬＝0.07＋（0.15－0.07）×1.3＝0.174；债券收益率为0.12，债券的预期收益率低于必要收益率，则其价格高于真实的价格，价格被高估，投资者应该卖出。

30. B【解析】本题考查货币政策的传导机制与中介指标。短期利率作为操作指标存在的最大问题是利率对经济产生作用存在时滞，同时因为其是顺经济周期的，容易形成货币供给的周期性膨胀和紧缩。

31. A【解析】本题考查我国利率市场化的进程。银行间同业拆借市场利率先行放开。

32. A【解析】本题考查理财业务经营。商业银行开展理财业务，应当遵守：诚实守信、勤勉尽职地履行受人之托、代人理财职责，投资者自担投资风险并获得收益。遵守成本可算、风险可控、信息充分披露的原则，严格遵守投资者适当性管理要求，保护投资者合法权益。

33. D【解析】同业拆借属于信用拆借，无任何抵押与担保。

34. D【解析】本题考查国际债券的相关知识。外国债券是指非居民在异国债券市场上以市场所在地货币为面值发行的国际债券，在中国发行的外国债券称为熊猫债券。

35. A【解析】本题考查金融宏观调控的领域和阶段的相关知识。由二阶变量货币供应量变化的间接影响实现货币政策最终目标。

36. A【解析】本题考查金融市场类型的相关知识。按照金融交易是否有固定场所，金融市场可以分为场内市场和场外市场。

37. C【解析】本题考查货币供给过程。货币供给行为是指银行体系通过自己的业务活动向社会生产生活领域提供货币的全过程，包括商业银行通过派生存款机制向流通领域供给货币的过程和中央银行通过调节基础货币量而影响货币供给的过程，研究的是货币供给的原理和机制。

38. B【解析】依据题意，基础货币投放100亿美元，货币乘数＝（1＋现金漏损率）/（法定存款准备金率＋超额存款准备金率＋现金漏损率）＝（1＋0.38）/（0.18＋0.38）≈2.46，货币供应量＝货币乘数×基础货币＝2.46×100＝246（亿美元）。

39. A【解析】本题考查建立严密的内部控制机制。根据中国银行业监督管理委员会于2014年9月印发修订后的《商业银行内部控制指引》中的定义，内部控制是商业银行董事会、监事会、高级管理层和全体员工参与的，通过制定和实施系统化的制度、流程和方法，实现控制目标的动态过程和机制。

40. C【解析】本题考查传统的盯住汇率的概念。官方将本币实际或公开地按照固定汇率盯住一种主要国际货币或一篮子货币，汇率波动幅度不超过±1%。

41. D【解析】本题考查租赁的概念与功能。租赁的租金分期支付，与银行信用大多采用到期还本付息的支付方式不同，租金的偿还一般采取分期回流的方式。出租人的资金一次投入，分期收回。对于承租人而言，通过租赁可以提前获得资产的使用价值，分期支付租金便于分期规划未来的现金流出量。

42. D【解析】β 是评估证券系统风险的工具，A 项错误。β 系数高的证券是激进型的，B 项错误。$\beta=0$ 并不一定代表证券无风险，也可能是证券价格波动与市场价格无关，C 项错误。

43. D【解析】商业银行的准备金＝法定存款准备金＋超额存款准备金＝12＋5＋3＝20（万元）。

44. C【解析】β 系数是反映证券实际收益率对市场组合实际收益率的敏感程度，因此当市场投资组合的实际收益率比预期收益率高 10% 时，证券实际收益率比预期收益率高 1.1×10%＝11%。

45. C【解析】本题考查第四市场的概念。第四市场是指投资者完全绕过证券商，自己相互间直接进行证券交易而形成的市场。第四市场交易成本低、成交快、保密性好，具有很大潜力；利用第四市场进行交易的一般都是大企业和大公司。

46. A【解析】本题考查货币均衡的含义。如果经济活动处于 LM 曲线的左边区域，表示货币供给大于货币需求，存在过度的货币供应。反之，如果经济活动位于 LM 曲线的右边区域，说明存在超额货币需求。

47. B【解析】本题考查中央银行的组织形式。跨国中央银行制度，即由若干国家联合组建一家中央银行，由这家中央银行在其成员国范围内行使全部或部分中央银行职能的中央银行制度。

48. B【解析】证券交易所的组织形式有公司制和会员制两种，我国采用的是会员制。

49. B【解析】债券基金与债券的区别：债券基金的收益不如债券的利息固定。债券基金没有确定的到期日。债券基金的收益率比买入并持有到期的单个债券的收益率更难以预测。投资风险不同：单一债券随着到期日的临近，所承担的利率风险会下降，但单一债券的信用风险比较集中；债券基金没有固定到期日，利率风险通常保持在一定水平，且可以通过分散投资有效避免信用风险。

50. A【解析】本题考查证券投资基金的类别。按照《货币市场基金监督管理办法》，我国货币市场基金能够进行投资的金融工具包括：现金；期限在 1 年以内（含 1 年）的银行存款、债券回购、中央银行票据、同业存单；剩余期限在 397 天以内（含 397 天）的债券、非金融企业债务融资工具、资产支持证券；中国证监会、中国人民银行认可的其他具有良好流动性的货币市场工具。

51. C【解析】本题考查信托公司的财务管理、资本管理与会计核算。根据《信托公司净资本管理办法》的规定，信托公司净资本不得低于人民币 2 亿元，净资本不得低于各项风险资本之和的 100%，净资本不得低于净资产的 40%，即 10×40%＝4（亿元）。

52. D【解析】本题考查金融风险的概念。折算风险，有时称为会计风险，是指为了合并母子公司的财务报表，在用外币记账的外国子公司的财务报表转变为用母公司所在国货币重新做账时，导致账户上股东权益项目的潜在变化所造成的风险。

53. C【解析】本题考查金融风险的管理。对商业银行而言，信用风险的管理机制主要有：审贷分离机制，即在内部控制机制的框架下建立起贷款的审查与贷款的决策相分离机制，避免将贷款的审查与决策集中于一个职能部门或人员。授权管理机制，即总行对所属的职能部门、下属的分支机构，根据层级和管理水平的高低等因素，分别授予具体的最高信贷权限。额度管理机制，即总行对全行系统给予某一特定客户在某一特定时期的授信规定最高限额。

54. A【解析】凯恩斯认为，公众的流动性偏好动机包括交易动机、预防动机和投机动机。其中，交易动机和预防动机形成的交易需求与收入成正比，与利率无关。投机动机形成的投机需求与利率成反比。

55. D【解析】本题考查货币乘数。基础货币即流通中的现金和准备金。

56. C【解析】本题考查货币乘数。中央银行决定法定存款准备金率和影响超额存款准备金率，商业银行决定超额存款准备金率，储户决定现金漏损率。

57. B【解析】中期借贷便利以质押方式发放，合格质押品包括国债、中央银行票据、政策性金融债、高等级信用债等优质债券。

58. C【解析】本题考查我国的金融风险管理。2017年，经党中央、国务院批准，国务院金融稳定发展委员会成立，旨在加强金融监管协调、补齐监管短板。

59. A【解析】本题考查我国的外汇管理体制。我国将取消对中资银行和金融资产管理公司的外资单一持股不超过20%、合计持股不超过25%的持股比例限制，实施内外一致的银行业股权投资比例规则。

60. B【解析】本题考查货币政策的中介目标。短期市场利率能够反映市场资金供求状况，且变动灵活，因此通常将其作为中央银行货币政策的中介目标。

二、多项选择题

61. ABCD【解析】金融工具的基本分析方法包括积木分析法、套利定价法、风险中性定价法、状态价格定价法。

62. ABC【解析】小额贷款公司不得吸收公众存款，D项错误。存款准备金属于金融机构存放央行的准备金，E项错误。

63. ABDE【解析】目前，在我国境内的外资银行有以下类型：一家外国银行单独出资或者一家外国银行与其他金融机构共同出资设立的外商独资银行；外国金融机构与中国的公司、企业共同出资设立的中外合资银行、外国银行分行、外国银行代表处。外商独资银行、中外合资银行、外国银行分行统称外资银行营业性机构。外国银行代表处是指受银行业监管机构监管的银行类代表处。

64. ABD【解析】一元式中央银行制度的特点包括组织完善、机构健全、权力集中、职能齐全。

65. BCE【解析】本题考查中央银行资产负债业务。持有外汇属于央行资产业务，买入外汇，外汇增加，央行资产增加，A项错误、B项正确；央行持有政府债券属于央行资产业务，买入政府债券，债券增加，央行资产增加，C项正确、D项错误；对商业银行发放贴现贷款，属于央行对商业银行的债权，属于央行资产业务，导致资产增加，E项正确。

66. BCDE【解析】本题考查证券发行与承销业务。超额配售选择权的实施应当遵守中国证监会、证券交易所、证券登记结算机构和中国证券业协会的规定。

67. ABD【解析】按不同账户的状况，国际收支不均衡分为经常账户不均衡、资本与金融账户不均衡、综合性不均衡。

68. ABD 【解析】按照利息支付方式的不同，债券可分为贴现债券、附息债券、息票累积债券。

69. ABDE 【解析】本题考查资本市场及其构成。普通股股东有权获取资产收益，参与投票决定公司的重大事务，如董事会的选举、批准发行新股、修改公司章程以及采纳新的公司章程等。

70. ABD 【解析】本题考查利率与金融资产定价。债券在二级市场上的流通转让价格依不同的经济环境决定，但有一个基本的"理论价格"决定公式，该公式由债券的票面金额、票面利率和实际持有期限三个因素决定。

71. ADE 【解析】本题考查政策性金融制度。政策性金融机构的经营原则包括政策性原则、安全性原则、保本微利原则。

72. ACE 【解析】本题考查理财业务经营。从目前的趋势看，商业银行理财业务转型的方向体现出以下八个特征：从存款替代型理财向真正的代客理财回归；理财服务范围从单一理财服务向全面财富管理转变；理财产品形态从预期收益型向净值收益型转变；理财投资类型由债务型向权益型转变；理财投资范围由在岸向离岸与在岸并驱转变；理财投资策略从被动投资组合向主动投资组合、由持有资产向交易资产转变；由静态流动性管理向动态流动性管理转化；理财业务风险控制由信贷模式向综合模式转变。

73. ADE 【解析】本题考查信托的概念与功能。融通资金功能表面上与银行信贷相似，但有质的区别：信托在融资对象上既融资又融物，在信用关系上体现了委托人、受托人和受益人多边关系，在融资形式上实现了直接融资与间接融资相结合，在信用形式上成为银行信用与商业信用的结合点，因此，在许多方面信托融资比银行信贷融资有显著优势。

74. ADE 【解析】本题考查信托公司的设立、变更与终止。信托公司终止是指公司法律主体资格消失、组织上解体并终止经营活动的行为或事实。

75. ABCD 【解析】本题考查金融期货。在实际运用中，套期保值的效果会受到影响，我们必须考虑基差风险、合约的选择和最优套期保值比率等问题。为了降低基差风险，我们要选择合适的期货合约，它包括两个方面：选择合适的标的资产；选择合约的交割月份。

76. ABDE 【解析】本题考查金融风险的管理。市场风险控制的基本方法包括限额管理、市场风险对冲及经济资本配置。

77. ABC 【解析】商业银行经营与管理的原则包括安全性原则、流动性原则与效益性原则。

78. BD 【解析】银行业监管的基本方法有两种，即非现场监督和现场检查，A 项错误。合规性检查永远都是现场检查的基础，C 项错误。合规性是指商业银行在业务经营和管理活动中执行中央银行、银行监管机构和国家制定的政策、法律的情况，风险性检查一般包括其资本的真实状况和充足程度、资产质量、负债的来源、结构和质量，资产负债的期限匹配和流动性、管理层的能力和管理水平，银行的盈利水平和质量，风险集中的控制情况，各种交易风险的控制情况，表外风险的控制水平和能力，内部控制的质量和充分性等，E 项错误。

79. ACE 【解析】本题考查证券业监管的主要内容。以证券公司风险管理能力为基础，根据公司市场竞争力和持续合规状况，中国证监会对证券公司进行综合评价，根据证券公司评价计分的高低，将证券公司分为 A（AAA、AA、A）、B（BBB、BB、B）、C（CCC、CC、C）、D、E 等 5 大类 11 个级别。

80. DE【解析】本题考查我国的外债管理体制。全口径外债指的是将人民币外债计入我国外债统计的范围之内的外债。包含两个部分，第一部分是以外币表示的对外债务；第二部分是直接以人民币形式存在的外债。

三、案例分析题

（一）

81. C【解析】存款乘数 = 1/（法定存款准备金率 + 超额存款准备金率 + 现金漏损率）= 1/（5% + 5% + 10%）= 5。

82. A【解析】存款总额 = 原始存款 × 存款乘数 = 200 × 5 = 1 000（万元）。

83. A【解析】我国的货币供应量划分为：①M_0 = 流通中的现金；②M_1 = M_0 + 单位活期存款；③M_2 = M_1 + 储蓄存款 + 单位定期存款 + 单位其他存款；④M_3 = M_2 + 金融债券 + 商业票据 + 大额可转让定期存单等。

84. CD【解析】提高再贴现率和法定存款准备金率会导致基础货币减少，进而减少货币供给量，A、B 两项错误。

（二）

85. B【解析】张先生从 A 银行借款的到期应付利息 = 10 000 × 6% × 2 = 1 200（元）。

86. C【解析】$FV = P（1+r）^n = 10 000 ×（1+6\%）^2 = 11 236$（元）。

87. D【解析】$FV_n = P（1+\frac{r}{m}）^{mn} = 10 000 ×（1+\frac{6\%}{2}）^{2×2} = 11 255$（元）。

88. AB【解析】按照复利计算，如果每年的计息次数越多，利息再生息的次数也越多，最终的本息和越大。随着计息间隔的缩短，本息和以递减的速度增加，最终等于连续复利的本息和。

（三）

89. ACD【解析】资产负债管理的基本原理包括：规模对称原理、结构对称原理、速度对称原理、目标互补原理、利率管理原理、比例管理原理。

90. B【解析】资产规模的 600 亿元小于负债规模的 700 亿元，所以资产运用不足。

91. C【解析】该银行处于负缺口，市场利率下降时，银行利息收入减少、利息成本减少，但由于资产规模小于负债规模，因此收入减少的幅度小于成本减少的幅度，相当于银行利润差增加。

92. D【解析】流动性压力测试是一种以定量分析为主的流动性风险分析方法，商业银行通过流动性压力测试测算全行在遇到小概率事件等极端不利情况下可能发生的损失，从而对银行流动性管理体系的脆弱性作出评估和判断，进而采取必要的措施。

（四）

93. BCD【解析】确定国际储备总量时，应依据的因素包括：是否是储备货币发行国；经济规模与对外开放程度；国际支出流量；外债规模；短期融资能力；其他国际收支调节政策措施的可用性与有效性；汇率制度。

94. C【解析】该国国际储备额与国民生产总值之比＝7 000÷23 000≈30%。相较于10%的指标值偏高。

95. B【解析】国际储备额与外债总额之比＝7 000÷8 800≈79.55%。

96. B【解析】国际储备额与进口额之比，一般为25%，若以月来计量的话，国际储备额应满足3个月的进口需求。该国国际储备额与进口额之比＝7 000÷6 000≈1.167。25%÷3≈0.083，1.167÷0.083≈14（个月）。

（五）

97. BC【解析】B公司在固定利率市场上比A公司的融资成本低0.6%，而在浮动利率市场上比A公司低0.2%，因此，B公司在固定利率市场上比在浮动利率市场上的优势更大。B公司的比较优势是固定利率市场，A公司的比较优势是浮动利率市场。

98. A【解析】(5.1%－4.5%) － ［(Libor＋0.5%) － (Libor＋0.3%)］＝0.4%。

99. D【解析】根据题干信息，两家公司可以通过固定利率和浮动利率之间的互换降低借款成本，即选择利率互换。

100. C【解析】两家公司总的套利利润是0.4%，两家公司各得0.2%。所以，A公司最终的融资利率＝5.1%－0.2%＝4.9%。